0～3岁
提升宝宝智力的
300种亲子游戏

let's play!

【韩】熊津出版社编辑部◎编著　金哲◎译
吉林科学技术出版社

Foreword

前言
0～3岁提升宝宝智力的300种亲子游戏

请在土壤里，挖出属于宝宝的种子吧！

"在妈妈的腹中，宝宝一听到爸爸的声音，就开心地跺脚。现在，我依然记得怀孕5个月时，宝宝跺脚的感觉。"

"在妈妈的腹中生活10个月的宝宝，一出生就用又白又可爱的小脚，用力踢爸爸的脸。也许宝宝还记得爸爸的声音，而这就是他对爸爸的问候吧！"

"刚出生的宝宝经常不分昼夜地哭闹，使妈妈和爸爸痛苦不堪。有一天，宝宝张开小嘴叫了一声'妈'！平时，经常对宝宝说：'叫妈妈、妈妈'，看来我的努力没有白费哦！"

"刚开始，宝宝一直站不稳，即使扶住他的小手，他也只能蹲坐在地上，但临近1周岁生日的那天，宝宝从后面走过来紧紧地抱住了我。也许，世上所有的妈妈都无法忘记那一刻的激动心情。"

长得像妈妈、爸爸的小宝宝一天一天地长大、一点一点地学习新的知识，看着茁壮成长的宝宝，妈妈和爸爸就会沉浸在幸福之中。此时，很多父母也会为宝宝的成长和教育而烦恼。

对宝宝来说，0～3周岁期间的智力开发将决定他的一生。在这个时期，宝宝会吸收接触到的各种各样的知识，并快速地成长。在这个时期，父母应该积极地挖掘宝宝的潜力和才能，使小小的种子顺利成长为结出硕果的大树。

为了让宝宝比土壤里的小种子更有潜力，应该进行什么样的教育呢？在陪宝宝快乐地玩游戏的过程中，应该寻找合理的教育方法。对幼儿来说，游戏不是单纯的游戏，而是一种"教育手段"和"学习过程"。在日常生活中，球类游戏能促进身体的发育；而积木游戏可以提高创造力；通过和朋友们的接触，还能提高宝宝的社会适应能力和语言能力。当然，对宝宝来说，和父母一起玩的游戏就是最好的游戏。

即使宝宝听不懂妈妈说的话，有些父母还是会经常和宝宝说话，或者通过"咿啊"声和宝宝对话；但也有些父母不喜欢与宝宝对话。要知道，在不同环境下成长的孩子，语言能力也会有明显的差异。研究结果显示，幼儿期的语言能力和智力有密切的关系，因此语言能力的差异会导致智力的差异。宝宝通过和父母的对话，可以培养逻辑能力和注意力，并且能培养出出色的创造力。总而言之，跟妈妈、爸爸一起玩的游戏是有助于宝宝成长的最佳妙方。

本书详细地介绍了适合不同年龄阶段的宝宝智力开发重点，通过对大脑的刺激提高思维能力的对话方法、刺激身体感觉和认知能力的游戏方法等，父母必须做的事情和科学的指导方法。

另外，本书内容包含了有助于智力开发的离乳食品和宝宝房间的装饰指南，让很多妈妈烦恼的早期教育和教育机构的资讯，以及为宝宝营造舒适成长环境的方法。每当看到那些相信孩子的能力并耐心等待的父母；那些了解孩子的缺点并及时给予帮助的父母；那些通过关怀和爱护改变孩子的父母，我都感到由衷的欣慰。虽然游戏教育的方法很有效，但具体情况不同，孩子们接受教育的速度和效果也各不相同。幼儿期的智力教育犹如为土壤施肥的过程，要使孩子们通过寓教于乐的游戏来锻炼大脑，并充分地接受良好的资讯，因此我建议，家长不要期待通过游戏教育就能马上改变孩子，而应该耐心地等待孩子的变化。

对孩子来说，没有比妈妈和爸爸更好的老师了。从现在开始，请大家抱着宝宝翻开本书吧！也许大家能看见只属于孩子的种子正在发芽，准备成长为一棵茂密的大树。

Contents

目录
0～3岁提升宝宝智力的300种亲子游戏

不同领域的生长发育表

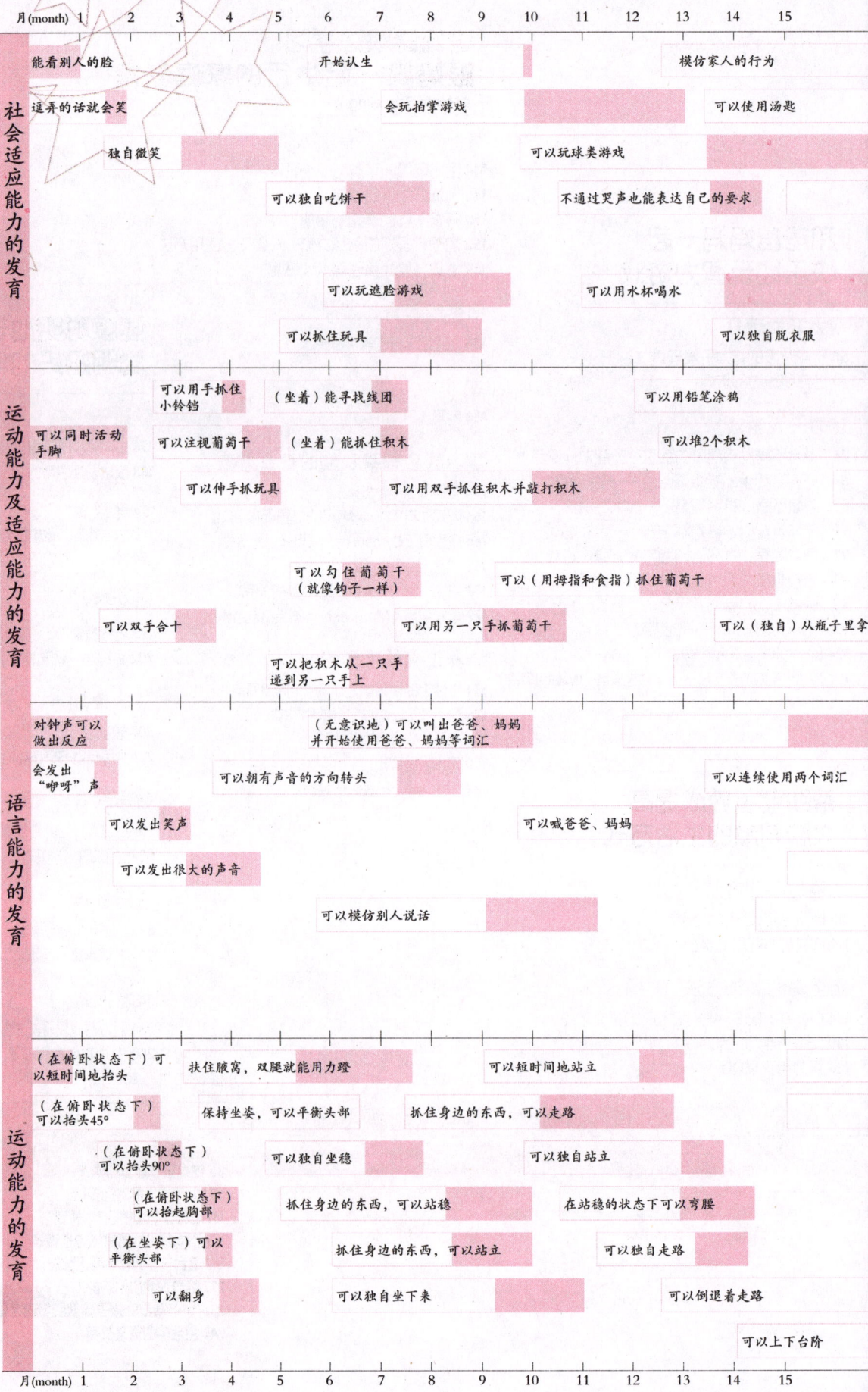

月(month) 1　2　3　4　5　6　7　8　9　10　11　12　13　14　15

社会适应能力的发育

- 能看别人的脸
- 开始认生
- 模仿家人的行为
- 逗弄的话就会笑
- 会玩拍掌游戏
- 可以使用汤匙
- 独自微笑
- 可以玩球类游戏
- 可以独自吃饼干
- 不通过哭声也能表达自己的要求
- 可以玩遮脸游戏
- 可以用水杯喝水
- 可以抓住玩具
- 可以独自脱衣服

运动能力及适应能力的发育

- 可以用手抓住小铃铛
- （坐着）能寻找线团
- 可以用铅笔涂鸦
- 可以同时活动手脚
- 可以注视葡萄干
- （坐着）能抓住积木
- 可以堆2个积木
- 可以伸手抓玩具
- 可以用双手抓住积木并敲打积木
- 可以勾住葡萄干（就像钩子一样）
- 可以（用拇指和食指）抓住葡萄干
- 可以双手合十
- 可以用另一只手抓葡萄干
- 可以（独自）从瓶子里拿
- 可以把积木从一只手递到另一只手上

语言能力的发育

- 对钟声可以做出反应
- （无意识地）可以叫出爸爸、妈妈并开始使用爸爸、妈妈等词汇
- 会发出"咿呀"声
- 可以朝有声音的方向转头
- 可以连续使用两个词汇
- 可以发出笑声
- 可以喊爸爸、妈妈
- 可以发出很大的声音
- 可以模仿别人说话

运动能力的发育

- （在俯卧状态下）可以短时间地抬头
- 扶住腋窝，双腿就能用力蹬
- 可以短时间地站立
- （在俯卧状态下）可以抬头45°
- 保持坐姿，可以平衡头部
- 抓住身边的东西，可以走路
- （在俯卧状态下）可以抬头90°
- 可以独自坐稳
- 可以独自站立
- （在俯卧状态下）可以抬起胸部
- 抓住身边的东西，可以站稳
- 在站稳的状态下可以弯腰
- （在坐姿下）可以平衡头部
- 抓住身边的东西，可以站立
- 可以独自走路
- 可以翻身
- 可以独自坐下来
- 可以倒退着走路
- 可以上下台阶

月(month) 1　2　3　4　5　6　7　8　9　10　11　12　13　14　15

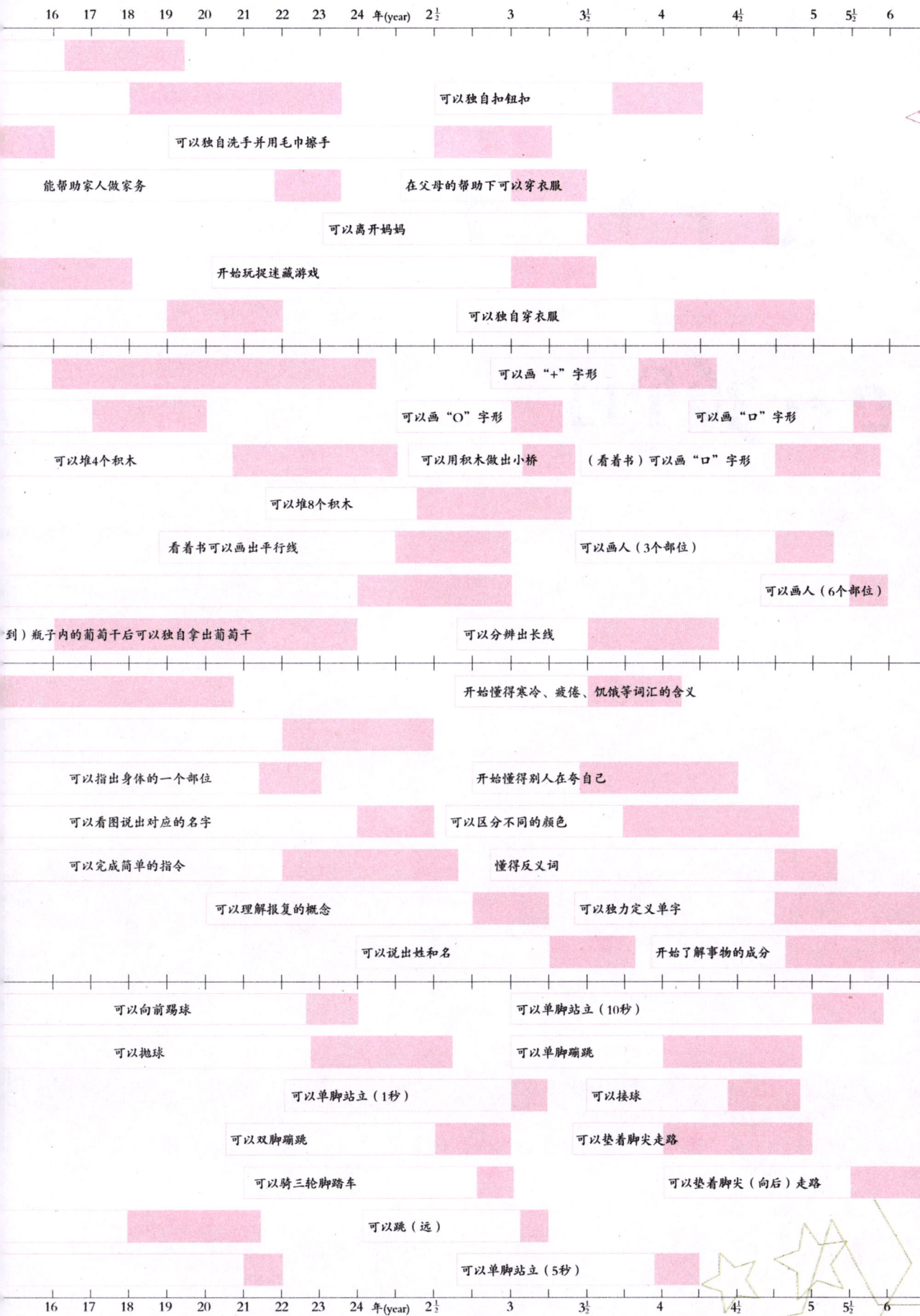

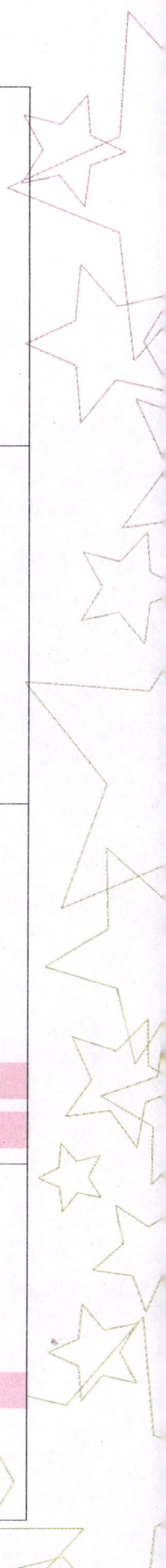

16	17	18	19	20	21	22	23	24 年(year)	2½	3	3½	4	4½	5	5½	6

可以独自扣钮扣

可以独自洗手并用毛巾擦手

能帮助家人做家务

在父母的帮助下可以穿衣服

可以离开妈妈

开始玩捉迷藏游戏

可以独自穿衣服

可以画"+"字形

可以画"O"字形

可以画"口"字形

可以堆4个积木

可以用积木做出小桥

（看着书）可以画"口"字形

可以堆8个积木

看着书可以画出平行线

可以画人（3个部位）

可以画人（6个部位）

到）瓶子内的葡萄干后可以独自拿出葡萄干

可以分辨出长线

开始懂得寒冷、疲倦、饥饿等词汇的含义

可以指出身体的一个部位

开始懂得别人在夸自己

可以看图说出对应的名字

可以区分不同的颜色

可以完成简单的指令

懂得反义词

可以理解报复的概念

可以独力定义单字

可以说出姓和名

开始了解事物的成分

可以向前踢球

可以单脚站立（10秒）

可以抛球

可以单脚蹦跳

可以单脚站立（1秒）

可以接球

可以双脚蹦跳

可以垫着脚尖走路

可以骑三轮脚踏车

可以垫着脚尖（向后）走路

可以跳（远）

可以单脚站立（5秒）

16	17	18	19	20	21	22	23	24 年(year)	2½	3	3½	4	4½	5	5½	6

Part 1

0～36个月

不同阶段的
智力开发重点

看着宝宝一天天地长大，妈妈既感到高兴又觉得不安。宝宝从出生到36个月，智力发育的速度最快，而且最重要。在这种情况下，掌握不同阶段的智力开发重点才能有效地刺激宝宝，开发他们的智力。请认真地学习让宝宝更聪明的不同阶段的开发重点吧！

0~3个月

在感性和好奇心的萌芽时期，必须慢慢地重复刺激

可以盯着迎面而来的事物

关于刚出生宝宝的视力水平，目前还没有统一的衡量标准。一般情况下，如果妈妈在宝宝的正面晃动，宝宝就会紧紧地盯着妈妈的脸，由此可见，宝宝的视力大概只有0.02左右。换句话说，宝宝只能看到30厘米远的事物。在这个时期，宝宝的视野很窄，因此不会跟着东西的晃动而移动视线。

容易被声音惊吓

一般情况下，宝宝的听觉在妈妈的腹中就形成了，因此刚出生的婴儿一听到大的声音就会蜷缩身体。另外，宝宝还可以大致判断发出声音的方向，有时还可以朝有声音的方向转头。通常宝宝对较大的声音容易做出明显的反应，但还不能区分声音的类别。

哭是唯一的表达手段

虽然宝宝还不能独自活动身体，但是对光线、声音、皮肤碰触等外界刺激能做出敏感的反应。

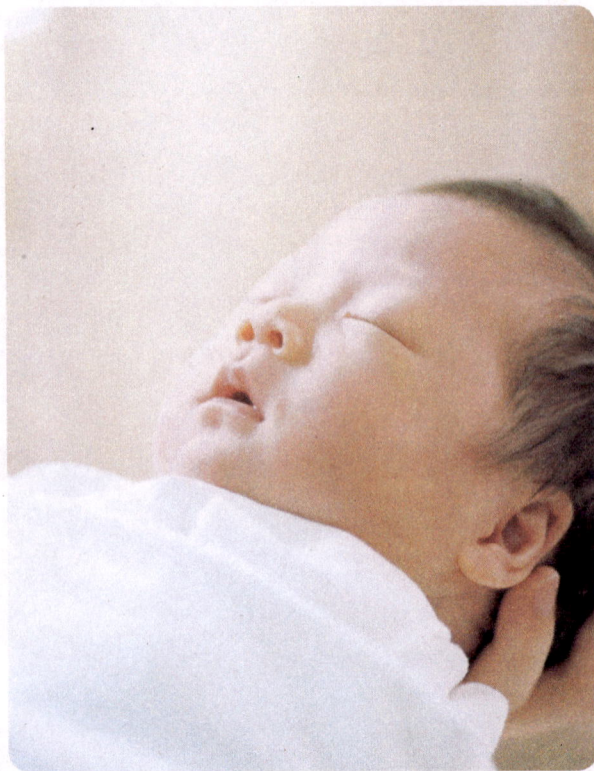

虽然宝宝不能表达自己的所有感情，但能明确地区分好坏，因此在肚子饿、口渴、身体不舒服、热、冷等情况下，可以用哭声来表达自己的感受。

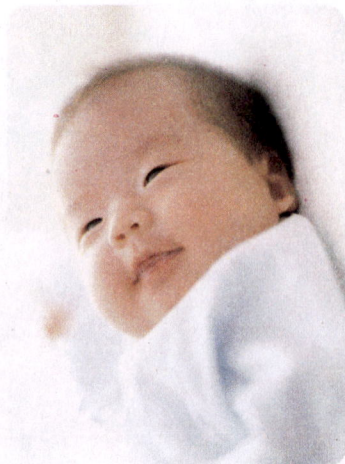

看着东西能活动眼球

虽然宝宝能活动手脚，但这并不算是有意识的动作，只是无意识的条件反射。宝宝看到移动的东西时，能随着移动的东西活动眼球，这就是宝宝最初的自觉性运动。一般情况下，宝宝从出生1个月开始，即可以活动眼球。另外，宝宝口腔周围的肌肉比较发达，因此可以吸吮母乳。不仅如此，宝宝对声音和气味也能做出强烈的反应，而且小小的刺激也能传递到大脑中。

容易被小的声音惊吓

由于"惊吓反射"，宝宝容易被声音惊吓。但不同的宝宝反射程度也有很大的差异，有些宝宝反应强烈、有些宝宝却没有任何反应。

另外，随着宝宝的状况不同，他对声音的反应也有所不同。例如：宝宝在半醒半睡的情况下、刚喝完母乳的情况下、因饥饿而情绪烦躁的情况下，对声音的反应也会不同。

宝宝容易被小的声音惊吓，会让有些妈妈以为宝宝有神经质的倾向，但如果宝宝的情绪不佳，本来就容易被小的声音惊吓，因此不用过于担心。另外，不用刻意地保持安静，应该自然地给宝宝听听周围的声音。

可以朝声音传来的方向转头，并转移视线

拉起宝宝的双手时，如果宝宝能轻松地抬头，就说明宝宝具有良好的颈部控制能力。

在这个时期，有些宝宝能自由地活动头部，但还不能完全自由地抬头。此时，宝宝会努力朝声音传来的方向转头或转移视线。随着视觉的发育，宝宝可以随着东西的移动转移视线，这也是宝宝最初的自觉性运动。

可以把手拿到眼前而且能注视眼前的双手

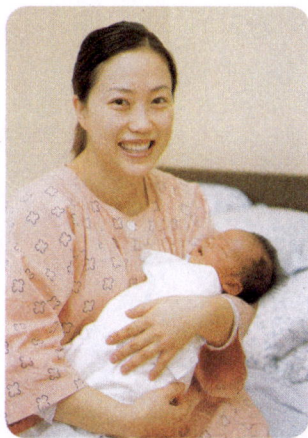

在这个时期，宝宝第一次看到自己的身体部位，对宝宝来说，这是非常重大的事件。当自己的手第一次出现在眼前时，宝宝也许会想"这到底是什么呢？"在这个时期，宝宝还不知道眼前的手就是自己身体的一部分。当他们用舌头和嘴唇舔手后，才能感觉手和玩具的区别。经过重复的运动，如活动手部、用眼睛看手部或用舌头舔手部，让宝宝知道"原来这就是我身体的一部分哦！"

开始产生各种感情

刚开始，宝宝只拥有吃饱就睡或饿了就哭的单纯情感，但在这个时期，宝宝开始形成比较复杂的情感。妈妈熟悉的气味和搂抱时的舒适感会让宝宝心情愉快，但口渴或想睡觉时，宝宝就会产生不愉快感。

另外，随着头部平衡能力的提高，宝宝能依照自己的意愿，观察自己感兴趣的事物，因此还能刺激大脑的发育。在这个时期，宝宝可以逐渐摆脱吃了就睡、醒来就吃，而且只能用哭声表达感情的"新生儿"阶段了。

《实用小百科》
用玩具刺激宝宝的大脑

1. 分阶段地刺激视觉的发育——沿着水平方向摇晃小铃铛

大脑刺激Point 所有的发育都要经过一定的阶段。在视力还未完全发育的出生1个月前后，沿着水平方向摇晃小铃铛，就能稳定地刺激宝宝的视觉发育。在这个时期，宝宝的色觉还不发达，因此最好使用黑白或单纯而鲜明的颜色的铃铛。

游戏方法

❶带着能发出声音的玩具，坐在宝宝的头部上方。

❷在宝宝的视觉不疲劳的状态下，沿着水平方向摇晃玩具。

❸熟悉水平方向的摇晃后，就可以开始沿着垂直方向摇晃玩具。

2. 同时开发视觉和听觉——盯着眼睛对话1分钟

大脑刺激Point 每天盯着宝宝的眼睛1分钟以上，就能促进宝宝大脑神经细胞的形成。如果宝宝注视妈妈的眼睛，妈妈的脸就应该慢慢地左右移动。

游戏方法

❶稍微抬起宝宝的头。

❷隔约20~30厘米注视宝宝的眼睛，同时轻轻地微笑或对话。

❸在日常生活中，要经常和宝宝说："你尿尿啦！"、"我们吃饭好吗？"等。

3. 刺激大脑，开发音感——给宝宝听各种声音

大脑刺激Point 给宝宝听优美的音乐和各种声音。从宝宝出生3个月开始，应该多给宝宝听听他们喜欢的音乐。另外，大自然或动物的声音还能刺激大脑发育，并启发音感。

游戏方法

❶在睡觉或喂奶时，应该依情况给宝宝听不同的音乐。

❷听轻快的音乐时，最好抱着宝宝轻轻地摇晃。

❸在日常生活中，经常给宝宝听动物的声音或溪水声等室外的声音。

追加讯息

第一个玩具，"旋转音乐铃"
最好选择简单的形状和鲜明的色彩

❶旋转音乐铃是培养立体感和速度感的玩具。

❷为了宝宝的智力开发，最好从出生2周开始，在天花板上挂旋转音乐铃。

❸在距离宝宝20~30厘米的地方，应该挂形状简单、颜色鲜明的旋转音乐铃。

❹应该选择不容易反射光线、而且形状对称的旋转音乐铃。

❺应该选择适合宝宝视线移动速度的旋转音乐铃。

3~6个月 | 产生好奇心的时期，应该经常夸奖宝宝

3~4个月

不同宝宝的哭法也有一定的差异

在这个时期，仔细观察宝宝的哭法，就会发现一定的规律。据统计结果显示，健康的宝宝每天至少要哭40分钟，有时长达240分钟，因此不能简单地说哭多长时间才是过长或过短。常言道："不哭的孩子才有问题。"一般情况下，精神痴呆的宝宝就不容易哭闹，因此如果宝宝不哭，才更应该引起重视。俗话说："孩子应该在哭闹中长大。"但是如果宝宝哭闹，父母就会有很大的负担，也许这些俗话就是为了减轻父母的压力而产生的吧！

抱起宝宝，宝宝就会逐渐停止哭闹

跟父母的身体接触能稳定宝宝的情绪，因此抱起宝宝时，宝宝能感受到妈妈的体温，而且能得到安全感。在日常生活中，经常抱宝宝也不会影响宝宝的正常发育，但如果宝宝养成喜欢被妈妈抱的习惯，就会影响到妈妈的正常生活。如果妈妈没有过多的时间抱宝宝，就不能让宝宝养成这样的习惯。只要宝宝能够独自玩耍，就不会再要妈妈抱，因此只有宝宝严重哭闹时才抱宝宝，单纯地稳定宝宝的情绪。

4~5个月

让宝宝体验立体的世界

宝宝一直躺在床上的时候，只能看到平面的世界。但只要能平衡头部，宝宝就能看到三元的立体世界。对宝宝来说，这是非常大的变化。在这个时期，宝宝能第一次体验具有深度和高度的世界，而且可以在立体世界里看到自己的手和脚，并开始用手抓事物或者舔自己的手脚。通过观察立体世界，宝宝能深刻地感受到活动的手脚确实是属于自己身体的一部分。在这个时期，宝宝能抬头看到自己的身体，并且开始理解周围东西的立体感和距离感。

在这个时期，宝宝可以翻身，而且开始伸手抓周围的物品。

如果能翻身，宝宝的视野就会很开阔，因此宝宝会为了抓住周围的物品而不停地活动全身。经过这个过程，宝宝会产生好奇心，智力也会得到开发。但只有全身发展成熟的宝宝才能翻身，而这个时期的宝宝大部分都不能正常翻身，可是大部分宝宝都可以转头。在这个时期，宝宝能控制头部，能自由地活动手部，因此宝宝的五感会慢慢地发育。

开始形成五感

刚开始，宝宝只能感受衣服的触感、洗澡时水的温暖，以及妈妈抚摸身体的触感等感觉。如果宝宝能独自伸手抓住周围的物品，就能体验到毛巾柔软的感觉、玩具坚硬的感觉，以及自己的身体等更丰富的感觉。

在这个时期，宝宝的手部感觉比较发达，而且喜欢用舌头舔东西，因此舌头和嘴的感觉也很发达。给宝宝开始增加一些辅助食品，还能让他体验到与母乳或奶粉不同的味道，刺激味觉的发育。在这个时期，宝宝的五感会渐渐形成。

5~6个月

能够用力抓住玩具

只要看到喜欢的物品，宝宝就会伸手去抓。在这个时期，宝宝喜欢亲手碰碰所有的东西，但还不能使用指尖，因此只能用手掌抓住物品。只要抓到物品，宝宝就会用舌头舔一舔、用力摇一摇，认真地体验各种感受。

全面体验立体世界

在这个时期，宝宝能用双眼认识周围的东西，即逐渐产生距离感和立体感。尤其是可以用手感受看到的东西，因此能够具体地掌握身体和外部事物之间的位置关系。在过去，宝宝所看到的立体世界很有限，但从这个时期开始，宝宝就能全面地体验立体世界了。

感情和表情变得很丰富

随着新体验的增加，宝宝的感情世界会越来越丰富，而且开始表现出恐惧、不满、喜悦、悲伤等微妙的感情。另外，宝宝的表情也变得非常丰富，只要感到开心就会大笑，甚至会向妈妈微笑。在这个时期，宝宝还能自由地抓住玩具。经过这个过程，宝宝能掌握不同物品的触感和声音，并把信息传递给大脑。

6~9个月

双手并用的时期，能培养触觉和记忆力

如果不能独自翻身，就应该及时地给予帮助

孩子如果不能独自翻身，妈妈就应该给予帮助。轻轻地抓住孩子的脚踝，然后将两只脚交叉，这样孩子就能翻过来。通过这种方式，孩子能掌握"大幅度扭转腰部就能翻过来"的方法，但是不能用力过猛。如果孩子不愿意翻身，就应该停止训练。

喜欢用嘴感受自己的手脚

即使是可以自由控制上半身的孩子，也不能自由地活动自己的脚。在仰卧状态下，孩子喜欢抓住眼前的脚，但此时孩子还不知道这就是自己的脚。

在这个时期，有些孩子喜欢把自己的手脚当成玩具，因此喜欢用嘴感受自己的手脚。如果能进一步自由地活动手脚，孩子就会用手抓住自己的脚。

能区分家人和陌生人

如果手部活动更加自由，而且能简单地爬行，孩子的世界就会越来越大。每天孩子都会有新的发现，因此能逐渐形成思考能力。从这个时期开始，孩子就会认生。

在这个时期，孩子能区分朝夕相处的家人和偶尔见面的陌生人，当别人抱孩子时，他们就能知道"是别人正在抱我"。在这个时期，孩子不仅能区分自己和别人，还能区分家人和陌生人，因此开始具备了一定的社会适应能力。

眼睛和双手的协调能力比较强

在这个时期，孩子的眼睛和双手的协调能力比较强，因此可以"用眼睛看东西，同时能用手触摸"。在这个时期，孩子不仅能伸手抓住眼前的物品，而且还能把右手里的物品转移到左手。

另外，孩子对声音比较敏感，因此听到自己的名字，就能转过头来，而且能区分爸爸、妈妈等家人的声音。

能独自坐立

刚开始，孩子只能弯腰而坐，但是随着肌肉和神经的发育，逐渐能挺直腰部。出生7个月时，脑部神经能控制背部末端，因此可以独自坐立，而且不会轻易倒下。

看着妈妈能做出特殊的动作

在这个时期，孩子能认识妈妈，能区分妈妈和其他人。由别人抱着时，孩子就会自然地向妈妈伸手。有些孩子看到妈妈，还会挣扎着要妈妈抱。另外，如果看到同龄的小朋友，孩子就会注视别人或发出声音，或者伸手触摸对方。

8～9个月

能正确地理解距离和高度

如果可以坐稳，孩子的视觉也逐渐发达，因此能形成3D立体感，而且能正确地理解上下、左右及距离的概念。但是，一直要到5～6周岁时，才能和成年人一样地观察事物。

看到新鲜的事物，就会产生好奇心

在这个时期，孩子对各种事物都很感兴趣，而且能自由活动，因此形成了思考能力。此时，哪些事情是孩子不该做的呢？当然，这需要妈妈持续的努力，但是在2周岁之前，大部分孩子都不能判断是非，因此不能教孩子该做的事情和不该做的事情。在这个时期，不应该严格地管教孩子，而应该收好孩子周围的危险物品。只要房间里没有危险物品，那么就不需要强调"不可以！"在这个时期，应该让孩子自由地活动。

对熟悉的声音能做出强烈的反应

当孩子听到妈妈或爸爸的声音，就会抬头张望，有时还会对妈妈经常说的故事做出强烈的反应。他们对熟悉的声音能做出强烈的反应，而且喜欢模仿自己的名字或咳嗽声。在这个时期，应该经常讲故事给孩子听。

《实用小百科》

提高眼睛和双手的协调能力

1. 开发记忆文字的能力——看画册游戏

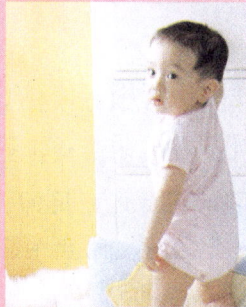

大脑刺激Point 抱着孩子看书，同时用短句说明，这样各种资讯就容易被孩子记住，因此更容易掌握文字的记忆能力。

游戏方法

❶把孩子抱在膝盖上面。

❷尽量选择色彩单一、鲜明的画册。

❸翻书时，应该用"哦，下面会出现什么呢？"等方式刺激孩子的好奇心。

2. 应培养科学概念和思考能力——用镜子玩捉迷藏游戏

大脑刺激Point 孩子触摸镜子里的自己时，就会发现异样。另外，孩子通过镜子里的表情和妈妈的样子，就能知道动作和事物的变化关系。

游戏方法

❶跟孩子一起站在镜子前面。

❷比较镜子里的自己和孩子。

❸试着张大嘴唱歌，还能培养孩子的模仿能力。

3. 能培养运动细胞——撕纸片的游戏

大脑刺激Point 经由撕纸片的过程，孩子能理解声音和动作的关系，而且能锻炼手指的活动能力。

游戏方法

❶撕纸片的同时，发出撕裂的声音。

❷帮助孩子撕纸片。

❸让孩子独自撕纸片，而且要教孩子揉纸团。

4. 培养节奏感——击鼓或敲三角铁游戏

大脑刺激Point 鼓或三角铁等乐器能让孩子掌握"击打"的概念，同时让孩子熟悉节奏感。在击鼓时，应该挺直腰部。

游戏方法

❶在孩子的面前摆放小鼓。

❷如果孩子伸出手，妈妈就应该指导孩子击鼓。

❸也可以让孩子敲打塑料杯、奶粉罐等。

9～12个月

活动范围扩大，开始形成思考能力

9～10个月

能用两根手指抓住物品

在这个时期，宝宝可以比较自由地使用手指头，因此能用拇指和食指抓住很小的物品。就这样，"握-抓-用手指头抓"的手部发育过程也逐渐进入尾声。另外，可以经常看到宝宝用手抓住自己的脚丫子，或用嘴咬脚丫子的行为。

可以自娱自乐

在这个时期，宝宝能长时间独自玩耍，如果有喜欢的玩具，就可以集中精神玩游戏。很多情况下，与玩具相比，宝宝更喜欢饭碗、水壶、炒锅等生活用品。

有时宝宝会打开妈妈的钱包、有时还会翻出衣柜里所有的衣服，随着手部运动能力的提高，宝宝会经常做出让妈妈感到吃惊的事情，因此照顾宝宝时，一刻都不能放松警惕性；但是，也不能过于限制宝宝的行为，最好让宝宝尽情地探索。

喜欢跟在妈妈后面

在这个时期，宝宝开始认生，因此一刻都不肯离开妈妈。只要一看不到妈妈，宝宝就会哭闹不停，甚至要跟着妈妈到洗手间。

在这个时期，宝宝的好奇心非常强，因此喜欢探索外面的世界，但同时又有不安的感觉。为了得到安全感，宝宝会经常跟在妈妈后面。如果宝宝经常跟着妈妈，就应该仔细地观察宝宝的情绪，充分给予宝宝安全感。只要出现"一不小心妈妈就不见啦！"等不安的感觉，宝宝会更不愿意离开妈妈；相反地，如果能带给宝宝"妈妈经常在你身边"的稳定感，就能培养宝宝的自立能力。

10～11个月

喜欢跟妈妈的身体接触

在这个时期，宝宝喜欢跟妈妈的身体有所接触，即使妈妈打宝宝的屁股，只要宝宝觉得很有趣，就会感到高兴；但只要觉得妈妈讨厌自己，就会哭闹。经常抚摸宝宝的脸颊，或亲亲宝宝的脸蛋，宝宝就会很开心，并得意地向妈妈微笑。

在这个时期，如果妈妈经常和宝宝的身体接触，就能稳定宝宝的情绪，还能刺激大脑发育。而且皮肤是卵子和精子着床时跟脑细胞一起形成的外胚层，因此得到的刺激越多越好。另外，妈妈还可以经常跟宝宝一起洗澡，这样也能促进宝宝的大脑发育。

喜欢模仿别人的行为，而且记忆力迅速提高

在这个时期，宝宝的模仿能力和记忆力更加发达，能听懂爸爸和妈妈常用的语言。不仅如此，如果宝宝打过一次预防针，那么只要看到穿白袍的人就会哭闹，有时看到盘子上的食物就会抿嘴。

在这个时期，可以跟宝宝一起玩拍掌游戏、握

拳游戏或"拜拜"游戏。通过这些游戏，可以促进宝宝的智力发育。在日常生活中，可以从简单的遮脸游戏逐渐发展成躲在房门后面或窗帘后面的捉迷藏游戏。

11～12个月

随着活动范围的增大，能玩的游戏也逐渐增多

在这个时期，宝宝能依靠身边的物品站起身，而且可以碰到高处的东西。不仅如此，宝宝对周围事物会产生强烈的好奇心，因此经常让妈妈提心吊胆。由于宝宝还不熟悉如何走路，所以只能走两三步，有时还会爬着到达目的地。此时，宝宝的视野会更加宽广，能看到以前没有看到过的东西，因此好奇心也越来越强烈。另外，好奇心强的宝宝和谨慎小心的宝宝其发育情况也会有所差异。

可以进行用水杯喝水的训练

随着手部活动能力的提高，宝宝可以用水杯喝水。在这个时期，应该帮宝宝准备两侧带有把手的水杯，这样宝宝就能容易地用双手握住水杯。一般情况下，从出生18个月开始，宝宝就能熟练地使用水杯，因此即使弄脏衣服也应该鼓励宝宝独自使用水杯。

开始产生独立性

在这个时期，宝宝会逐渐变得独立。虽然还有依赖妈妈的倾向，但有时会拒绝妈妈的拥抱。另外，宝宝独自玩耍的时间也越来越长。一般情况

1. 开发色感和创作能力——画画游戏

大脑刺激Point 利用色彩鲜明的各种颜料、培养宝宝的颜色概念，而且通过画画的方式培养想象力。

游戏方法

❶ 在墙壁上贴一张纸，然后让宝宝尽情地画画。

❷ 妈妈和宝宝一起握住蜡笔或彩色笔，然后有节奏地挥笔画画。

❸ 应该从背后握住宝宝的手。

2. 培养认知能力——实物和图片的不同

大脑刺激Point 通过周围的东西、动植物和画册，让宝宝掌握实物和图片的差异，逐渐地培养认知能力。

游戏方法

❶ 给宝宝看画册之前，应该通过递实物的游戏，提高对认知物件的理解能力。

❷ 除了说出实物的名字外，还应该说明物体具体的状况。

❸ 和宝宝一起用手指眼睛、鼻子、嘴的游戏，以此培养出比较不同物件的能力。

3. 有助于智力发育，能培养比较不同物件的能力——遮脸游戏

大脑刺激Point 躲在窗帘或房门后面，然后突然出现在宝宝面前。通过这种游戏可以刺激宝宝的智力发育，而且能培养记忆力和预测能力。

游戏方法

❶ 刚开始应该躲在宝宝容易寻找的地方，然后逐渐藏在更隐蔽的地方。

❷ 有时戴着面具，有时拿掉脸上的面具，借此提高宝宝比较不同事物的能力。

4. 能开发思考能力和智力——拼图模组游戏

大脑刺激Point 把不同形状的模组拼凑到相同形状的孔内。这样不仅能刺激大脑的树状突触，还能促进大脑的发育。

游戏方法

❶ 在较大的袋子内装玩具，然后跟宝宝一起玩猜玩具名字的游戏。

❷ 由妈妈先为宝宝做拼图模组游戏的示范。

❸ 在拼图模组之前，还应该向宝宝提出"能不能装进去呢"的问题。

下，独自吃饭或独自走路就是独立性产生的典型表现。不仅如此，宝宝还能用动作正确地表达自己的想法，而且认生的现象也开始逐渐消失。如果看到同龄的小朋友，宝宝会主动地伸出手，或主动地搭话，但还不能和小朋友一起玩。

12～24个月

感觉和肌肉发育的时期，应该培养身体协调能力

12～18个月

学走路的时期与宝宝的性格形成有密切的关系

一般情况下，学走路较快的宝宝和较慢的宝宝，发育的速度有7～8个月的差异，宝宝学走路时期的经历会影响性格的形成。宝宝在学走路之前，应该满足4个条件：第1，需要一定的体力；第2，具有平衡身体的能力；第3，摔倒时应该能采取保护姿势；第4，应该有学走路的欲望。

对于性格谨慎的宝宝来说，即使具备前3个条件，只要缺乏第4个条件，他也不肯学走路。在此之前，宝宝只能用手和腿在地板上爬行，因此特别害怕用双腿走路，而且缺乏克服恐惧心理的勇气。如果宝宝富有挑战精神，即使知道摔倒会很疼，也会锲而不舍地迎接挑战，而性格谨慎的宝宝则不喜欢冒险。在日常生活中，只要保持一定的欲望，即使是性格谨慎的宝宝也会忘记恐惧，因此应该经常引导宝宝自然地学会走路。

站在走向成人的起跑线上

很多宝宝在满1周岁前后，就能说出"妈妈"、"爸爸"、"汪汪"等有具体含义的词汇。一般情况下，宝宝在1周岁时就能做出"站立走路"、"说出有意义的话"、"跟大人一样吃饭"等人类的本能行为，因此，宝宝正式站在了走向成人的起跑线上。从今以后，宝宝应该不断地熟练所学的各种动作。

能听懂语言的含义

每个宝宝的语言能力都有差异。有些宝宝在1周岁左右就能学会一两个词汇，而且能快速地掌握大量的词汇；而有些宝宝在1周岁零3个月时，连一个有具体含义的词汇都不会说，但在这个时期，任何宝宝都能听懂语言的含义。"爸爸在哪里呢？"此时，如果能指着爸爸，那么即使不会说话的宝宝也能理解语言的含义，可以很快学会说话。

喜欢独占妈妈

在这个时期，宝宝的感情变化更加复杂，而且能够充分地表达自己的意愿。如果别人不能满足自己的要求，宝宝就会伤心地哭闹，如果看到妈妈抱着别的孩子，宝宝就会产生嫉妒心，表现出强烈的占有欲。在这个时期，宝宝的嫉妒、喜悦、反抗、生气等情感变得丰富，而且开始向妈妈表达自己的心情。在日常生活中，宝宝会经常向妈妈表达"我想得到妈妈的爱、想独占妈妈"等意愿，努力争取妈妈的关怀。

开始探索室内空间并大胆地尝试

在这个时期，宝宝的探索心理也非常强烈，并逐渐开始迎接新的挑战。

在日常生活中，宝宝经常尝试接触各种事物。例如：触摸开关或把手、翻垃圾桶等。淘气的宝宝会经常让妈妈生气，但这只是宝宝的探索行为，并没有恶意。通过这种探索的过程，宝宝能掌握不同实物的形态和特征。为了宝宝的安全，应该事先藏好危险物品。另外，还要准备随时能供宝宝涂鸦的小黑板，借此充分满足宝宝的探索欲望。

能够区分声音的差异

随着经验的积累，宝宝可以区分各种声音。在日常生活中，宝宝能分辨出门铃的声音和关门的声音。另外，宝宝听完各种乐器的声音后，可以辨别出不同的乐器。

手部活动更加细腻

在这个时期，宝宝能更加灵活地活动手部，因此能够操作各种玩具，而且经常把房间弄得一团糟。不仅如此，宝宝开始喜欢涂鸦，而且能画出直线和曲线。另外，宝宝还能用手指头握笔。在日常生活中，宝宝可以旋转门的把手，而且能堆起六七块积木。

"不"是自我意识所形成的典型表现

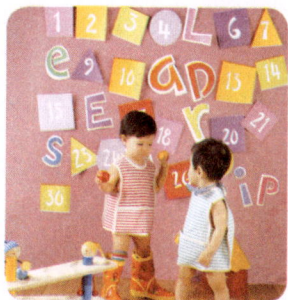

虽然语言能力的发育因人而异，但这个时期的宝宝能说出由简单的词汇所组成的句子。刚开始学会说话时，大部分宝宝喜欢说"不"、"讨厌"等词汇。不管妈妈给什么东西，宝宝都会说"不"，这也是形成自我意识的典型表现。例如：对宝宝说"我们穿衣服吧！"时，如果宝宝说"不"，其实并不代表宝宝不愿意穿衣服，而表明宝宝想独自穿衣服。当宝宝说"不"时，父母应该及时地做出相对的反应，尽量让宝宝独自尝试。通过语言能力的提高，宝宝会不断地形成自我意识，并且逐渐养成实现自我主张的能力。当宝宝坚持独立做事时，父母千万不能呵斥，应该积极地鼓励宝宝的实践欲望。

喜欢听故事

在这个时期，宝宝最喜欢的就是能放音乐的画册。刚开始，宝宝只喜欢翻书页，但逐渐学会看图画，认真注视每一页的内容。另外，宝宝会对画册产生浓厚的兴趣，因此要尽量提供色彩华丽的画册。

《实用小百科》

通过丰富的经验刺激大脑

1. 开始自理大小便

大脑刺激Point 在进行排便训练时，千万不能操之过急。在日常生活中，应该分阶段地进行排便训练。一般情况下，要依照白天训练自理大便（出生18个月）、训练自理小便（出生24个月）、夜间训练自理大小便的顺序进行排便训练。

自理大小便是自然的成长过程，而且有明显的个人差异，因此即使宝宝到5周岁还在夜间尿床，也不用过于担心。让宝宝的心理压力过重，只会适得其反。

2. 通过认识事物的方式刺激大脑

大脑刺激Point 随着学会走路，宝宝的活动范围明显增大，而且手部运动也更加细腻。另外，宝宝可以通过词汇或短句表达自己的感情，因此经常表达自己的要求。在日常生活中，翻抽屉、玩手提包、打开冰箱门等都是宝宝的"消遣活动"。

在这个时期，宝宝对陌生的事物或妈妈的行为会产生浓厚的兴趣，而且表现出强烈的探索欲望。在出生18个月以后，宝宝会逐渐形成有意识地接受和分析外部资讯的能力，因此不再后知后觉，而是在行动之前就能想象到后果，而且能独立地解决问题。

3. 看到新事物后，就能做出相对的行为

大脑刺激Point 为了1~2周岁宝宝的大脑发育，妈妈应该积极地培养宝宝的事物认知能力和注意力。如果宝宝对周围的事物产生兴趣，就会期望间接或直接地接触这些事物，并且逐渐形成对事物的认知能力，而这些事物的特征会转化成资讯被存入大脑。在日常生活中，应该让宝宝多看周围的事物和与宝宝的生活有密切关系的事物，并且经常讲不同实物的名字给宝宝听，利用拟声词或形容词给宝宝留下更深刻的印象。

可以抛球

虽然宝宝还不能控制力量和方向，但是能抛球，有些宝宝一举起手臂，球就会掉落。一般情况下，发育较快的宝宝和发育较慢的宝宝，发育速度大约有6个月的差异，因此即使宝宝不能抛球也不用过于着急。在这个时期，宝宝会努力控制抛球的方向，有时还能用单手抛球。

24～36个月

性格养成的时期，应该培养正确的习惯

开始说出由两个词汇所组成的句子

在这个时期，宝宝能说出"来这边"等由数个词汇所组成的句子。如果发现感兴趣的事物，宝宝就会拉着妈妈的手说"来这边"。另外，宝宝还可以说出"给香蕉"等含义更丰富的句子。不仅如此，宝宝说出由一个词汇所组成的句子也越来越多，因此，宝宝可以跟妈妈进行简单的对话。如果叫宝宝的名字，宝宝还能举手回答"是"。一旦宝宝形成了自我意识，就可以理解自己的感受，而且喜欢别人叫自己的名字。当妈妈对宝宝说"你好"，宝宝也懂得回答"你好"，而且还能理解"你好"的意思，同时，可以用行动来表达"你好"的含义。当宝宝撞伤腿部时，如果问宝宝"这里痛吗？"或者"要不要揉这里啊？"宝宝就会用小手搓揉受伤的部位。在这个时期，宝宝不仅能用语言表达自己的心情和状态，而且能理解别人话语中的含义。

无法用语言表达时会用行动表达

在这个时期，如果去公园，宝宝经常会抢小朋友的玩具。很多妈妈无法理解宝宝的这种行为，其实宝宝是想表达"买这种玩具给我"或者"我也想试一试"等意思，但因为无法用语言表达，所以只好用行动来表达自己的意思。在这种情况下，如果责骂宝宝，很容易导致反效果，因此要尽量体谅宝宝的情绪，同时用"看来你想要这种玩具哦！"或者"是不是想跟小朋友一起玩啊？"等语言表达出宝宝的要求。这样，宝宝就能逐渐学会"我想要这种玩具"或者"想跟小朋友一起玩"等表达方式。当宝宝刚学会用一个词汇或两个词汇所组成的句子表达自己的想法时，父母就应该及时了解宝宝的情绪。

变得好动

在这个时期，宝宝的大腿肌肉变得发达，因此可以从高处跳下来，也可以爬上危险的地方，而且喜欢做滚动、跳跃等激烈的运动。另外，小肌肉的运动也更加细腻，因此能灵活地使用手部和手指。在这个时期，宝宝能独自完成扣钮扣、系鞋带、剪纸等基本动作。虽然宝宝喜欢独自玩耍，但也喜欢跟其他小朋友一起玩，因此容易出现粗暴、反抗的行为。在这个时期，很多宝宝经常会和其他小朋友打架。

能独自完成简单的拼图

在这个时期，宝宝的认知能力比较发达，因此能够判断不完整的拼图模组。另外，宝宝开始形成数字、大小，以及重量、空间、长度、厚度等概念。不仅如此，宝宝还喜欢玩想象游戏。在这个时期，宝宝喜欢收集各种东西，因此最好经常和宝宝一起玩掷骰子或玩磁铁游戏。

宝宝自律性最强的时期

在这个时期，父母和宝宝之间的分歧越来越严重，宝宝经常想独自穿衣服、想独自吃饭，但经常到处掉米饭、扣错钮扣或穿错鞋子。此时，应该有耐心地鼓励和培养宝宝的自律行为。另外，宝宝的基本智慧已经形成，因此适合玩积木游戏。

30～36个月

可以说短句且记忆力逐渐增强

宝宝能说出自己的想法或色彩等没有实体的抽象内容。虽然表达不准确，但宝宝可以说出简单的短句，而且能用正确的行动来表达自己的意思。可以对宝宝说："喝完果汁后，把杯子放到桌子上吧！"他们就会自觉地把杯子放到桌子上。在这个时期给宝宝成就感，有利于语言的发育。

能用语言表达自己的预测结果

在日常生活中，宝宝能预测排尿感，而且能够用语言表达预测的结果，有些宝宝还能说出："妈妈，我想尿尿，厕所。"等简单的句子。虽然2周岁中期到3周岁是词汇量急剧增多的时期，但宝宝还不能自由地说出自己的想法。当宝宝刚学会说话时，只要宝宝哭闹，有些妈妈就会说："不要哭，要说话啊！"但由于宝宝还不能正确地用语言表达自己的感情，所以只能用哭声来代替语言。

想象力越来越丰富

在这个时期，宝宝的好奇心很重，想象力也很丰富，因此宝宝可以想象从未看过的事物或事情。不仅如此，宝宝还能想象出不存在的故事。对父母来说，他们好像在说谎，其实这只是因为宝宝不能区分想象和现实而已。想象力是宝宝智力发达的表现，也是培养创造力的原动力。

能数数

在这个时期，宝宝开始关心数字。为了让宝宝掌握数数的技巧，应该为其提供能够自然亲近数字的环境。刚开始，宝宝不熟悉数数的方法，但是只要重复几次，就能轻松掌握。此时，即使宝宝可以正确地数数，也不一定完全理解数字的概念，他们只是单纯地数数或记忆而已，还不能理解数字的大小。

《实用小百科》
开始进行系统的教育

1. 每天通过2小时的游戏刺激大脑

大脑刺激Point 在理解抽象概念的过程中，经常模仿别人的言行或得到良好家庭教育的宝宝，就能利用语言说明抽象的事物或事件。在教育学中，这种过程又称为"象征性思考的出现"。从这个时期开始，宝宝能回忆过去或幻想未来，而且可以在游戏中引用假想的故事情节。

美国实验心理学会会员Jeffrey Goldstein教授根据美国16篇研究论文总结出一个结论，即每天玩2小时游戏的宝宝大脑发育比较快，而且智商也比较高。虽然这些论文是以上学的儿童为对象所进行的研究结果，但对大脑尚未成熟的宝宝来说，游戏的作用也不容忽视。

2. 培养社交能力和自立能力

大脑刺激Point 在这个时期，宝宝的自我意识逐渐形成，因此说"不"的次数明显增加，表现欲望日趋强烈。另外，宝宝的自立能力也明显提高，所以喜欢独自吃饭、独自穿衣服。从3周岁开始，宝宝的性格变得活泼，因此可以积极地跟别的小朋友交往，而且会大方地把玩具借给别人。在这个时期，宝宝还不能正确地判断价值和善恶，因此常以父母的是非标准作为自己的行为准则，即宝宝只能依照父母的指令行动，此时父母必须教导宝宝，让宝宝形成一贯性的行为准则。从6周岁开始，宝宝的独立能力逐渐突显，他们能够正确地判断对与错。一般情况下，必须从小开始培养良好的生活习惯。

3. 可以骑三轮车

大脑刺激Point 在这个时期，宝宝可以熟练地骑三轮脚踏车，而且能够独自开门，也能画出圆形或简单的人物。另外，宝宝可以独自穿衣服，而且具有一定的社交能力。不仅如此，宝宝还能知道自己的性别，并且经常说"这是我的"等语言。

4. 在认知事物的基础上开始阅读

大脑刺激Point 宝宝在2周岁以前，控制记忆力的右大脑快速发育，而满2周岁以后，能够系统化认识事物的左大脑开始发育。因此，从这个时期开始，应该适当地进行识字、识数等系统化的教育。

抽象思考能力越来越发达

此时应该要经常和宝宝对话，而且要鼓励宝宝多说话，这样宝宝会更容易学习说话。经常对宝宝说看不见的事物或未发生的事情，就能促进抽象思维能力的发育。

妈妈们最常见的疑问 Q & A

晃动红色玩具也不移动视线。

人们常说："晃动红色玩具时，如果宝宝移动视线，就说明宝宝能看清事物。"当我晃动红色玩具时，宝宝没有任何反应，会不会是宝宝的视力有问题呢？（1个月）

A 一般情况下，宝宝出生2个月以后，才能随着眼前的实物转移视线，因此在宝宝出生1个月时，不用过于担心。宝宝出生1个月，进入了移动眼球的前期阶段，此时只能注视一个方向，能分辨出红色、黄色、蓝色等比较明显的颜色。另外，他们还能准确地区分出人脸的差异，并对周围的人表现出浓厚的兴趣。在这个时期，喂母乳或逗宝宝时，应该注意观察宝宝是否注视妈妈的脸。只要能注视妈妈，就不用担心。

不管怎样搔痒或逗他笑，宝宝都不笑。

同龄的小朋友都能开心地笑起来，但我们的宝宝不管怎样挠痒痒或逗乐，都不会发笑，这到底怎么回事呢？（3个月）

A 宝宝的微笑可分为两种：第一，出生1~2个月内的微笑，属于"反射性微笑"。当吃饱饭时或洗澡时，宝宝经常做出反射性微笑。

第二，出生3~4个月内的微笑，属于"社会性微笑"。当周围的人跟宝宝对话或抚摸宝宝时，宝宝就会开心地微笑，这说明宝宝已

经开始与别人交流情感。但是，宝宝的个性存在差异，因此不微笑的宝宝不一定对所有的事情都没有反应。宝宝出生3个月时即使不笑，也不用过于担心。

发出"咿呀"声音的次数明显减少。

宝宝在出生3个月时，还经常发出"咿呀"的声音，但最近明显减少。这会不会是不正常的征兆？（4个月）

A 一般情况下，宝宝出生3个月，会喜欢欣赏自己的声音，因此特别喜欢发出"咿呀"的声音。即使发出的声音明显减少也不用担心，再过一段时间，宝宝还会经常发出"咿呀"的声音。只要宝宝的发育正常，逗乐时还能微笑，那就不用过于担心。

看到玩具却没有任何反应。

即使把玩具放到宝宝身边，宝宝也不愿意伸手去抓。（5个月）

A 一般情况下，宝宝出生5~6个月时，会开始伸手抓身边的玩具，但此时他们还不能自由地活动手部，因此可能对玩具不感兴趣。在这个时期，即使宝宝不抓玩具，也不用过于担心，随着宝宝的成长，早晚都能做出相对的反应。

应该怎样念书给宝宝听呢？

念书给宝宝听时，有没有必要详

细地说明每一个词汇的意思呢？如果不说明，宝宝又不能理解，应该怎样做呢？（6个月）

A 宝宝出生6个月时，连单字的音都不会发，只能聆听妈妈的声音，因此最好只讲事物的名字，没有必要急着灌输过多的知识。

能不能准确解读宝宝"咿呀"的声音呢？

当宝宝发出"啊"的声音时，我凭自己的感觉随意回答说："是不是很漂亮？"这样会不会误导宝宝呢？（8个月）

A 在这个时期，宝宝会积极地模仿别人，开始和别人交流情感。语言是想对别人传递某种资讯或解释某种事情的欲望表现，因此尽量理解宝宝的"咿呀"声，并积极地跟宝宝对话是父母最起码的责任。

长牙齿的快慢和语言能力之间有什么关系呢？

出生8个月时，宝宝就长出了上面的牙齿，而且说"咿呀"的次数也急剧增多。长牙齿的快慢和语言能力有关联吗？（9个月）

A 长牙齿的快慢和语言能力之间没有任何关系。为了提高语言能力，应该经常刺激宝宝说话的欲望，并积极地和宝宝对话。

是不是必须以统一的口吻回答宝宝呢？

回答宝宝的提问或说故事给

宝宝听时，父母是不是必须使用同样的方式和统一的口吻呢？如果说话方式不一样，会不会对宝宝不利呢？（10个月）

A 其实没有必要刻意统一爸爸和妈妈的口吻，因为在这个时期，宝宝不会轻易陷入混乱。但在回答宝宝时，应该禁止使用含混不清的语言，而应该使用正确的词汇。

宝宝特别害怕动物，因此一见到动物就不能动弹。

宝宝在室外散步时，只要看到小狗、小猫，就吓得不敢动弹。怎样才能让宝宝喜欢动物呢？（11个月）

A 宝宝有可能曾被动物惊吓过。如果想让宝宝喜欢动物，就只能让宝宝大胆地体验。首先，在日常生活中经常讲动物的故事给宝宝听，而且让宝宝抚摸温顺的小狗。另外，应该让宝宝知道动物是人类最好的朋友，也有非常可爱的声音，但也不能强迫宝宝。当宝宝害怕时，如果强迫宝宝摸小狗，反而会导致宝宝产生警惕心，加重恐惧心理。在抱小猫时，小猫很有可能抓伤宝宝，因此要注意安全。当动物吃食物或怀孕时，妈妈应该小心地指引宝宝接触动物。

无法用手指夹小东西，而且只喜欢用手握事物。

宝宝不能用手指夹小东西，而且只喜欢用手握事物。这是不是发育迟钝的表现呢？（16个月）

A 即使宝宝的手指夹不住小东西，只要能用五指握紧物体，就说明宝宝能够正常使用手指，并

不是发育迟钝的表现，只是还不能灵活地使用手指而已。这种情况因人而异，有些宝宝的发育比较快，很快能灵活地使用手指；而有些宝宝的发育比较慢，因此较为迟钝。如果想让宝宝尽快学会使用手指，最好经常利用宝宝喜欢的东西玩游戏。

学说话的速度是否和遗传有关？

我听说丈夫在2周岁时还不会说话，而我们的宝宝学说话的速度也比较慢。学说话的能力是不是也受到遗传的影响呢？（15个月）

A 学说话跟遗传没有直接的关系，但如果宝宝的性格和教育环境与父母相同，就有可能受到一定的影响。每个宝宝学习语言的能力有很大的差异，因此千万不能过于着急，更不能给宝宝施加压力。

原先喜欢说话的宝宝最近却很少说话。

以前，宝宝喜欢说"mia mia（想吃食物的意思）"，但最近即使饿了也不愿意说话。宝宝会不会忘记曾经学过的词汇呢？（15个月）

A 在这个时期，除了语言外，宝宝还能用其他方式表达对食物的需求。当宝宝感到饿时，应该注意观察他们是不是在用另外的方式表达。

还不会抛球。

有很多同龄小朋友都会抛

球，但我们的宝宝还不会抛球。是不是运动细胞有些迟钝呢？（18个月）

A 在成长过程中，宝宝的智力和运动能力逐渐发育。例如：大部分宝宝在出生4个月前后才能平衡头部，而发育较慢的宝宝在出生6个月时才能平衡头部。随着学会爬行、站立、走路，宝宝的运动能力逐渐完善，但发育较快的宝宝和发育较慢的宝宝不能相提并论。关于抛球的问题，即使宝宝比别的小朋友晚半年，只要发育正常，就不用过于担心。

宝宝更喜欢和爸爸对话。

在日常生活中，大部分时间都是由妈妈陪伴宝宝，但宝宝却更喜欢和爸爸对话。我们担心宝宝和妈妈对话时是不是不开心呢？（18个月）

A 妈妈是不是在强迫宝宝学习新的知识呢？在教宝宝学习之前，应该注意观察宝宝的兴趣和情绪。另外，还应该寻找宝宝喜欢和爸爸对话的理由。

要不要提早进行英语教育呢？

在容易记忆单词的时期，如果经常让宝宝听英语，会不会像学母语一样熟悉英语呢？（29个月）

A 如果宝宝对英语感兴趣就没有问题，但如果以教育为目的而让宝宝听英语，反而容易产生反效果。一般情况下，在听和玩游戏的过程中，语言能力会逐渐提高。

Part 2

刺激大脑

有助于智力开发
的育儿方法

孩子开始能叫"妈妈"了；偶尔也能记住别人的脸，再见到后对其微笑；原来见到书就撕，现在却是目不转睛地去欣赏。那么此时妈妈们又该为孩子做些什么呢？孩子就如同一张白色的图画纸，如果想要培养孩子的创意性和逻辑性，一定要小心地对其说话。通过为了开发孩子的智力而发明的育儿法来培养孩子的基础感觉吧。

刺激大脑时，也应该遵守一定的原则

培养聪明宝宝的十大育儿原则

为了让宝宝更聪明，在0～3周岁期间，应该遵守适当的育儿原则。意即，在进行早期教育之前，应该让宝宝拥有健康的身体，而且要分阶段地进行教育。以下将介绍培育聪明宝宝的方法。

1 在0～3周岁期间，应该通过智力刺激培养大脑的容量

受外部环境的持续影响，大脑会变得更加成熟，因此宝宝的大脑需要适当的刺激。刚开始，脑细胞具有细胞间质形态的细胞，而且随着刺激的增加，会逐渐变成包含高品质DNA的细胞间质细胞。一般情况下，成长的细胞间质细胞可以分化成神经细胞和神经胶质细胞，而且DNA数量也不会再增加，因此，必须在0～3周岁期间充分地刺激大脑，这样才能形成具有高品质DNA的脑细胞。

在人的成长过程中，一旦满了6周岁，那么大脑的新皮质和旧皮质之间将形成隔膜，此时，大脑不能充分发挥出色的潜力，因此大部分人只能使用脑细胞的10%。有部分论文表明，如果在0～6周岁期间得不到正确的智力刺激，那么上学以后会虚度10年的光

阴，因此必须在宝宝满3周岁前，通过各种刺激增加大脑的容量。

2 必须保证精神和身体健康

对宝宝来说，出生后的3年是决定智力的重要时期，而且出生3年后，350克的新生儿大脑重量会急剧增加到1 000克。由此可见，0～3周岁是神经细胞最活跃的时期，因此随着这个时期所受到的刺激不同，宝宝的发育情况也会有所不同。但是在这个时期绝不能忽视一个要素，那就是宝宝的健康。在日常生活中，应该给宝宝提供富含碳水化合物、蛋白质、维生素、矿物质等大脑所需的营养素。但含有糖、人工色素、化学添加剂的食品会破坏脑细胞，因此应该回避有害食品。

3 应该充分地刺激右脑

一般情况下，宝宝在满3周岁之前，大脑发育将完成90%，而且能以右脑（负责综合思考和创造力）为中心思考问题。一般情况下，宝宝在0～6周岁期间，右脑的活动比较活跃，但从6周岁开始，右脑的功能会逐渐衰退；相反地，左脑从3周岁开始发育，并从7周岁开始进入全面发育的阶段。因此最好在0～3周岁期间充分刺激右脑，尽量提高右脑的活力。

4 夸奖是让宝宝变聪明的最好方法

研究结果显示，家庭环境也能影响宝宝的智力发育。有些父母不让宝宝做任何事情，而且不管宝宝做什么事情都不会夸奖，有些父母却充分认可宝宝的能力，而且经常夸奖宝宝。总而言之，经常受夸奖的宝宝或在稳定家庭环境中成长的宝宝，智商（IQ）明显高于得不到夸奖的宝宝。另外，情绪稳定的宝宝比较乐观，遇到困难也不容易气馁，因此能够充分发挥自己的潜力和才能。

5 在不同的发育时期应该进行相对的教育

不管妈妈怎样管束，只要能翻身、爬行或站立，宝宝就会重复同样的事情。

其实，这也是一个学习的过程。不仅如此，一旦宝宝学会了说话，还会不停地问"为什么？"在这个时期，宝宝的学习欲望犹如饥饿感一样强烈。如果能充分满足宝宝的学习欲望，宝宝就会感到很开心，还会想体验新的事物。

在日常生活中，为了宝宝的身体健康，必须提供营养丰富的食物，也应该充分地刺激宝宝的大脑；但是，如果不尊重宝宝的欲望，只凭妈妈的意愿刺激大脑，反而会带来不良影响，就像给大树施肥过多反而会让树根腐烂一样。

6 应该培养独立思考的能力

教育宝宝的理由是什么？是为了充分挖掘宝宝的潜力，培养独立思考能力和判断能力。有些父母喜欢采用填鸭式教育方式，但为了宝宝的未来，应该通过有序的教育过程，让宝宝学会独立思考问题，理解人生法则，这样才能培养宝宝的创造力和洞察力。

7 通过五感的刺激促进创造力的发育

宝宝在幼儿时期，对周围环境的探索程度将决定他们的脑发育程度。大脑是由无数的神经细胞（神经元）组成，因此大脑的发育与感觉器官的发育具有密切的关系。在进行早期教育之前，应该多刺激大脑。在成长过程中，宝宝通过周围的物品或玩具等具体实物去探索和学习周围的环境。另外，通过跟同龄小朋友互相交换玩具的过程，可以培养宝宝的社会适应能力；通过和妈妈的对话，提高语言能力。不仅如此，宝宝在日常生活中会逐渐学习算数，掌握科学知识，因此要常利用宝宝喜欢的玩具充分地刺激五感。

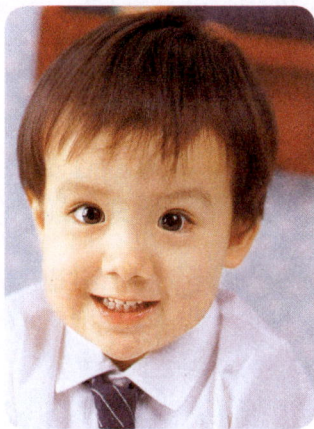

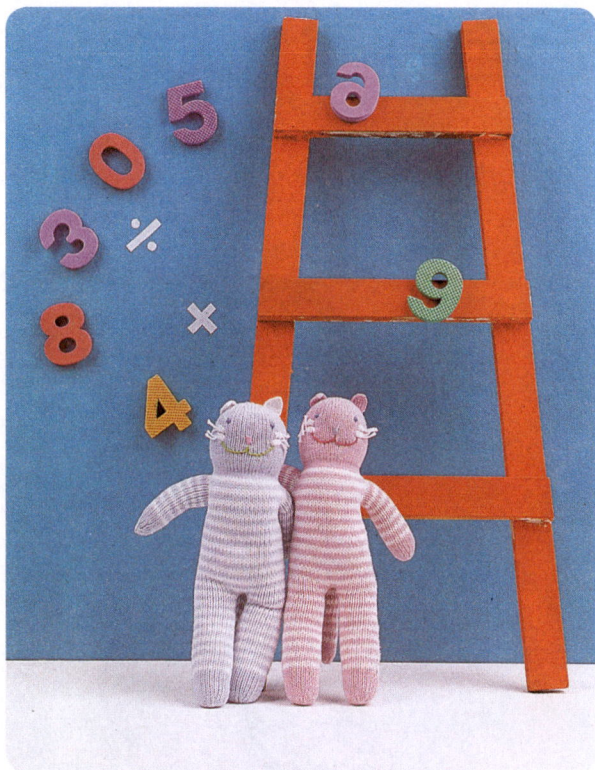

8 妈妈是最好的刺激来源

一般情况下，宝宝跟妈妈的关系越亲密，心智就越健全，专业机构对0～3周岁宝宝的教育只能具有辅助作用。在育儿过程中，千万不要忘记家庭教育才是最基本的教育。

9 通过身体接触刺激皮肤

皮肤和大脑一样都由外胚叶所形成，而且皮肤的神经细胞通过神经回路跟大脑连接在一起，因此皮肤又称为"第二大脑"或"外脑"，皮肤接受的微小刺激能快速地传递到大脑。在日常生活中，应该通过身体接触，不断地刺激宝宝的皮肤。通过触觉的刺激，也能够促进大脑的发育。妈妈的抚摸尤其能加深母子之间的感情。

10 引导宝宝经常使用手指

人类直立行走以后，手部的活动变得更加自由，所以小肌肉越发达越能促进大脑的发育。另外，负责手部活动能力的部位在大脑中所占的面积最大，因此多活动手指头的游戏有助于宝宝的智力发育。一般情况下，在摆弄玩具的过程中，手部肌肉就能刺激大脑。

自律而亲切的爸爸能促进宝宝的智力发育
爸爸的育儿方法

在现实生活中，很多家庭都是妈妈担负着育儿的重任，但育儿不是妈妈一个人的事情，而且宝宝也需要爸爸独特的教育方法。以下将介绍爸爸具有不可替代的作用和更适合爸爸的育儿方法。

爸爸能培养宝宝的领导才能、自立能力和道德观

宝宝的能力跟爸爸的性格、爸爸对宝宝的态度有密切的关系。尤其是爸爸对宝宝的智力发育、领导才能、自立能力和道德观的培养占有举足轻重的地位。调查结果显示，即使爸爸和妈妈做出同样的行为，宝宝所受到的刺激也不一样。一般情况下，妈妈能刺激宝宝的情绪，而爸爸能刺激宝宝的智力发育，培养宝宝的社会适应能力。如果宝宝从小受到爸爸的教育，就能成长为智力发达、社会适应能力很强的人。

认可宝宝的自律性，亲切地对待宝宝的爸爸才是合格的爸爸

如果爸爸经常认可宝宝的自律性，并亲切地对待宝宝，宝宝就会表现出卓越的领导能力，而且很容易理解新的概念，同时具有坚强的毅力，更会关心他人。因此爸爸应该经常做抚摸宝宝的小脸等亲切的行为，多尊重宝宝的意见，让他们独自处理自己的事情。缺乏关心和尊重的偏爱反而会抑制宝宝的能力。

对儿子产生更大的影响

跟女儿相比，爸爸对儿子的影响更为显著。通过跟爸爸玩游戏，儿子能学到爸爸具有的男人风度。尤其是刺激身体的激烈活动对儿子的智力发育也非常重要。

如今，虽然有很多女人在各个领域发挥着自己的才能，但有些爸爸依然怀疑女儿的能力，并主动地给予帮助，这种教育方式会妨碍女儿的智力发育。换句话说，当儿子请求帮助时，爸爸会鼓励儿子独自尝试，但即使女儿不请求帮助，爸爸也想主动帮助女儿。

据说，印度前首相英迪拉·甘地（Indira Gandhi）和英国前首相玛格丽特·撒切尔（Margaret Thatcher）的爸爸对她们的影响很大。从现在开始，爸爸也应该像对待儿子一样更加积极地教育女儿。

爸爸
为了培养子女的能力，爸爸必须做的5件事

第1件事情 经常抱孩子
经常和孩子保持身体接触，就能提高孩子的认知能力。但在现实生活中，爸爸接触子女的时间明显少于妈妈。身体接触不仅能促进孩子认知能力的发育，而且能让孩子感受到父爱，并能稳定孩子的情绪。

第2件事情 经常陪孩子玩游戏
经常和孩子一起玩捉迷藏或球类游戏，就能促进孩子认知能力的发育。在日常生活中，应该经常陪孩子到公园做运动，或者在室内玩摔角、打篮球等游戏。

第 **3** 件 事 情 经常夸奖孩子

鼓励和夸奖会影响孩子认知能力的发育，因此经常受到夸奖的孩子的智力高于在冷酷和严格的环境下成长的孩子。

第 **4** 件 事 情 经常念书给孩子听

市面上有很多童话故事录音带，但孩子不只是想了解童话故事的情节，他更想和爸爸交流情感，因此爸爸亲自念书给孩子听会更有利于孩子的智力发育。

第 **5** 件 事 情 温柔地对待妻子

爸爸对妈妈的态度会间接影响孩子的智力发育，爸爸温柔地对待妻子能得到孩子的尊重。

爸爸
爸爸的性格将决定宝宝的性格

严格的爸爸会使宝宝变得被动

适当的严格教育有利于宝宝的道德发育，但对3～4周岁的孩子来说，他们更需要爸爸的亲切。如果爸爸的要求过于严格，经常命令宝宝"不行"、"不要做"、"拿那个给我"等，宝宝的情绪就很容易消沉，不敢和爸爸说话，习惯看爸爸的脸色行

事，甚至过于依赖妈妈。在这种情况下，宝宝的智力发育就会相对迟缓，而且不能充分表达自己的意见，容易变成做事被动的人。

如果缺乏爸爸的关心，就会阻碍正常的发育

不管宝宝玩游戏还是吃饭，有些爸爸只顾着做自己的事情。在这种情况下，为了引起爸爸的关注，宝宝会付出一定的努力，如果依然得不到爸爸的关注，宝宝就会感到很失落。如果缺乏跟爸爸的身体接触，缺乏跟爸爸的交流，那么男孩的智力和身体发育都会受到阻碍，而且容易出现女性化的倾向，而女孩则容易出现逃避男孩的现象。

过度保护宝宝的爸爸会影响宝宝的领导能力

很多年轻的爸爸对子女的保护超出了正常的范畴。在过去，一个家庭中有很多子女，而现在只有一两个子女，由于社会治安不稳定，很多父母对女儿的保护都显得有些过度。但是，如果过分干预宝宝的行动和感情，反而会引起宝宝的反感，或者使宝宝变得很脆弱，最后变成过于依赖别人的人。

追加讯息

爸爸应该做的事！
要鼓励孩子，千万不能惩罚孩子

对孩子来说，没有比鼓励更好的教育方法，也没有比惩罚更糟糕的教育手段。尤其是当孩子不小心犯错时，更不应该惩罚孩子。很多人喜欢对孩子说"宝宝做得真好！"但是应该以"宝宝画得真漂亮"等话语具体地表达出来。当孩子失误时，爸爸应该怎么做呢？和孩子做了好事得到表扬相比，犯错时更应该注意教育的方法。此时，不应该追究孩子的责任，而应该教孩子不要犯同样的错误。

"你怎么没有一件事情能做好？""怎么又犯错误了？""早就知道你会犯错！你怎么老是这个样子呢？"当孩子犯错时，千万不要用这种方式来打击孩子。在责骂孩子前，应该以"你有没有受伤？拿玻璃杯时应该小心哦！很容易碰碎的。""乱挥木棒会打伤别人的，只能在宽阔的地方挥动木棒。"等方式防止孩子犯同样的错误。

在生活中挖掘宝宝的潜力

培养注意力集中的方法

不管宝宝的头脑多么聪明，只要注意力下降，就不能正常地发挥潜力。只有集中注意力，才能100%发挥出宝宝的潜力，因此应该从小培养注意力。下面开始详细地介绍提高注意力的方法。

何谓注意力？

注意力是智力发育和有效的学习不可或缺的能力。为了认知某一事物，必须先对这个事物产生好奇心，然后集中注意力去分析。如果注意力不集中，就会导致各种问题。小学生的注意力如果不集中，其学习成绩就比较差，因此应该适当地刺激宝宝的大脑，而且要培养正确的生活习惯。

出生2个月开始逐渐集中注意力

一般情况下，出生2~6个月的宝宝开始逐渐关心周围的环境，并开始集中注意力。出生2~3个月的宝宝开始关心周围的动静和声音，而且会注视周围的环境，这就是注意力的表现。

当宝宝关心对比鲜明的颜色或轮廓明显的玩具时，可以通过旋转音乐铃培养其注意力。出生1个月的宝宝会朝声音传来的地方或有光线的方向转头，而且偶尔会注视手中的玩具。

出生2~3个月，宝宝开始关心周围的声音；从出生4个月开始，可以随着晃动的物件移动视线，也会朝声音传来的方向转头；出生5~6个月，宝宝开始注视眼前的事物或玩具，有时还想伸手去抓；之后，宝宝会经常注视手中的玩具，而且逐渐形成稳定的注意力。

观念
在生活中提高注意力的方法

自然的兴趣能吸引注意力

随着兴趣的不同，宝宝的注意力也不同。在达到一定年龄之前，大部分宝宝很难自觉地关心某一事物，但当他们对某一事物自然地产生兴趣时，就会表现出惊人的注意力。尤其是当晃动宝宝喜欢的玩具时，宝宝就会表现出高度集中的注意力。

正因为如此，在学会说话之前，很多宝宝特别喜欢看画面快速变化的电视广告，或者注意聆听周围的各种声音。有关机构对宝宝集中注意力玩一种游戏的时间，进行了定量研究。研究结果显示，1周岁的宝宝能持续玩21分钟，2周岁的宝宝能持续玩27分钟，3周岁的宝宝能持续玩50分钟，4周岁的宝宝能持续玩83分钟，5周岁的宝宝能持续玩97分钟。由此可见，面对自己感兴趣的事物，宝宝就能长时间集中注意力，而且3周岁以后，集中注意力的时间会变得更长。

妈妈干涉过多，宝宝就容易变得散漫

一般情况下，宝宝满3周岁以后容易出现注意力散漫的现象。在这个时期，宝宝的散漫程度跟妈

追加讯息

尽量回避含糖量高的食品

大脑活动的能源是葡萄糖，但如果摄取过多的糖，就会导致精神活动过度，容易出现散漫或冲动的行为。

零食会妨碍注意力的集中

不管做什么事情，如果经常给宝宝吃零食，就会影响注意力，因此只能在规定的时间内提供零食。

应该回避有刺激性的食品

含有咖啡因的碳酸饮料和辛辣食品会让宝宝过度兴奋，因此应该回避带有刺激性的食品。

应该多吃新鲜的蔬菜和水果

维生素能稳定宝宝的情绪，而新鲜的蔬菜和水果中富含各种维生素，因此有利于宝宝注意力的提高。

妈的态度或育儿环境有着密切的关系。妈妈如果过于关心宝宝或过于忽视宝宝，都容易导致注意力下降。例如：妈妈强迫宝宝学习不感兴趣的东西，或过度干涉宝宝的好奇心；换句话说，即使只是过度干预宝宝口含玩具或舔玩具的行为，也会阻碍注意力的集中。

在宝宝的成长过程中，应该根据宝宝的意愿自然地进行排便训练，如果操之过急，或强迫宝宝，宝宝就无法集中注意力。另外，如果长时间不关心宝宝的行为，也容易导致各种问题产生，应该注意这一点。

新鲜的自然食品有助于注意力的发育

研究结果显示，宝宝的饮食和注意力散漫也有一定的关联，为了刺激大脑的功能，应该多食用蔬菜或水果等新鲜的自然食品。

如果经常食用含有食品添加剂、食用色素、咖啡因的即食食品、清凉饮料，或者给健康的宝宝滥用鹿茸等药物，不仅会影响注意力，而且会影响智力发育。在日常生活中，应该用新鲜的材料制作营养均衡的食品，帮助宝宝提高注意力。

提高注意力的游戏

立起卡片的游戏

准备 | 准备2张写有句子或词汇的卡片，为了便于立起卡片，再准备2本书。

PLAY | 这是利用两张卡片的顶部合在一起制作小山形状的游戏。在立起卡片的过程中，需要细致的手部操作能力和高度集中的注意力。刚开始，可以用2本书挡着卡片，这样更便于立起卡片；等宝宝熟练地立起卡片以后，就可以去掉两侧的书本。

向小孔塞珠子的游戏

准备 | 准备一个有盖的小箱子，然后在盖子上面穿一个小孔，最后沿着盖子的边缘再粘贴高2～3厘米左右的厚纸。为了便于拿出珠子，要在箱子的底部打一个边长为5厘米的方孔。另外，要准备一些珠子。

PLAY | 在箱子上面放珠子，然后摇晃箱子，使珠子从盖子上面的小孔滚入箱子内。此时，不能用手碰珠子。要想增加集中注意力的时间，还可以准备更小的珠子，而且要穿出一个比珠子稍微大一点的小孔。

拧海绵的游戏

准备 | 准备大水盆和吸水性好的海绵。

PLAY | 在大水盆里放入海绵，使海绵充分吸水，然后再捞出海绵，并拎起海绵静静地等待，直到海绵全部脱水为止。等到海绵里没有再滴水，再用双手拧海绵。等待的过程可以使宝宝以平静的心态注意某一件事物。

有什么变化呢

准备 | 准备4张大小相同的卡片，然后在其中3张卡片上画相同的图案，最后在剩下的一张图片上画出不同于其他3张图案的图案。

PLAY | 按一定顺序翻4张卡片，但不能长时间看一张卡片，只能让宝宝在短时间内看一遍，然后让宝宝指出4张卡片的不同。为了找出4张卡片的差异，宝宝会集中注意力观察，因此能提高注意力。

良好的学习习惯，必须从良好的生活习惯开始

提高学习品质的生活习惯

每一位父母都希望孩子的学习成绩能出类拔萃，但即使提前教宝宝学习中文和数字，也不一定能培养出学习成绩优异的孩子。在日常生活中，应该让宝宝养成良好的生活习惯，让宝宝独自制定学习计划，享受学习的乐趣。下面将介绍通过正确的生活习惯提高学习成绩的育儿方法。

2～3周岁是培养学习习惯的最佳时期

要培养良好的学习习惯，必须先培养良好的生活习惯。俗话说："80岁也改不了3岁的习惯。"由此可见，2～3周岁就是培养良好生活习惯的最佳时期。从2周岁开始培养学习习惯会不会过早呢？其实不然，幼儿教育专家们认为，形成"好坏"概念的2～3周岁是培养正确生活习惯的最佳时期。学习习惯与智商不同，智商高的人不一定学习成绩好。在幼儿期或小学低年级时，聪明的孩子或受过早期教育孩子的学习成绩似乎更好一些，但随着年级的提升，有自律学习习惯的孩子就能逐渐超越聪明的孩子。当遇到问题时，具有良好学习习惯的孩子能独自制定解决问题的计划，能够推算出解决问题所需的时间，能够选择合理的解决方法。单凭高智商是无法完成这些事情的。

好的习惯并不是一朝一夕就能养成的，因此必须从幼儿期开始培养宝宝早睡早起的习惯和集中注意力的习惯。

战略
培养良好学习习惯的三阶段战略

第一阶段 | 应该区分"该做的事情"和"不该做的事情"

学习是克服困难、培养耐心的过程。2～3周岁的孩子们能听懂别人的话，而且具有一定的沟通能力，但同时有着固执的性格，因此经常让妈妈头痛不已。在这个时期，应该让宝宝做一些非做不可的事情。

例如：很多宝宝都不喜欢饭后刷牙，但为了宝宝的健康，必须培养饭后刷牙的习惯。另外，为了培养早睡早起的习惯，必须监督宝宝早点入睡。

平时就要引导宝宝区分"该做的事情"和"不该做的事情"，自然地培养良好的生活习惯。如果能够自觉地区分"该做的事情"和"不该做的事情"，宝宝就能自然地养成良好的学习习惯。

第二阶段 | 应该培养独立思考和选择的能力

有很多妈妈喜欢干涉宝宝所做的一切琐事，而且经常替宝宝做决定。"小孩子能懂什么啊？"妈妈经常有这种想法，因此在不知不觉中替宝宝做主张，但这种生活态度会影响宝宝的成长。从小依照妈妈的安排做事的孩子往往缺乏主见，性格优柔寡断。

平时，他们没有选择的机会，因此即使遇到难得的机会也不会把握。在学习的过程中，妈妈只能提示宝宝的学习方向，应该让宝宝独自做出最终的选择。虽然这种方法看似微不足道，但却能让宝宝养成独自解决问题的习惯。

第三阶段 | 必须由妈妈负责子女的教育

只有了解自己的孩子，才能选择恰当的教育方法。最近，很多妈妈只限于把孩子送进英语班、跆拳道教室，进而渐渐地失去了母爱，因为很多妈妈只担当决策者的角色，甚至被认为是"缺乏母爱的妈妈"。

很多妈妈认为，帮孩子聘请有实力的老师，或者把孩子送进各种补习班，就算尽到了当妈妈的义务，因此根本不了解宝宝的爱好和想法。

为了让孩子养成正确的生活习惯和学习态度，最好不要把孩子寄托给别人，应该亲自观察宝宝的生活细节，并经常监督宝宝的行为。

实践方案
培养良好学习习惯的12项实践方案

1 必须吃早餐

早餐有助于脑细胞的活动，能提高思考能力和注意力，并轻松地记住所学的知识；相反地，如果不吃早餐，就无法充分供给大脑所需的营养成分，因此会影响思考能力。不仅如此，吃早餐时，咀嚼食物的动作能促进大脑活动，所以一定要给宝宝吃早餐。早上，很多人喜欢吃面包和牛奶，但最好吃米饭和酱汤，充分补充脑细胞所需的B族维生素。其中，谷物、猪肉、牛肝、鸡蛋和奶酪是最好的早餐食品。

2 体力是集中注意力的保证，所以要经常陪宝宝做运动

只有拥有充足的体力，宝宝才能集中注意力，形成自信心；相反地，如果缺乏体力，其注意力就自然下降。为了锻炼宝宝的体力，应该经常陪宝宝走路。在周末，全家人应该到附近的公园踢球，或者慢慢地跑步。

3 经常带宝宝一起去书店

为了培养宝宝喜欢看书的习惯，应该经常陪宝宝去书店。通过观察宝宝对图书的喜好，就能了解宝宝关心的领域，而且能让宝宝养成读书的习惯。另外，在逛书店的过程中，宝宝可以跟妈妈一起度过美好的时光，还能加强和妈妈的对话。

4 应该培养自信心

遇到困难时，有些孩子会积极地寻找解决方法，而有些孩子则会轻易地放弃，这就是自信心的差异。第一次骑脚踏车时，每个人都会感到害怕，但有毅力的孩子能持续练习，逐渐掌握骑脚踏车的要领，最后获得成就感，而且敢于挑战新的目标。也有只练习一两次就放弃的孩子，不管妈妈怎么努力都没有用。在日常生活中，应该让宝宝做一些他们可以胜任的事情，然后经常给予鼓励，借此逐渐地提高宝宝的自信心。

5 请悬挂能刺激好奇心的图案

在宝宝的房间或客厅内，应该挂上能刺激好奇心的大地图、画报和照片。挂在墙上的地图和画报能成为很好的教育素材，使宝宝不断地提出新的问题。在提问和解答的过程中，就能自然地提高宝宝的学习能力。

6 在生活中学习数学

"这有多长呢?""这有多重呢?""现在几点啦?"这些都是在日常生活中常用的数学概念,因此最好让宝宝在生活中亲身体验,这样才能有效地学习数字和单位的概念。

不要盲目地强迫孩子坐在书桌前学习,而应该在生活中自然地教会宝宝各种常识。在学习时间里,没必要看着钟表学习理解时间的方法,可以通过9点钟起床、12点钟吃午饭、3点钟玩游戏等方式,让宝宝自然地熟悉时间概念。

7 让宝宝独自穿鞋

如今,越来越多的孩子连很简单的事情都不会做,凡事都要找妈妈帮忙。在日常生活中,应该让宝宝独自穿鞋、吃饭、穿衣服。

刚开始,也许宝宝很难独自完成这些事情,但尽量不要轻易给予帮助,而应该给孩子练习的机会,逐渐培养自立生活的能力。通过这个过程,宝宝会经常活动手部,因此能提高智力,也能增强自信心。

8 经常玩培养注意力的游戏

在复杂的图案中寻找宝藏的"寻找隐藏图案"游戏,不但可以锻炼宝宝的视觉,还能提高注意力。另外,需要高度集中注意力的多米诺骨牌(Domino)游戏也能提高孩子的注意力。

9 要培养良好的饮食习惯

为了让宝宝更聪明,应该让宝宝均衡摄取各种食物。35%的人脑细胞是由蛋白质所组成的,而且大部分神经传递物质也是蛋白质,因此必须摄取富含蛋白质的豆腐、鲜鱼、瘦肉等食物。另外,芝麻、核桃、大豆、青背鲜鱼(指背部呈青色的鱼类,其DHA的含量很高,例如:鲔鱼、鲭鱼、秋刀鱼等)中也富含脑细胞的主要组成成分——亚麻油酸(Linolenic),因此能使大脑更灵活。在日常生活中,应该让宝宝养成不挑食的饮食习惯。

10 应该让宝宝独自整理自己的物品

为了让宝宝独自整理自己的画册或玩具,应该帮宝宝准备一个收藏盒。有整理物品习惯的孩子也能自觉地学习。

为了依照不同的种类整理美术工具、积木等玩具,最好准备一个附有多格抽屉的整理盒。

11 在大自然中学习科学

科学就是学习周围自然现象的科目,因此为了增加宝宝的科学知识,应该让宝宝亲近大自然。在日常生活中,应该经常到附近的公园,让宝宝接触动植物。

路边的树木或花圃里的鲜花也是大自然的组成部分。"这棵树叫什么名字呢?""为什么会刮风呢?"平时,我们应该不断地培养宝宝了解科学的兴趣。通过不断地提问,宝宝就会逐渐关心日常生活中所发生的各种现象,对科学产生浓厚的兴趣。

12 对垃圾食品说NO!

白糖会消耗体内的钙、镁、钾等营养素,最终导致血液中的血糖不均衡,因此应该回避速食食品和清凉饮料。另外,路边摊上所销售的油炸食品经常使用酸化油,会降低脑细胞的品质,所以最好不要食用路边摊的油炸食品。

挖掘孩子潜力的秘诀

　　所有的妈妈都希望自己的孩子具有特别的才能，希望他们能成为天才。天才是指智商比一般人高的人，只有3%左右的人是天才。即使宝宝不属于天才，也可以提高宝宝的综合素质。为了培养出高素质的人才，必须充分挖掘出他们的潜力。下面将详细地介绍挖掘潜力的秘诀：

1 每次不能教太多的知识

　　为了挖掘宝宝的潜力，应该营造出能够让宝宝获得各种经验的环境，但应该抛弃一次教给宝宝很多知识的贪念，如果过于贪心，就会影响宝宝的学习积极性。

　　跟宝宝玩游戏或教授新知识时，应该耐心地等待，直到宝宝对游戏或新知识产生兴趣为止。另外，如果宝宝不喜欢，就应该适可而止。在日常生活中，最好在宝宝对学习产生迷恋时结束学习，这样能激起宝宝再学习的欲望。

2 应该尽量稳定宝宝的情绪

　　要想充分发挥宝宝天生的能力，就应该让宝宝保持良好的心态。另外，在学习新知识时，还应该让宝宝保持稳定的情绪。

　　在日常生活中，应该营造出让宝宝感到舒适的环境，稳定宝宝的情绪。为了宝宝的未来，应该营造一个舒适而和谐的家庭氛围。

3 应该培养注意力

　　一般情况下，注意力集中的宝宝容易接受新的资讯。多陪宝宝玩提高注意力的游戏，就能让宝宝高度集中注意力。例如：通过积木游戏、多米诺骨牌游戏刺激宝宝的学习兴趣，这样能让宝宝集中精力投入游戏中。

4 经常玩能激起好奇心的游戏

　　在日常生活中，应该经常刺激宝宝的好奇心，借此锻炼宝宝的探索能力。例如：妈妈的手中藏着宝宝喜欢的玩具或饼干，然后对宝宝说："妈妈的手中有什么呢？"借此激起宝宝的好奇心。如果宝宝不感兴趣，可以先给宝宝看物体的一部分，激起他们的好奇心。只要宝宝对某些事情感兴趣，具有强烈的好奇心，就能发挥出学习的潜力。

5 当宝宝全神贯注时不要随意打扰

　　在日常生活中，经常能遇到宝宝全神贯注玩游戏的情况，此时千万不要干涉，要尽量让宝宝尽情玩要。一般情况下，宝宝在独自玩要的过程中，能养成独立思考和创造的能力。在这种情况下，妈妈应该注意观察宝宝喜欢的游戏、事物和动作，然后适当地开发他们的潜力。

6 应该认真地听提问，然后立刻回答问题

　　即使宝宝的提问很幼稚，也应该看着宝宝的眼睛认真地聆听，然后马上回答宝宝的问题，这样才能激起宝宝的好奇心。就算不知道答案，也不要轻率地敷衍，而应该和宝宝一起寻找答案，"妈妈也不清楚答案到底是什么呢？我们一起找找看吧！"

7 应该反复地刺激大脑

　　在成长过程中，新的刺激固然重要，但也应该反复地刺激大脑，这样才能提高智力。此时，可以用不同的方式重复同样的刺激。例如：在学习颜色时，如果第一次通过画册学习，第二次就可以通过念书或周围的事物反复地加深记忆。

8 必须培养自信心

　　宝宝缺乏自信心时，容易对新刺激产生恐惧感，进而会影响好奇心和相关潜能的开发。在日常生活中，应该让宝宝知道他们也能改变周围的事物，而且要经常对宝宝微笑。不仅如此，当宝宝独自完成一件事情时，应该给予鼓励。

9 不能以父母的标准限制孩子们的行为

　　在日常生活中，应该给宝宝营造出能够体验自由氛围和丰富经验的游戏环境。一般情况下，孩子们会通过游戏探索周围的事物，满足自己的欲望，掌握各种技术，而且能充分地发挥出天生的潜力。

经过妈妈的关心挖掘出宝宝的潜能

通过后天努力开发出创造力

创造力是主宰21世纪发展的主要动力。一般来说，智商会受遗传的影响，但通过后天的努力和教育可以培养出创造力，因此创造力与先天智慧没有太大关系，这种能力是可以经过后天学习产生的。以下将介绍开发创造力的方法。

何谓创造力？

创造力的概念来自英才研究。过去，只有高智商的孩子才能叫天才。一般情况下，天才的智商超过130，而且仅占全人口的3%。最近，随着天才研究的发展，修改了对天才的定义。研究结果显示，单纯智商较高的人对社会发展或自己的发展没有特别的影响，因此智商超过115，而且创造力和集中力出色的人才也能叫做天才。在天才的定义中增加了创造力的要素，因此创造力开始受到人们的关注。那么，何谓创造力呢？笼统地讲，创造力就是"与众不同的想法，与一般理念截然不同的想法"。创造力最重要的就是"求新"，因此每天都有不同的想法和行为就是创造力的典型表现。创造力又可以分为以下几种情况：

对周围的环境非常关心——敏感性

具有创造力的人对每天接触的环境总有崭新的想法。例如：他们对周围的环境有强烈的好奇心，

"天为什么会是蓝色的呢？" "人为什么会分为男人和女人呢？"

对周围的事物不感兴趣的人绝对成不了有创造力的人。在日常生活中，妈妈应该多关心孩子们的奇思妙想，而且要及时地给予适当的答案和鼓励。

想独自解决问题的意志——自发性

当遇到问题时，具有创造力的人不回避问题也不征求别人的帮助，而是想独自解决问题，这就叫自发性。在解决问题的过程中，难免会遇到失败，但也可能得到新的灵感。具有创造力的人不仅对自己的问题很在意，而且对别人的问题也很关心，会积极地想出解决问题的方法。只有让宝宝拥有不求夸奖、不为报酬、独自解决问题的态度，才能提高创造力。

对自己的灵感有自信——独自性

独自性是指即使自己的灵感得不到别人的认可，也不气馁的态度。在日常生活中，应该鼓励宝宝继续发展自己的灵感，使他们产生与众不同的灵感。另外，应该引导孩子打破常规，培养逆向思维。

锲而不舍的努力，直到解决问题为止——勤勉性

为解决一个问题锲而不舍努力的勤勉性也是创造力的主要因素之一。在艰难而乏味的问题面前，如果宝宝表现出锲而不舍的毅力和努力，就应该不断地给予鼓励。如果宝宝轻易地放弃所做的事情，则应该及时地给予帮助，慢慢地培养勤勉性。

培养创造力的方法

应该先培养妈妈的创造力

一般情况下，宝宝从出生至2周岁期间是培养创造力的好时期，而3~6周岁，则是形成独立思考能力的时期，为了培养出有创造力的宝宝，更应该重视幼儿期的教育。在这个时期，大部分宝宝都在家里跟父母一起生活，因此父母对创造力的培养有着非常重要的作用。与缺乏变通和受传统观念束缚的爸妈一起生活的孩子，会有独具创造力的想法和行为吗？

大部分父母都接受过传统教育，因此要摆脱传统思考的架构，尽量回避"这是什么？"等形式的提问。在走路时，可以看着天空问："云是怎样形成的呢？"如果宝宝回答："是不是飞机飞过去的痕迹？"或"是不是爸爸吹出的烟呢？"就应该及时地夸奖"这真是很棒的想法啊！"等宝宝长大以后，一定能理解妈妈对问题的解释，也就可以用科学知识说明自然现象，并逐渐开阔眼界。

在2周岁之前，应该通过各种刺激培养创造力

很多人认为创造力教育越早越好，但宝宝满3周岁以后，才能进行真正的创造力教育，因此在2周岁之前，应该培养和锻炼基本的能力和智力。只有根据宝宝成长发育的特点，适当地培养各种基本能力，才能让宝宝从3周岁开始接受全面的创造力教育。

在宝宝满2周岁之前，应该通过增加词汇量，让宝宝逐渐掌握语言的概念和数量的概念，而且要学会处理人际关系的基本法则。在这个时期，必须培养能接受创造力教育的智力，而通过丰富的实践活动获取经验就可以锻炼智力。在日常生活中，应该让宝宝适当地接受获取认知和成长发育的刺激。在这个时期，还应该让宝宝多掌握以同一个字开头的词汇。例如：皮包、皮鞋、皮衣等。只有通过这样的训练，将来父母向宝宝提问道："有哪些以'皮'开头的词汇呢？"宝宝才能正确地回答。不仅如此，父母还应该通过教材、教具、生活中的各种经验不断地吸引宝宝的好奇心，帮助他们提高注意力。

从3周岁以后，应该进行刺激各种思考能力的对话

一般情况下，宝宝满3周岁才能进行创造力教育。在宝宝掌握了基本的语言、数量、科学、人际关系的基础上，引导宝宝进行发散性思维。创造力就是用新的方式解决问题的倾向，因此父母应该帮助宝宝用不同的方法思考问题。

在学习数学时，不能只要求宝宝回答"1+2"的问题，而应该让宝宝用1~5的数字组成各种数字组合。另外，通过"我们周围有哪些红色的事物呢？"等方式引导宝宝寻找"苹果、消防车、妈妈的嘴唇"等答案。另外，只要没有危险，就应该尽量不对宝宝说"不行"、"危险"、"妈妈帮你做"等话。

提高创造力的7个育儿方法

1 相信孩子

在这个时期，孩子会表现得比较散漫，而且经常制造很多麻烦。尤其是好奇心强、创造力丰富的孩子更显得突出。在任何状况下，父母都应该稳定心态，以平和的口吻对待孩子的作为。即使孩子的行为很让人生气，也应该尽量克制自己的情绪，帮助孩子培养自我意识和正确的信念。另外，要经常挖掘孩子的优点，当孩子犯错误时，必须先寻找犯错的原因；批评孩子时只针对当时犯的错误，不要翻旧账。只有让孩子相信失败只是偶然，才能让孩子产生自信心，增加今后成功的机会。

2 聆听孩子的提问后再回答问题

当妈妈肯定孩子的行为时，孩子才会耐心地聆听妈妈的话，因此妈妈必须以平和、肯定的态度思考问题，尽量使用健康的字眼。跟孩子对话时，应该先给予肯定。例如："我知道你很努力……""很高兴你能独自完成这件事……"等方式认可孩子的想法和努力，褒扬正确的行为，然后再提出缺点和需要注意的问题，这也是跟孩子们对话的重要规则之一，因此要培养夸奖4次、批评1次的习惯。另外，妈妈必须积极地接近孩子，留意他们的努力，认可孩子的潜力。但是，不能重复夸奖曾经认可过的事情和行为。

3 应该跟孩子融为一体

在日常生活中，应该让孩子相信妈妈永远是他们的强大后盾。为此，妈妈应该经常陪孩子散步，而且要并肩坐在一张椅子上。另外，应该把孩子当成独立的人，而且要经常关心孩子，因此跟孩子在一起时，最好不要接电话。孩子们也特别喜欢跟妈妈在一起，因此跟孩子一起玩时，应该尊重孩子的想法和行为，尽量少去忠告孩子，要多注意聆听孩子的意见和想法。每天晚上，至少用10分钟的时间和孩子对话，这段时间就是了解孩子的最佳时间。

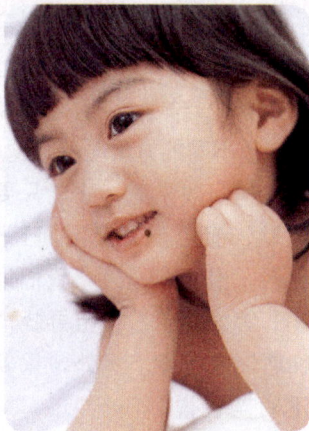

在日常生活中，孩子并不是父母需要严加控制的对象，而是父母的成长伙伴。其实，孩子们也希望当自己迷失方向或因失误而徘徊时，父母能够相信和支持自己，因此不要奢求孩子完美无缺，而应该给孩子更多的自由。在日常生活中，还应该让孩子拥有适度发泄的权利，注意聆听孩子的笑话，不要随意指责孩子微小的错误，要始终保持尊重孩子的态度。

4 应该激起孩子的兴趣

如果孩子喜爱运动、喜欢实践或酷爱思考，就一定有自己感兴趣的研究领域。对孩子来说，最重要的就是拥有一个属于自己的自由活动范围。

热爱思考的孩子普遍具有思维活跃的特征，喜欢实践的孩子则渴望参加各种活动，而热爱运动的孩子则喜欢追求新鲜的刺激。

如果能及时发现挖掘孩子潜力的方法，就能让孩子汲取成长的肥料，因此必须帮助孩子寻找他们感兴趣的活动。

5 必须让孩子学会克制自己的方法

其实，妈妈根本无法控制孩子的想法，只能引导孩子去克制他们的行为。如果孩子对各种规则反感，不用强迫他们，首先应该认可孩子的想法，培养良好的判断力。尤其是教育未满7周岁的孩子，应该持续地、一直地强调日常生活中必须重视的事项。

每天进行的活动应该事先安排，而且要明确对孩子说明需要遵守的原则，这样孩子才更容易接受妈妈的安排。如果规则已经形成，就应该给孩子更多的选择权。例如：不要强迫孩子"快去学习吧"，而应该以"要学习数字呢？还是学习注音呢？"的方式引导孩子学习。但是，也应该适当地对孩子说"不"。

如果孩子不遵守规则，也不听话，就应该保持沉默，或者打开心扉跟孩子对话，让孩子深刻地认识自己的错误，同时要让孩子对自己的错误负责。

6 让孩子体验获得成就的喜悦

孩子们应该独自发现新事物，而且必须不断地学习，但他们不愿意学习不感兴趣的东西，因此一旦遇到不感兴趣的事情，就会想"做了也没什么好结果"，事先就感到失望甚至恐惧。在这种情况下，父母应该无条件地关心孩子，鼓励孩子集中注意力，拓宽思维，提高视觉能力，开发创造力。

另外，在日常生活中，应该让孩子体验获得成功的喜悦，借此让孩子逐渐形成自信。刚开始，必须适当地控制学习量，使孩子可以轻松地完成学习任务。完成学习任务后，孩子会感到自豪。

在日常生活中，应该制定孩子容易完成的计划，而且当孩子完成任务时，应该给予糖果、贴纸等小小的奖励。

7 应该摆脱"好父母"的枷锁

照顾孩子是非常辛苦的事情，因此妈妈应该正视自己的压力，适当地通过散步、午觉等方式消除压力。另外，照顾孩子并不是一种牺牲，而是对孩子的一种投资。在日常生活中，父母应该保持积极的人生态度，适当地容忍孩子的古怪行为，耐心地培养孩子。

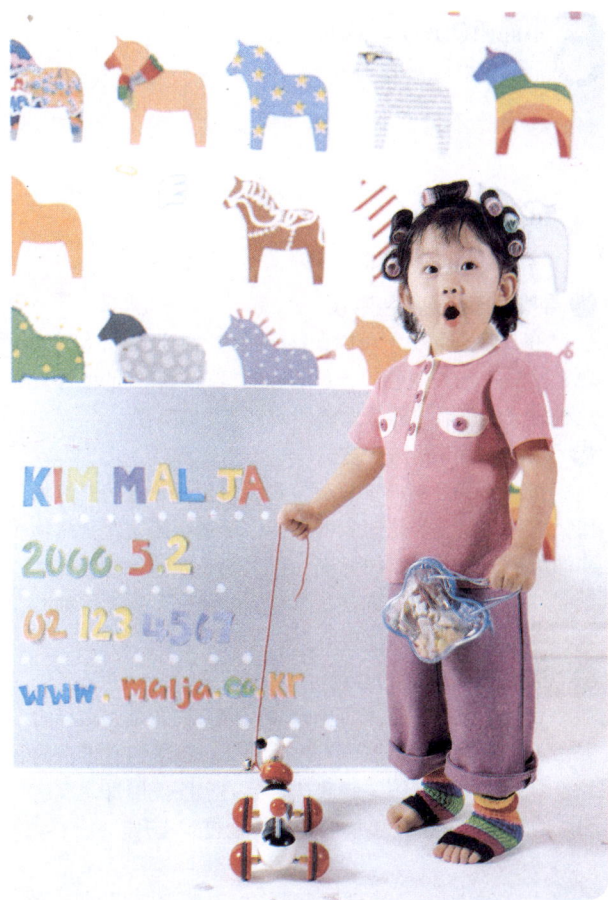

KIM MAL JA
2000.5.2
02. 123 4.567
www. malja.co.kr

孩子的创造力比成人更强

培养创造力的泉源——第六感

第六感是指"好像要发生什么事情"的感觉。第六感是培养直观力（理解事物本质的能力）和创造力时不可或缺的感觉。一提到第六感，很多人就会想起女人，但孩子们的第六感要胜于成年人。下面介绍培养第六感（丰富想象力的泉源）的方法。

第六感强的孩子具有出色的感受能力和创造力

从刚出生的那一刻开始，孩子们就可以通过第六感和世界沟通。孩子和成年人不同，他们不会做有计划的行动，也没有心理防卫能力，因此能够自然地运用第六感，但在成长的过程中，孩子们会逐渐学会理性思考。思考时主要使用左脑，所以天生的第六感就会慢慢退化。具有第六感的孩子们明白事理，有创造力，而且喜欢体验新的事物，渴望不断地与周围的环境交流。第六感算得上是天生的才能，因此应该通过第六感培养孩子的创造力。

实践方法
培养第六感的八大方法

1 即使是荒唐的想法，也应该认可

当孩子讲出自己编撰的故事，或者说出听似荒唐的梦境，很多妈妈就感到无法理解，因此容易忽视孩子的潜能。但是，即使孩子的故事不符合逻辑，毫无根据，也不能随意批评，更不能打断。在日常生活中，应该耐心地聆听孩子们的感情和想法，而且要给予认同，并不时地提问，这也是培养第六感的方法。

2 通过游戏得到的经验会刺激孩子的直觉能力

小时候喜欢玩的捉迷藏游戏或日常生活中无意识的行为和直觉能力有着密切的关系，而这种直觉就是第六感。

在日常生活中，孩子们在过去经验的基础上能感受到他人的想法，因此可以认出只见过一次的

人，或者能理解第一次遇到的现象。在儿童时代，应该通过各种经验和游戏培养孩子的直觉能力。

3 经常做刺激右脑的活动

在人的大脑中，左脑负责意识、理性以及逻辑思维；而右脑负责直观、感性的思维。因此如果不断地刺激右脑，就能提高第六感和直觉。听音乐、画画等活动也是刺激右脑的方法，可以提高创造力。

4 应该给孩子准备独立思考的时间

一般情况下，冥想是启发孩子潜在直观力的最有效方法，因此让孩子远离充满噪音的环境，每天要陪孩子静静地冥想30分钟左右，这样孩子就能听到自己的心声。

5 不能限制孩子的欲望

孩子天生就喜欢摸周围的事物，喜欢探索新的环境，因此不要限制孩子的探索欲。如果孩子对某

追加讯息

提高想象力的第六感游戏

❶ **寻找最搭配的颜色游戏**

在日常生活中，可以让孩子挑选出最适合家人的颜色，然后用相关颜色的彩色笔和颜料画出家人的模样。这种游戏不仅能培养第六感，而且能提高美感。

❷ **了解石头和树叶的过去**

准备石头、树叶、贝壳等经历过岁月沧桑的自然物质，然后让孩子展开想象的翅膀，尽情猜测这些自然物质的历史、起源。"树叶啊！很久很久以前你是什么样子呢？""石头啊！你是从哪里来的呢？"通过这种游戏，可以提高孩子的创造力。

❸ **用身体表达感受的游戏**

在日常生活中，经常向孩子提问"钟表是怎么动的呢？""为什么会结冰呢？"等问题。孩子们有丰富的想象力，因此会利用手脚表达自己的想法。用身体表达想法的过程中，感受事物的直觉就会得到提升。

些事物有强烈的好奇心，妈妈就应该在保证安全的前提下，尽量满足孩子的好奇心。在日常生活中，应该给孩子提供能探索问题的时间。经常限制孩子的欲望，就会打击孩子的好奇心，抑制创造力的开发。

6 应该培养独立性

有依赖性的孩子缺乏毅力，因此当孩子做一件事情时，没必要太过担心，更不能轻易地给予帮助，而应该鼓励孩子，要相信自己的想法。经过多次尝试，孩子自然就会产生自信心，进而肯定自己、相信自己。

7 多亲近大自然

为了培养第六感，应该让孩子经常亲近大自然，与都市建筑比起来，充满自然气息的环境更容易刺激孩子的第六感。在日常生活中，应该给孩子提供能和大自然接触的机会。

平时，可以让孩子多闻闻花香，享受树荫的阴凉，倾听流水声和鸟叫声，尽量多接触自然。最简单的方法就是在公园里尽情地玩堆泥土或沙的游戏。

《实用小百科》
孩子的第六感有多强？

选择栏	孩子的特征
☐	具有犀利的眼神。
☐	多愁善感。
☐	学说话较慢。
☐	具有音乐天赋，学会说话之前先学会唱歌。
☐	偶尔被诊断为自闭症或语言迟缓症。
☐	性格温顺，而且非常可爱。
☐	对别人很热情。
☐	神经比较敏感，而且富有同情心。
☐	深爱自然和动物。
☐	对水晶和宝石非常感兴趣。
☐	具有很高的艺术性和创造性。
☐	喜欢蔬菜和果汁。
☐	具有不怕危险的探险精神。
☐	无缘无故地讨厌某些事情。
☐	在处理不需要创造力的事情面前容易感到挫折。
☐	经常问"我是谁啊？"
☐	喜欢观察自己的内心世界。
☐	说出自己的想法和要求时从来都不害羞。
☐	偶尔会垂头丧气，甚至发脾气。
☐	既聪明又有活力，而且具有运动才能。
☐	经常讲古怪的梦和故事。
☐	喜欢自信地表现自己的优点。
☐	能理解和同情他人。
☐	对新的事物非常感兴趣。
☐	喜欢用具有创造力的方式学习。
☐	懂得独自寻找自己想要的东西。
☐	具有出色的艺术天赋。
☐	具有敏感而丰富的想象力。
☐	尊重和爱护自己。

选择0～10个的情况 虽然第六感的发育较差，但只要经常亲近自然，或者给予创造性的刺激，就能充分地培养第六感。

选择11～20个的情况 第六感比较发达。通过提升创造力的游戏进一步提高第六感吧！

选择21～30个的情况 第六感非常发达。由于孩子非常敏感，所以很容易被大人视为行为古怪而荒唐的孩子。在这种情况下，应该理解孩子的心情，多聆听孩子的心声。

8 平时要坦诚地对待孩子

孩子拥有很强的直觉，很容易察觉到父母是否在说谎，因此父母必须明确地表达自己的情绪和感情。父母如果经常隐瞒自己的情绪，孩子们就会不再信赖父母，而且会影响孩子的创造力和直觉。

注意力和创造力的源泉！
α波育儿法

很多科学家认为，天才或英才经常进入α波的状态，因此注意力、创造力和学习能力非常出色。从小就进行进入α波状态的训练，将有助于大脑的发育。下面介绍α波的育儿方法吧！

健康的身心具有更多的α波

和电流一样，人的大脑中也可以产生不同频率的脑波。根据频率的不同，脑波可以分为α波、β波、θ波和δ波。在熟眠时，也就是几乎没有意识时会产生δ波。在δ波状态下，如果恢复一定的意识，就会产生θ波，这就相当于浅睡眠状态。β波是指在紧张的状态下所产生的高频脑波。一般情况下，烦恼、不安、焦虑或承受心理压力时会产生β波。另外，在全神贯注或冥想时就会产生α波。不仅如此，如果在生活中身心保持协调，就会产生α波。

研究结果显示，健康且没有压力之人的大脑，会产生大量的α波。如果孕妇长时间维持α波状态，就有助于胎儿脑细胞的形成。如果孩子们长时间维持α波状态，就能提高注意力和创造力。

只有懂得"自我控制"才能发挥出α波的效果

单纯地让大脑处于α波状态，也不能充分发挥α波的效果。为了达到最佳的α波状态，应该以肯定的态度思考所有的问题，而且要心情愉快，达到最佳的"自我控制"状态。例如：听音乐时，全神贯注地想"如果听这段音乐，就会产生很多α波"，就会达到预期的效果。另外，成天为教育孩子而感到操劳的妈妈和为教育孩子而感到幸福的妈妈，α波也有很大的差异，后者的α波更加强烈。

实践方法
通过α波提高注意力的六大方法

1 经常让孩子看印象派画家的作品

一般情况下，欣赏名画作品就能引导大脑进入α波状态，经常欣赏名画作品能稳定情绪。其中，雷诺瓦（Renoir）、梵高（Van Gogh）、克劳德·莫奈（Claude Monet）等印象派画家的作品产生α波的效果最明显。

在日常生活中，应该经常陪孩子看绘有名画的童话书或明信片，而且要根据孩子的发育情况，讲2～3分钟的故事。这样，孩子就能集中注意力看画，而且能产生大量的α波。

2 经常祈祷或冥想

祈祷并不仅仅是信仰的表现。在祈祷时，能够集中注意力祈求自己的愿望，因此很容易进入α波状态。在日常生活中，应该每天都陪着孩子祈祷5分钟，或者闭上眼睛静坐，然后把所有的注意力集中到呼吸上。

3 让孩子想象七色彩虹

让孩子依次想象彩虹的7种颜色，借此分阶段地提高注意力，而且能进入α波状态。首先，从红色开始依次想至紫色，然后再想象相对颜色的东西。如果给孩子看相对颜色的彩色纸或蜡笔，孩子就能容易地掌握颜色的特点。一般情况下，每一种颜色只能想象20~30秒。通过上述训练，只要看到颜色或图片，就能进入α波状态。

4 应该多使用不经常使用的手臂

经常使用双手，同时促进左脑和右脑的活动，将有利于大脑的发育。除了经常使用的手臂外，还应该使用不常使用的手臂，借此自然地进入α波状态。

在日常生活中，应该让右撇子孩子偶尔使用左手。如果用右手吃饭，就可以用左手夹菜。另外，还可以做穿珠或翻书等比较简单的动作。对于左撇子孩子来说，则可以采用相反的方式。

5 通过料理刺激味觉

速食食品或加工食品中含有各种调味品，因此容易破坏味觉。经常食用饼干或汉堡包，就会减少通过味觉传递给大脑的刺激。

在日常生活中，应该利用妈妈亲手制作的料理刺激孩子的味觉。首先，要品尝材料，让孩子感受海带光滑而微咸的感觉、感受黄瓜清脆的感觉和食醋的酸味。通过这种训练，孩子就能想象料理的味道，会自然地进入α波状态。

6 跟妈妈一起练瑜伽

瑜伽是协调身心、稳定情绪的冥想方法之一。瑜伽能促使大脑产生α波，而且有助于身体发育、保持均衡的体形。在日常生活中，应该跟孩子一起每天练习1小时瑜伽。

《实用小百科》
增加α波的瑜伽

1. 骑膝盖动作

在仰卧状态下，妈妈合并双腿，并且垂直地弯曲双膝，然后让孩子骑到膝盖的后部，再反复地上下振动双膝。

2. 骑脚踏车动作

在仰卧状态下，让孩子望着天花板，就像骑脚踏车一样在空中活动双腿。骑脚踏车动作能提高膝关节的柔韧性，而且能刺激腹部，有助于消化。

3. 犁田姿势（耕田）

使孩子保持仰卧状态，然后用双手抓住孩子的双腿，并向头部上方压腿，直到脚尖触地为止。平稳地呼吸后，维持该姿势约5分钟。

4. 脊椎扭曲（Twist）动作

使孩子保持仰卧状态，然后由妈妈抓住孩子的双腿，然后在左、右两侧依照"X"字形弯曲或伸直双腿。通过该动作可以刺激骨盆，因此能够矫正扭曲的脊椎，而且能预防便秘和痢疾。

追加讯息

有助于胎儿脑部发育的"四大α波胎教"

如果妈妈经常进入α波状态，就能让胎儿形成自然而纤细的神经网，有助于大脑发育。

❶ 经常听大自然的声音

如果听到虫子的叫声、水的流动声等自然的声音，这些声波都会适度地刺激大脑、舒缓身心，让人感到心情舒畅。经常听自然的声音，胎儿的心跳会比较均匀；但雷声或瀑布声等激烈的声音反而会让胎儿感到紧张。

❷ 愉快地欣赏动听的音乐

古典音乐类似于自然的声音，因此也能让大脑产生α波。除了古典音乐外，平时喜欢听的音乐也能产生α波，因此如果经常听音乐，就能稳定身心。

❸ 经常练呼吸法或冥想

α波又称为"冥想波"，因此练呼吸法、祈祷或冥想也能产生大量的α波。一般情况下，腹中的胎儿也能感受到妈妈的α波，因此要经常练呼吸法或冥想。

❹ 刺激手掌

就像祈祷一样合上手掌，然后向左、右方向交替地压手指，使右手背和左手背交替地朝上。一般情况下，该动作要重复做40~50次，然后在胸前合掌，并向左、右方向张开手肘。该动作也要重复做40~50次，最后用一只手握住另一只手的拇指，并重复地向外抽拉20~30次。

增强体力有助于大脑的发育

增强体力的活力育儿法

常言道："健康主宰孩子的大脑。"由此可见体力是大脑发育的关键。以下详细地介绍如何培养不挑食的生活习惯和锻炼腿部，以及预防少儿肥胖症的方法。

健康主宰大脑

常言道："13岁前的健康状况决定孩子的大脑。"为了孩子的大脑发育，在进行各种教育之前，应该锻炼体力，因此必须让宝宝均衡地摄取各种营养，多吃有利于健康的食品，培养正确的饮食习惯。

营养素
准备有利于大脑发育的营养素

高品质的脂肪有助于大脑发育

长期以来，很多人都认为摄取脂肪会导致肥胖症，或者会诱发很多疾病，因此一直把脂肪当作不良营养素。但脂肪对人体具有非常重要的作用，因此必须适当地摄取高品质的脂肪。尤其是在孩子的大脑发育时期，必须吸收脂肪。构成大脑的脑细胞膜是由脂肪所组成的，如果缺乏脂肪，大脑就无法正常地发育。

一般情况下，要摄取有利于健康的不饱和脂肪。例如：用酱腌渍或炖熟的肉中，去掉脂肪的瘦肉有利于大脑发育。但是，应该少吃富含饱和脂肪的排骨或五花肉。

在孩子的成长过中，动物蛋白质是不可或缺的营养素

孩子和成年人不同，他们还不能独自选择有利于健康的食物，而植物蛋白质无法满足人体的蛋白质需求。如果孩子只喜欢吃植物性蛋白质，妈妈就应该制定合理的菜谱。例如：除了大豆或豆腐外，还应该多食用谷物，这样才能补充缺乏的蛋白质。动物蛋白质中含有各种氨基酸，因此比较适合正在成长的孩子食用，而且能补充人体所需的各种蛋白质。鸡肉、鸭肉等白肉或鸡蛋是高品质的动物蛋白质。

每天吃3种以上不同颜色的水果

水果富含有利于血管健康的植物性化学物质，因此应该食用各种水果。颜色相近的水果中含有类似的营养成分，因此每天应该吃3种以上不同颜色的水果，借此均衡地摄取各种营养素。红色的番茄、黄色的橘子和草绿色的猕猴桃能充分补充人体一天所需的维生素和矿物质。但不能将水果当成主食，一般情况下，可以在饭后2个小时吃水果。

追加讯息

培养良好的饮食习惯方法

1. 均衡摄取蔬菜和肉类食品，防止营养不均衡。
2. 应该选择无刺激、柔和的料理方法。
3. 不要强迫孩子进食，应该在孩子饥饿时补充营养。
4. 即使吃速食，也应该让孩子食用大麦面包、蔬菜、番茄等食物。

多食用富含DHA的鲜鱼

　　鲜鱼中含有有利于大脑发育的DHA、EPA等不饱和脂肪酸，因此非常适合成长期的孩子食用。和红肉鲜鱼相比，白肉鲜鱼的味道更清淡，而且没有腥味，因此更适合孩子们食用。如果孩子比较挑食，还可以食用比目鱼、鳕鱼、鲣鱼、黄鱼、鲽鱼等白肉鲜鱼。

　　鲔鱼是DHA含量最高的鲜鱼之一。最近的研究结果显示，鲔鱼体内的水银会影响孕妇和孩子的健康，但只要每周均衡地食用7块（340克）鱼肉，就不会影响健康。如果给孩子吃，每周只能食用3~4块。

多运动
基础体力的锻炼

应该避免有可能伤害成长板的激烈运动

　　一般情况下，受损的成长板很难恢复，因此在运动时，要特别注意预防成长板受伤。如果从高处跳下或抬重物时损伤了成长板，就会影响孩子的成长，甚至使得孩子发育异常。练跆拳道等运动时，应该注意避免过于激烈的动作，踢球时也应该穿上较厚的袜子或球鞋。

经常游泳和登山能促进身体发育

　　在游泳过程中，不会伤害成长板或软骨，因此游泳运动非常适合成长期的孩子。游泳可以增强体力，而且还能刺激胃口。一般情况下，每周游泳2~3次，每次游1小时左右即可。

　　登山运动也能提高孩子的活力，可锻炼腿部力量。孩子长大以后参加登山运动可能会损伤膝盖关节，但由于孩子的身体比较柔软，膝盖关节不容易受损，所以登山有利于身心健康。

培养正确的坐立姿势

　　在日常生活中，应该让孩子保持正确坐立的姿势。错误的坐立姿势会损伤孩子的骨骼和关节，因此要让孩子改正趴着看书或斜背书包等不良习惯。

培养不容易发胖的饮食习惯

　　应该培养孩子每天吃三餐的习惯。如果让孩子长时间饥饿，或无规律地进食，孩子的体内就会产生积蓄能量的脂肪，将很容易发胖。

　　另外，太阳下山后，促进发胖的副交感神经比较活跃，因此在夜间不能吃高热量食品。在睡觉3~4小时之前吃晚饭，孩子才不会因为饥饿而吃消夜，因此应该让孩子在晚上6~7点钟吃晚饭。

　　其实碳水化合物也会导致肥胖，因此应该让宝宝食用杂谷饭等复合碳水化合物形态的食物，而且要细嚼慢咽。如果孩子患有肥胖症，体力就会下降，大脑的活动也会变迟钝。

话匣子妈妈会使孩子的语言能力更发达

适合1周岁以下宝宝的语言刺激育儿法

宝宝学语言的能力和智力发育有密切的关系。依照良好的教材因材施教，培养宝宝学习语言的兴趣，孩子就能较早地学会说话。下面介绍妈妈们必须掌握的让宝宝1周岁前学习语言的要领。

妈妈的声音能稳定宝宝的情绪，而且能促进大脑的发育

在宝宝的成长过程中，妈妈对宝宝的语言发育具有非常重要的作用。现代科学研究显示，宝宝出生的1年内，是语言发育的关键时期。孩子长大以后，在幼儿期打好的语言基础会产生举足轻重的作用。

刚出生的孩子只会哭，但出生2～3个月后就可以发出"啊、哦"等简单的声音，而出生6个月以后，就能发出"妈、答"等相关复杂的声音，这就是为学说话做准备的过程。在这个时期，妈妈和宝宝应该愉快地交流，这样才能打好语言发育的基础。在日常生活中，妈妈的声音能稳定孩子的情绪，也能促进智力发育。

要让孩子善于表达，就应该多听各种声音

为了让宝宝学好语言，应该让其多听各种声音。听是学说话的前提，也是刺激说话欲望的手段。为了使孩子尽快地学会说话，应该从新生儿时期开始，为孩子打造良好的语言环境，而且要激发孩子学语言的欲望。

影响学说话过程的语言环境可分为以下三种：第一，通过跟爸爸妈妈的对话感受语言；第二，通过电视、广播等大众媒体感受语言；第三，通过妈妈给宝宝讲的故事或独自阅读的画册感受语言。在孩子的发育过程中，如果适当地利用以上的环境刺激孩子学习语言的兴趣，相信孩子很快就能学会说话。

追加讯息

经常咀嚼有嚼劲的食物就能刺激大脑发育

宝宝能够嚼干鱿鱼丝时，就可以给宝宝吃有嚼劲的食物。虽然宝宝还没有长牙，但是孩子们喜欢咀嚼或吸吮手中的任何东西。在日常生活中，吸吮的行为能提高孩子的注意力，另外，咀嚼食物能刺激大脑，促进大脑的发育。

刚开始，孩子们会轻易吞咽嘴里的食物，但很快就会有意识地咀嚼食物。

经常喝牛奶的孩子比较喜欢甜味，而糖分可以为大脑和身体的细胞活动提供重要的能量，但人的味觉有甜、辣、苦、酸、咸5种，如果只吃甜食，就会影响孩子的味觉。

在给孩子吃的东西中，应该均衡地包含5种味道，使孩子充分地体验不同的味道。在喂食物时，妈妈还可以告诉孩子"这是甜味、这是苦味"，这样孩子也能用语言表达自己的感受。

从新生儿时期开始和孩子对话

　　大部分人认为，宝宝在妈妈的腹中时听力就很发达，而且出生40天后就能分辨出不同的声音。为了使宝宝早日学会说话，应该从新生儿时期开始经常跟孩子对话。

　　在这个时期，孩子虽然不会说话，但通过妈妈的声音，能够掌握词汇、语调等基本的语感。一般情况下，孩子在4～5周岁时，就能形成一生中所要使用的语言基本架构。如果过于低估孩子的听力，或者忽视新生儿时期的语言教育，就无法挖掘孩子在语言方面的潜力，因此必须从新生儿时期开始进行语言教育。

积极回应孩子所发出的声音

　　在出生4个月之前（能发出"咿呀"声之前的阶段），孩子只能通过微笑、哭声等方式表达自己的感情，这也是学会说话之前的初级训练阶段。在这个时期，妈妈应该积极地回应孩子发出的声音，而且要用完整的句子回答孩子。即使孩子听不懂，也可以说故事、唱儿歌或摇篮曲。

　　宝宝出生4～8个月时，就喜欢发出"吁吁"、

《实用小百科》

孩子们最常提的问题

1. 孩子们最关心的事物

　　|**气象和天体**|为什么会下雨？人为什么能站在圆圆的地球上面呢？|**动物**|兔子的眼睛为什么是红色？为什么鸡有翅膀却飞不起来呢？鱼什么时候睡觉？|**植物**|蒲公英的种子要飞到哪儿呢？苹果是怎么长成的？蜜蜂为什么喜欢鲜花？|**科学**|为什么雪能从天而降？汽车也有生命吗？人是怎么进到电视机里面的呢？

2. 开始探索人和自己的身体

　　|**性**|宝宝是怎样出生的？女孩子为什么没有"小鸡鸡"？大人的阴部上为什么会有阴毛？|**身体**|为什么有肚脐？爷爷的头发为什么会发白？肚子里面有什么？为什么脸是圆的？我什么时候能长出牙齿？为什么人只有两只眼睛？|**出生与死亡**|人是谁创造的？为什么爷爷和奶奶会去世？

3. 对语言和生活非常感兴趣

　　|**语言**|井底之蛙是什么意思？为什么要叫做大海呢？什么叫勇气？|**想象**|灰姑娘在哪里？精灵是从哪里出来的呢？真的有上帝吗？|**生活**|为什么女孩子要穿裙子？大人们为什么夜深了也不睡觉呢？为什么宝宝屋里有那么多玩具？|**家庭**|为什么妈妈和爸爸要结婚？为什么爸爸要上班？

"噗噗"、"咕噜咕噜"等声音，这就是宝宝尝试发音的实验阶段。此时，妈妈也应该对孩子的声音做出积极的回应。

　　孩子如果对周围的事物感兴趣，就应该详细地给予说明。一般情况下，要先介绍孩子常见的或比较熟悉的事物或现象。例如：先介绍宝宝的手、脚等身体部位，然后逐渐介绍孩子喜欢的玩具或画册中的动物，最后介绍房间内的家具，逐渐开阔孩子的视野。

在回应宝宝时，应该使用正确的语言

　　孩子在出生8～12个月时，就开始说"妈妈"、"娃娃"、"爸爸"等简单的词汇。在这个时期，妈妈的作用非常重要。当孩子用幼儿的语言说话时，父母应该用正确的语言回答。例如：说"鸭子在呱呱叫、火车在轰隆隆地跑"。适当地利用玩具或游戏，就能激起孩子的兴趣。

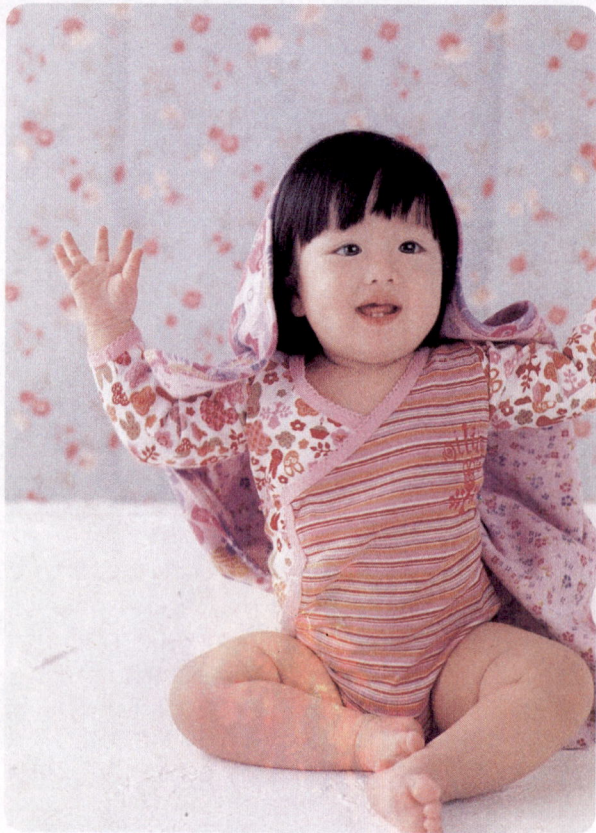

必须认真地和孩子对话

跟孩子说话时，必须用柔和、明快的声音，说出完整、正确的句子。另外，应该看着孩子的眼睛说话，使孩子清楚地看到妈妈的嘴形，而且要尽量张大嘴，清晰地发音，借此通过声音和嘴形传递正确的发音。在增加词汇量时，应该经常和孩子说明周围事物的名称和用途。一般情况下，要在一定的时段给孩子介绍事物，最好在上午，以同样的顺序重复。如果孩子偶尔能发出正确的音，就应该积极地夸奖，让宝宝产生学说话的积极性。

另外，还应该准备铅笔和纸，让孩子尽情地画画，这样也能帮助孩子学习语言。在日常生活中，应该把孩子的作品贴到墙上，借此激励孩子的学习兴趣。

通过看图编故事的方法刺激想象力

一般情况下，孩子出生6个月时，就开始对图画产生兴趣。在这个时期，应该到处贴上图画，而且每天要编新故事说给孩子听。如果妈妈发挥编故事的创造力，就更能有效地刺激孩子的想象力。如果由妈妈念画册或说故事，孩子就更容易理解书中的内容。当然，不一定要使用画册，只要是反映日常生活的杂志、报纸等各种媒体，都能达到刺激想象力的效果。念画册给孩子听时，也应该设定一定的时间，最好在睡觉前说故事。

满1周岁之前，应该适当地控制收看电视、录像带的时间

对孩子来说，电视或录像带也是不可或缺的语言环境。对于已有一定语言基础的孩子来说，电视或录像带也是获取语言素材的渠道，而且有助于语言的发育。但这种媒体和妈妈的讲解不同，电视或录像带无法帮助孩子理解语言，具有单一性的特点。

总而言之，宝宝满1周岁之前，在语言发育尚未成熟的情况下，让孩子无节制地收看电视，可能会阻碍语言发育，因此应该适当地控制收看电视或录像带的时间。另外，还可以给孩子播放录有童话故事或儿歌的录像带。特别是当儿歌中出现相关的肢体动作，宝宝就能通过一定的节奏和有趣的动作，自然地联想出歌词；但是，每天不能重复播放这种录像带，以免削减宝宝对声音刺激的兴趣。

出生12个月以后，可以通过角色扮演游戏增加词汇量

宝宝出生12个月以后，虽然还不能表达自己的想法，但是能听懂或理解的词汇越来越多。考虑到这一点，妈妈就应该经常跟宝宝对话。尤其是妈妈必须详细解说宝宝的行动，以及妈妈所做的事情，并让孩子做一些简单的事情。例如：在日常生活中，应该经常让孩子帮父母拿东西。

另外，利用简单道具的角色扮演游戏也有助于宝宝学习语言。首先，要准备奶瓶、枕头、食物模型、警员帽子等道具，然后设定剧情和角色，并陪孩子玩游戏。当孩子说错话时，如果严厉地责骂，孩子就容易排斥语言，因此要注意克制自己的情绪。在日常生活中，父母应该用正确的语言跟孩子对话。

每个孩子的语言发育都有一定的差异，因此即使宝宝学语言的速度比同龄小朋友慢，也不用过于着急。此时，妈妈的担忧或忧虑反而会影响宝宝正常的语言发育。语言发育和智力发育有着密切的关系，因此必须在适当的时候给孩子适当的刺激。

如果模仿孩子的语言，就会阻碍大脑的发育

虽然孩子的发音还不清楚，但他们喜欢模仿别人说话，因此妈妈不应该模仿孩子的发音（幼儿语）。即使父母模仿幼儿语，对孩子的大脑发育也起不到任何帮助。因为孩子们很容易忘记曾经学过的东西，经常重复地模仿刚听到的话。喜欢模仿父母说话的时期就是语言发育的最佳时期，因此父母不能只教宝宝学习词汇，还应该教宝宝学习长句，或者经常讲自己编的短故事，借此促进宝宝的语言发育。

让孩子多看、多感受

经常让孩子观察外面的世界，也能促进语言的发育。在日常生活中，可以到市场、大卖场、公园等人和新事物较多的地方，开阔孩子的眼界。跟孩子对话时，应该水平地注视孩子的眼睛。如果妈妈俯瞰或仰视孩子，母子俩就很难共用同一个精彩的世界。即使1周岁的孩子会叫"爸爸，妈妈"，他们也不一定完全理解妈妈和爸爸的意思。如果听过的声音、对声音的反应，以及大脑的发育程度不同，

那么孩子的理解能力也会有一定的差异。让孩子经常和周围的人对话，就能促进语言的发育。如果孩子开始喜欢模仿别人的语言，就不能简单地教他们学习词汇。可以试着对孩子说："妈妈和爸爸在看电视。"孩子就能有选择地掌握"妈妈、爸爸、电视"等词汇。通过这种训练，有一天孩子可能会突然说话，而且能够组合各种词汇，说出完整的句子。

必须读懂孩子的语言，然后用完整的句子回答

孩子满1周岁前后，原来只会用哭声表达自己的要求，而现在能用其他的方式表达自己的想法。最典型的例子就是，可以用手指出自己喜欢的东西。例如：当孩子指着某个东西说"啊啊啊啊"时，就有可能表达"给我这个玩具"或"这里有小狗"等意思。

在这个时期，孩子能说出由1个词汇所组成的句子，而这种句子中代表着各种含义。例如：当孩子说"汪汪"时，他并不是简单地表达"汪汪"的字面意思，而是有可能表达"汪汪来了"等意思。此时，孩子还不会用更完整的句子表达更详细的内容，因此只能说"汪汪"。妈妈应该及时地理解孩子的意思，用完整的句子回答"是吗？汪汪真的来啦！"

如果妈妈能替孩子说出他们想说的话，那么孩子很快就能掌握相关的词汇，逐渐学会由两个词汇所组成的句子。

追加讯息

通过学习语言同时开发左、右脑

孩子开始学说话时，就说明由于新资讯的刺激，储存在右脑里的资讯和左脑的语言中枢可以协调地发挥作用了。在宝宝开始学说话时，如果不加强右脑的训练，孩子就会跟大部分普通人一样只会使用左脑。

在这个时期，应该特别注意电视这个学习语言的媒介。在日常生活中，即使是幼儿也能通过电视学到很多语言。电视中经常出现需要一定想象力才能理解的词汇，而孩子们最容易模仿广告语等语法不规范的语句，这些语句会影响负责想象力和记忆语言的右脑。

带有影像的电视中，经常出现语法不规范的语言，因此让宝宝看电视还不如看精美的画册。宝宝通过画册可以掌握更多的语言，而且能理解语言中所包含的丰富的内容。

另外，即使孩子跟电视说话，电视也无法回答。如果把孩子寄托给不会说话的电视，势必会影响孩子的语言发育。宝宝和妈妈对话或看画册，胜于电视中的千言万语。

通过几句话就能培养出聪明10倍的孩子

培养创造力、独立性、逻辑思维能力的对话方法

创造力、独立性和逻辑思维能力是大脑发育的基础，妈妈只需用一句话就能培养出这些能力。在育儿的过程中，很多妈妈会遇到这样、那样的情况。下面将介绍面对各种情况，妈妈应采取的措施和陪孩子玩游戏的各种方法。

对话法
培养创造力的对话方法

通过想象游戏来对话

在日常生活中，可以让孩子想象出在实际生活中看不到的实物或事情，然后用语言表达出自己想象的结果。此时，即使孩子说的东西很荒唐，但只要对孩子有帮助，那么就必须鼓励孩子自由地发表意见。

玩想象游戏时，还可以同时玩角色扮演游戏。一般情况下，应该由妈妈提出"如果出现恐龙该怎么办？""如果飞到没有人的月球上……""如果有一天突然变成大人会怎么做？""如果我变得比蚂蚁还小……"等问题。

实战 如果出现恐龙该怎么办？→如果恐龙向我喷火，我会逃跑。不，不，我会骑着恐龙飞上天。→如果恐龙去北极又会如何呢？→恐龙喷出的火球会熔化所有的冰。→如果游乐园里出现恐龙，你会怎么做呢？→我会跟小朋友们一起，骑着恐龙玩骑马游戏。

音乐、美术、身体游戏

大脑中的右脑是创造力的载体，而音乐、美术和身体活动能刺激右脑，因此有助于创造力的开发。

如果在提高体能的运动中跟孩子交流感受，也能提高孩子的创造力。首先，和孩子一起玩编歌词唱歌、敲打实物等与音乐有关的游戏，或者玩画画、捏泥人等与美术有关的游戏，以及跑步、玩泥土游戏等活动身体的游戏，然后问孩子："现在的感觉怎么样？"

实战 敲打炒锅能发出悦耳的声音哦，敲打炒锅的感觉怎么样啊？→我想更用力敲打。→敲打哪些东西时能发出跟炒锅一样的声音呢？→水壶！→能不能用语言表达一下敲打水壶时的声音啊？→咚咚？啷啷？砰砰？→为什么声音都不一样呢？→我的心情不同，听到的声音也不同呀！

对周围的事物感兴趣时

当孩子对某些事物或现象产生好奇心时，就应该展开能够增强其好奇心，并能开阔思维的对话。尤其当孩子满2周岁以后，就会经常问"为什么？""这是什么？"，此时不能轻率地敷衍或回避答案，尽量避免打击孩子的好奇心。

当孩子看着晚霞问"那是什么"时，最坏的答案就是"那是晚霞"。在这种情况下，应该以"那是晚霞，但这并不代表蓝色的天空变了红色，其实天空本来是没有颜色……"等方式拓展孩子的好奇心。另外，如果孩子对机械或复杂的事物感兴趣，就应该在事物不被破坏的前提下，给孩子提供触摸或观察的机会。

"天为什么是蓝色的呢？""电视里面怎么会有

人呢？""下雨后为什么有这么多蚯蚓啊？"如果孩子对这些事情感兴趣，父母不要简单地做出回答，而应该引出更多的提问，逐渐延伸孩子感兴趣的主题。

实战 妈妈，为什么电话里面有爸爸的声音啊？→因为电话线能传递爸爸的声音啊！→电话线还能传递声音吗？→那当然啦！不然我们拆开上次捡来的旧电话怎么样呢？看看哪些东西能传递爸爸的声音，好吗？→好啊！→看来我们宝宝对机械很感兴趣哦！

对话法
培养独立性的对话方法

第一次挑战新任务时

孩子们的行为具有一贯性，当他们第一次经历没有遇到过的事情时，即使没有别人的指导，孩子们也会通过反复的失败和挑战逐渐学会说话、走路、吃饭、哭和笑。

孩子在第一次接受挑战时可能会产生恐惧心理，或者在再次挑战时产生排斥心理，而妈妈应该给予理解和帮助，必须不断地鼓励孩子；绝不能以"这很简单，你是男孩子，不要害怕"或"怎么连这点事情都不敢做啊？"等方式打击孩子的勇气，而应该以"第一次是不是很害怕呢？"或"你一定能成功的，不用害怕"等方式给予鼓励。

在日常生活中，妈妈应该理解孩子的恐惧心理，必须用语言不断地鼓励孩子，例如："要不要用汤匙吃一口呢？""你一定能做好的，我们骑脚踏车吧！有可能和上次一样摔倒，但这次是第二次，所以一定会成功的。""上幼儿园时，一个人坐班车怕不怕啊？"

实战 苹果用英语怎么说啊？→哦！→在奶奶面前，是不是很害羞啊？→苹果？用英语怎么说呢？→好好想想看啊！昨天你还说过呢！一定会想出来的，你能做好的。→APPLE？→说得好，妈妈不是说过吗？你一定能行。

回答的问题错误或发音错误时

当孩子的回答出现错误时，如果以"怎么又错啦！你这孩子怎么老是这个样子啊？"的方式责骂，孩子就不会再回答妈妈的提问。孩子在学习和成长过程中，即使用英语说错了"妈妈"等词汇，父母也不用过于计较。在这种情况下，可以用"你是怎么想出这样的词汇的呢？"等方式反问孩子，或者直接说出正确的答案。

孩子在幼儿期，如果有了某些错误的知识，父母就应该向孩子提问，询问错误的理由，这样才有助于培养孩子的想象力和创造力。面对孩子的提问，如果妈妈不知道正确答案，不应该说"等你上学就会明白的"，而应该诚实地告诉孩子"是啊！这个问题妈妈也不清楚耶！"然后跟孩子一起查找资料，"要不要跟妈妈一起查资料呢？"，这样，孩子就能自然地掌握遇到问题时独自解决问题的方法。

实战 宝宝，昨天是不是和妈妈一起学习数字了呢？能不能从1数到10呢？→1、2、3，嗯→下一个是什么啊？→记不得啦！→为什么想不起来呢？→我都忘记了。→可是你怎么还能想起3呢？→今天早上，我在电视机里看到1、2、3个幼儿园。→啊，原来是这样啊！那你什么时候能记住从1到10呢？→等电视里的幼儿园变成10个，我就能记住了。→是吗？那我们就这样记吧！今天就学到5。1、2、3、4、5个幼儿园。

需要妈妈提示的情况

在日常生活中，妈妈要经常提示孩子，到了吃饭的时间、睡觉的时间和上幼儿园的时间。一到睡觉时间，很多妈妈就对孩子说："不要再看电视，快去睡觉吧！"可以稍微改变这种说话的方式，以"已经到了睡觉时间哦！"来引导孩子，就能减轻孩子的心理负担。另外，应该尽量不用命令的口吻，并给孩子更多的选择权。

"你想吃什么？米饭还是牛奶？""今天想穿什么衣服啊？""长时间看电视会伤害身体，所以每次只能看30分钟。只收看你喜欢的节目吧！""如果想到外面玩，能不能先整理刚才玩过的玩具呢？"一般情况下，应该以上述方式给孩子更多的选择权，使孩子充分地利用属于自己的选择机会。

实战 已经到了睡觉时间啦！→不要。→为什么？→我想看完这部电影再睡觉。→等你看完电影，时间就很晚了，明天你不想上幼儿园了吗？→明天我起得来。→明天是星期五，后天就不用上学幼儿园，所以你可以睡一个懒觉。能不能今天早点睡觉，等明天晚上再继续看呢？→好吧！

对话法
培养逻辑思维能力的对话方法

在日常生活中寻找科学现象的游戏

在日常生活中，可以遇到很多科学现象。如果把湿衣服晾在阳台上，湿衣服很快就会干；如果从冰箱里拿出冰块，冰块很快就会变成水。平时，不应该轻易地错过解释这些现象的机会，应该跟孩子一起，寻找科学原理。另外，还可以告诉孩子常见的科学现象。例如：冰块会溶化成水、湿毛巾很快会干；如果混合不同颜色的饮料，颜色就会发生变化；哪些东西可以浮在水面上，哪些东西可以沉到水面下等。

实战 如果用手握住冰块，会怎么样呢？有没有加快冰块溶化速度的方法？→可以放进热水里，也可以用风扇吹一吹！→在热水里，冰块为什么会很快溶化掉呢？→不知道耶！→跟握在手里有什么不同？→比握在手里更热，所以更容易溶化。→没错，所以温度用来表示冷热程度。

兄弟之间吵架时

当孩子跟兄弟姐妹或小朋友吵架时，很多妈妈不知道该怎么办。孩子是在吵架中成长起来的，有时既不能严厉批评所有的孩子，也不能让哥哥或姐姐一味忍让，更不能眼睁睁地看着孩子吵架。

此时，最坏的选择就是说："你是姐姐，应该让着弟弟和妹妹啊！"或者"你是弟弟，为什么老是跟姐姐顶嘴呢？快向姐姐道歉。"

为了充分理解孩子们的想法，应该耐心地听完孩子们的解释，然后以"那该怎么办好呢？"等方式引导孩子们独自解决问题。

实战 为什么打架？→是弟弟经常欺负我。→他怎么欺负你啊？→只要我在看书，弟弟就过来抢我的书。→弟弟你为什么要抢姐姐的书呢？→都怪姐姐不陪我玩，我好无聊！→那你打算怎么做呢？→只要弟弟不再抢我的书，我就会跟他一起看书。→那以后你们就不要再打架了，打架是一件丢脸的事情哦！

反复询问孩子的想法

孩子满3周岁以后，妈妈应该时常向孩子提问。在回答问题的过程中，孩子会考虑很多问题。如果孩子的回答缺乏逻辑性，妈妈就应该及时纠正。

但是，如果孩子不愿意回答，也不能强迫他们。在日常生活中，应该培养5周岁孩子的独立性，给他们自我充实的时间和独立的空间，并锻炼他们的独立思维。另外，还可以询问他们的感受。例如："为什么不想吃饭啊？""在这本画册中，雪人为什么要进屋呢？""今天的天气为什么会这么热呢？""在吃零食的时候，如果小朋友打翻你的零食，你会怎么做呢？""排完大便后感觉怎么样？是不是很好呢？"

实战 今天在幼儿园过得怎么样啊？妈妈很想知道呢→什么……没什么事情？→跟善宇玩得好吗？→善宇又打了民正，结果民正就哭啦！→是吗？那你是怎么做的呢？→老师批评了善宇，我什么事都没做。→今天吃什么呢？→老师发了绿豆汤给我们喝，我都喝完了。→看来一定很好喝哦！明天也要跟今天一样都喝完哟！

0~3周岁的对话要领

在人际关系中，最重要的就是对话。在妈妈和孩子的关系中，最重要的也是对话。但跟孩子对话时，有很多原则和需要回避的问题。下面详细地介绍有助于孩子大脑发育的对话秘诀。

0~3个月

宝宝沉默不语，妈妈唠叨不停

宝宝在新生儿时期，通常紧闭着嘴，只会用哭声表达自己的感情，但新生儿对各种声音非常敏感，因此新生儿也需要和妈妈对话。在各种声音中，新生儿对妈妈的声音最敏感，有时一听到妈妈的声音，就会马上停止哭泣。

一般情况下，宝宝出生1个月左右，才能区分出人的声音，但在这之前，妈妈应该经常跟孩子对话，不断地刺激孩子的语言神经。这种刺激不仅有助于孩子的发育，而且能稳定孩子的情绪。

在这个时期，妈妈还不能跟孩子交流情感。即使妈妈不愿意自言自语，至少在换尿布时应该主动地跟孩子对话。

当宝宝饥饿时、尿床时或身体不舒服时，就会通过哭声表达自己的感受。对孩子来说，这种行为就相当于一种语言。

在日常生活中，妈妈应该经常跟孩子对话。例如："宝宝尿床了？是不是很不舒服？妈妈马上帮你换尿布哦！""嘿呦！吸得好用力啊！多吃点，快快长大吧！"

4~12个月

有时发出"咿呀"声，有时以正确的语言跟孩子对话

宝宝一旦学会了"咿呀"声，就会经常吵闹。发育较快的孩子从出生2个月开始会发出"啊啊、哦哦"等声音，而且逐渐学会了"妈妈、打打、爸爸"等较复杂的发音。

在这个时期，孩子喜欢发出各种声音，而且声音也比较大。对妈妈来说，用"咿呀"的声音跟孩子对话，也是一种乐趣。

如果孩子发出"咿呀"的声音，妈妈应该以"妈妈、爸爸"等词汇做出回应。此时，孩子的"咿呀"声也许只是无意识的行为，但也有可能是对自己想法的一种表达方式。不管怎么样，孩子都在等待妈妈的反应。

1~2周岁

孩子用词汇说话，妈妈用句子引导

在这个时期，孩子经常用词汇表达自己的想法。例如：饥饿时就会说"饭、饭"，想独自吃饭时，就会指着餐具说"宝宝、宝宝"。此时，妈妈应该做出适当的反应。"肚子饿了吗？想吃饭吗？""怎么了？想自己吃饭吗？""啊！原来筷子掉在地上啦！谢谢你提醒妈妈。"

通过和妈妈的对话，孩子能掌握用词汇造句的方法。在这个时期，孩子的独立精神非常强烈，可以正确地理解"不行"等语言的含义。如果孩子不喝汤，或者只是用手指搅拌汤，即使孩子的动作很容易让人笑出来，也应该坚决地说"不"。笑也是一种对话的形式，如果妈妈笑出来，孩子就会误认为妈妈在欣赏或肯定自己的行为。

2~3周岁

妈妈和孩子可以互相提问

在这个时期，孩子就能用两三个词汇造出短句，并且经常问"为什么？""谁？"。孩子在2周岁之前，注意力较差，虽然能跟别人对话，但不会持续多长时间。孩子满2周岁以后，就能进行较长时间的对话了，而且当对方思考问题时，孩子还懂得耐心地等待。

如果用简单而缓慢的节奏和孩子对话，就可以用一个主题进行长时间的对话。当孩子组织下一句话时，妈妈不应该以"你觉得很有意思吗？""你在院子里看到什么？"等方式催促孩子。在这个时期，孩子开始学习用完整的句子对话的方法，因此必须适当地开一个头。另外，孩子会经常提"这是什么？""为什么？"等问题，此时妈妈必须用简单的语言正确地给出答案。同样的道理，在妈妈向孩子提问的过程中，孩子也能学会跟别人交流情感的方法。

为了孩子的大脑发育，必须在"同等地位"的前提下进行对话

提高思维能力的对话方法

有些孩子能在妈妈面前兴致勃勃地讲话，但在别人面前就表现得非常害羞，而有些孩子不会表达自己的想法，只想依赖妈妈。在日常生活中，应该耐心地聆听孩子的话，然后通过"同等地位"的对话法培养孩子的语言能力和思考能力。

STEP 1
在考虑"怎样"之前，应该先考虑"为什么"

很多妈妈经常感到烦恼，"怎样才能让孩子早点学会说话呢？""怎样才能提高孩子的社会适应能力呢？""怎样才能提高孩子的思考能力呢？"为了实现在"同等地位"的情况下跟孩子对话，应该先问"为什么？""为什么孩子应该早日学会说话呢？""为什么要提高孩子的社会适应能力呢？""为什么要提高孩子的思维能力呢？"为了孩子的幸福，应该让孩子独立思考，独自表达自己的想法，在别人面前大胆地发表自己的意见。

原则1 | 注意聆听孩子的意见

为了在"同等地位"下跟孩子对话，必须"无条件地聆听孩子的意见"。在日常生活中，不用制定任何计划，而应该认真地聆听孩子的想法，然后做出相对的反应，使孩子继续发表自己的意见。即使孩子的想法很幼稚，但孩子却能在这种幼稚的想法中逐渐提高逻辑能力。

原则2 | 适当地做出被感动的表情

孩子的话就是对他们所看到、听到、感受到、思考到问题的一种表达。即使是非常琐碎的事情，孩子的话却代表着他们的切身感受。如果无视孩子们的想法，就会打击他们的积极性，因此必须适当地做出被感动的表情。

原则3 | 没必要强迫孩子背句子

说话并不等于背句子，因此必须鼓励孩子尽情表达自己的想法。在日常生活中，如果经常打击孩子的积极性，那么即使强迫孩子死记硬背也无济于事。

原则4 | 让孩子体验自己的话变成文字的喜悦

对孩子来说，文字和画具有同样的意义。经常用文字表达孩子所说的话，孩子就能轻松地接受文字，而且会喜欢文字。

追加讯息

孩子们的敬语和一般语言

孩子们跟父母对话时，只要心情愉快，就会使用敬语，否则就会使用一般语言。在这种情况下，没有必要强迫孩子改用敬语。

嘴形 在说话时，孩子们不怎么张嘴，因此有时很难听懂或理解孩子们的话。此时，应该给孩子做出正确的嘴形，然后让他们反复模仿。

对着镜子说话 让孩子边对着镜子、边看自己的嘴形说话，就能激起他们的兴趣。

呼吸方法 一般情况下，刚学会说话的孩子只是在开始说话或说话结束时才呼吸，因此说起话来特别吃力。在这种情况下，应该引导孩子有节奏地呼吸。

肢体语言 跟孩子对话时，妈妈应该自然地活动身体，使孩子也能根据自己的心情，灵活地利用肢体语言。

实战训练——同等地位的对话

同等地位的对话没有正确答案。跟孩子对话时，不要依照妈妈的思维引导孩子，应该让孩子成为主角。

1. 我想去放屁训练场

孩子：妈妈，我想去放屁训练场。
妈妈：哪里有放屁训练场？
孩子：我想到放屁训练场学习放屁的秘诀，然后对着小俊发射气体炮弹。

2. 我会变成蚱蜢脸吗？

爸爸：如果多吃蚱蜢，就会跟蚱蜢一样，既能跳又能游泳。
孩子：眼睛也能吃吗？
爸爸：当然，眼睛也很不错。
如果吃脸，会不会变成蚱蜢脸呢？

3. 因为穿在双脚上，所以叫做"双脚"

妈妈：快穿袜子吧！
孩子：穿这双"双脚"怎么样？
妈妈：这不叫"双脚"，应该叫袜子。
孩子：不对，一定是"双脚"。既然穿在双脚上，一定要叫"双脚"。才不是袜子呢！

4. 你也是从现在开始学习

哥哥：俊洪，吃菜吧！
孩子：谢了，哥哥。
哥哥：俊洪，不是"谢了"，应该说"谢谢，哥哥"。
你也要从现在开始学习哦！

同等地位的对话——记事本

❶ 在"同等地位对话记事本"的封面上填写孩子的姓名。

❷ 在"同等地位对话记事本"的封面内侧写一段送给孩子的话。

❸ 详细记录孩子和妈妈的对话内容。可以和孩子一起记录，也可以由妈妈详细地整理。

❹ 每天晚上念给爸爸听，而且在亲戚朋友面前介绍对话的内容。另外，也应该记录爸爸或亲戚朋友的感想。

❺ 偶尔念这些对话的内容给孩子听。

同等地位下的对话——重复孩子的话

就像说故事一样，给孩子念同等地位下的对话内容，并且鼓励孩子在小朋友面前重复比较有趣的部分。例如："以前你是不是经常把袜子叫成'双脚'？其他小朋友也会和你一样，因为穿在双脚上，就应该叫做'双脚'呢？如果他们不信，你就跟小朋友讲一讲啊！他们一定会说：'我也曾经那样想过……'你可以跟小朋友讲在家里跟妈妈说过的话。"

如果重复两三次，孩子们就会反问"您为什么老是说我以前的事情？"即使平时不怎么在意，只要重复几次，孩子们就会感到很奇怪。此时，妈妈应该鼓励孩子大胆地讲出自己的故事。"嗯！因为你说得太有趣，所以有很多人想听啊！为了更有趣地讲述这个故事，你必须重复地练习。你也试一试啊！还要张大嘴才行。"

《实用小百科》 妈妈们最常见的疑问

Q.即使准备了同等地位下的对话记事本，也没有可写的内容。
A.在这种情况下，妈妈不要想太多，必须仔细聆听孩子的话，妈妈才能发现孩子的奇妙思想。其实，孩子说的很多话都没有实际意义，但只要妈妈愿意聆听，孩子就会更活泼、更生动地说故事。

Q.在别人面前跟孩子进行同等地位下的对话时，孩子不愿意看我的眼睛，只是低着头看地板。
A.过去，孩子一直是旁观者，如今却变成了主角，因此这是很自然的反应。第一次，大部分孩子都会低头看地板或者看窗外和天花板。此时，妈妈不用强迫孩子正视自己，可以站在孩子的身后说故事。经过反复的训练，孩子就能逐渐正视妈妈，而且愿意站在妈妈和别人面前自然地讲述自己的故事。

培养孩子的创造力和逻辑思考能力

促进大脑刺激的对话方法

对孩子的脑细胞来说，妈妈富有创造力的提问和回答是最好的肥料。那么，什么是提高孩子的智力和自信心的对话方法呢？下面将详细介绍孩子的疑问增多的理由、判断妈妈的对话类型的方法，以及让孩子变聪明的实战训练对话法。

孩子是在和妈妈的对话中成长的

孩子学会说话后，只要有说话的对象，就会不停地提出疑问。孩子在2~3周岁时，好奇心日渐增强，开始对新的世界进行探索。

在这个时期，孩子经常对所看到的现象和所听到的声音提出各种疑问，例如："这是什么？""为什么？""在干什么？"等。另外，父母的回答又能引出新的提问，直到妈妈无话可说为止。

其实，孩子就相当于一个极富个性的成年人。在这个时期，孩子接收的刺激程度有所差异，有的孩子会变得富有灵感和创造力，而有的则可能失去自信。在日常生活中，如果孩子缺乏自信、保持沉默、喜欢安静、喜欢独自玩耍，就说明孩子在拒绝接触外界。很多孩子为了更积极地跟周围的环境交流，就会像小鸟一样不停地提问，而这些琐碎的提问通常代表着"妈妈，我想学"的资讯。

看到新的事物，孩子喜欢打破砂锅问到底，而在理解和解决问题的过程中，可以逐渐培养各种能力和自信心。妈妈富有创造力的提问和回答能促进孩子的大脑发育，且能提高孩子的智力和自信心。

所有的事物和现象都能引起孩子的兴趣

我们假设，3周岁的孩子和妈妈一起乘坐公交车，有一个男人在对面的座位上睡觉。这时，孩子就会好奇地问妈妈"妈妈，那位叔叔为什么要在公交车里睡觉呢？""因为他很困啊！""为什么困了就在车里面睡觉呢？""因为他刚工作完，所以太累了。""为什么不在家睡觉呢？"

孩子一直以为困了就要在家盖上被子好好睡觉，所以一看到在公交车里睡觉的人，自然会感到非常奇怪。在妈妈眼里再平常不过的事情，却引起了孩子的兴趣。现在，孩子就成了人类社会的爱丽丝（《爱丽丝梦游仙境》的主角）。此时，孩子的视力就好比达到了显微镜或放大镜的水准，因此对妈妈看不到的细微变化表现得非常敏感。

最喜欢和妈妈说话

在这个时期，孩子喜欢和妈妈对话，而且为了寻找话题，会不停地向妈妈提问。其实，互相提问也是一种对话游戏。在日常生活中，应该引导孩子接着妈妈的回答继续提问，但孩子的语言能力还未成熟，所以只能由妈妈单方面提问。

不管遇到什么事情，都想追根究底

大部分人都喜欢对感兴趣的事情提出疑问，但孩子通常对大人觉得很平常的事情感兴趣，而且总想打破砂锅问到底。在日常生活中，孩子充满好奇的眼睛经常注视着周围的事物，而且不断地刺激大脑，一旦对某些事情产生兴趣，孩子就忍不住提问。

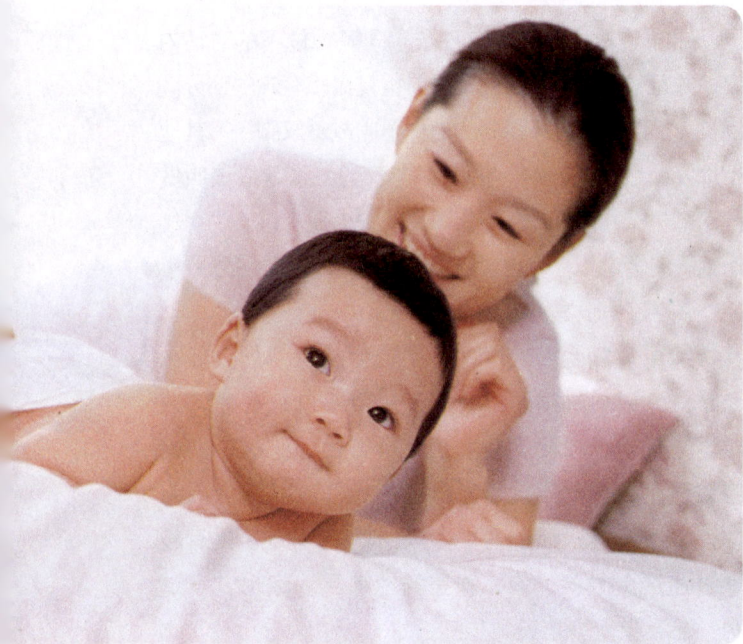

"邮筒为什么是绿色的呢？""兔子的眼睛为什么发红？""在水中，金鱼会不会很累呢？"此时，妈妈应该在力所能及的范围内，认真地回答孩子的提问。

提问便是学说话的训练

孩子一旦学会了一种新的能力，就会自觉地运用这种能力。因此，为了使用新学到的语言、为了进行说话训练，孩子就会不停地提问。通过语言，孩子能了解语言和事物的关系，而且乐意接受所得到的答案。要想成为孩子的好朋友并不容易，必须认真地尽全力回答孩子的提问。

用提问的方式表达不安和不满

有时，孩子感到不安和不满，就会不停地提问。曾经听过狗叫或被狗咬过的孩子，一看到其他动物就会问："那个动物会不会咬人？""会不会乱叫？"在这种情况下，应该远离危险动物，满足孩子反复提问的欲望。

有时，孩子为了吸引别人的注意力，强调自己的存在，也会经常提问。另外，由于孩子心存反抗心理，内心会充满抵触情绪。为了让妈妈理解自己的不满，孩子就会不断地提问。在这种情况下，妈妈应该积极地回答孩子的提问；如果轻视孩子的提问，就容易伤害孩子的自尊心，甚至会影响性格的发展。

根据孩子的理解能力回答问题

在这个时期，孩子对所有的事物和现象都很感兴趣，但由于语言能力和智力还未成熟，所以无法准确表达自己的想法，而家长也很难正确回答孩子的提问。此时，如果用过于复杂的语言回答，或者无视孩子的提问，就容易导致孩子思维混乱，或者容易使孩子丧失好奇心。

根据妈妈回答问题的方式不同，孩子的思维有时会变成一潭死水，有时会变成波涛汹涌的大海。

寻找类型
我是属于哪一种类型的妈妈呢？
寻找妈妈的类型

妈妈的类型 **1** **无视型妈妈**

当妈妈打扫屋子、做饭、接待客人时，为了吸引妈妈的注意，孩子会不停地提问。当然，孩子也有可能发现了感兴趣的事物。

"妈妈，太阳为什么要在白天出现、晚上消失呢？""您今天为什么不化妆啊？"此时，有些妈妈就喜欢以"嗯，是啊！""一会儿再化妆。""你还小，说了也不懂。"等方式草率地回答。有时，该类型的妈妈还会责骂孩子，并打击他们的积极性"好烦啊！没看见妈妈在干活吗？""妈妈现在很忙，你到那边玩吧！"跟客人说话时，最好让孩子安静地听别人说话，不要随便插嘴，但要尽量认真地回答孩子的提问。

妈妈的类型 **2** **过度认真型妈妈**

面对"雨是怎么形成的？"的问题，如果以"水蒸发成水蒸气，然后形成云。当云的温度达到摄氏0℃时，云就变成水落在地面上，这就是雨。"等方式回答，那么只有小学高年级水准的孩子才能听得懂。在日常生活中，应该以"同等地位"跟孩子对话，如果用过于复杂的语言和逻辑去说明问题，反而会影响孩子提问的欲望。

妈妈的类型 **3** **责骂型妈妈**

只要遇到疑问，孩子就会毫不犹豫地提出来。如果孩子突然大声地问："妈妈，那位叔叔为什么没有头发呢？""那位阿姨的脸为什么凹凸不平啊？""那个孩子为什么说话结巴啊？"那么有些妈妈就会慌慌张张地回答说："你不能问这些问题"，或者捏孩子的臀部，甚至瞪眼、责骂。此时，孩子并不知道妈妈责骂自己的理由，只是单纯地认为"看来不能随便提问哦！"在这种情况下，应该站在被提问者的角度简单地说明，然后对孩子说："但是你要注意，如果大声地问这些问题，会伤害别人的自尊心，以后提问时一定要小声点，或者过一会儿再问。"

高孩子的兴趣。关于"孩子是怎么来的呢？"等提问，应该以"孩子是从妈妈腹中的宫殿里长大，然后出生在这个世界上的"等方式回答，尽量营造温馨的气氛。

对话原则
让孩子变聪明的七大对话原则

1 根据孩子的智力水准调整对话内容

如果答案过于复杂或过于简单，孩子都会感到失望。如果答案过于复杂，就可以引用童话故事来回答。当孩子问"太阳为什么要下山呢？"时，如果以地球和太阳的关系来回答，孩子根本无法理解。此时，只要换一个角度回答"一到晚上你是不是也要回家睡觉？太阳也要到山的对面休息喔！"或者"太阳去照耀别的国家了。"这样一来孩子就很好理解，而且答案也不失科学性。

2 认真地对待孩子

当孩子得不到满意的回答，或者妈妈不认真回答问题时，孩子就不再提问，因此在任何状况下，妈妈都应该真实地回答孩子的提问。当孩子问："过春节时为什么要吃年糕呢？"时不能简单地回答："这是我们的习俗。"而应该用实例帮助孩子理解："你过生日时，是不是要吃生日蛋糕？过春节时吃年糕也是一种祝福的方式。"

3 尽量当场回答问题

为了满足孩子的好奇心，应该当场回答问题。如果把今天的提问拖到明天，孩子会很容易忘记曾经提过的问题，而且提问的欲望会减少。

如果无法当场回答，就应该对孩子说："现在我也不太清楚，等我查资料后再告诉你吧！"事后一定要履行承诺。

另外，还可以随机应变，然后再找机会详细地说明。当孩子问："为什么鱼在水里不喘气呢？"时，可以先回答："因为鱼最喜欢水啊！"然后等到有空时再详细地解释："在水里，你会不会很难受？可是鱼儿刚好相反，如果离开水，鱼就无法生存。"

妈妈的类型④ 缺乏自信型妈妈

只要遇到"为什么会刮风？""为什么要亲嘴？"等无法马上回答的问题，很多妈妈就不知所措。尤其是不知该怎么回答高难度的科学问题和关于性的问题。有些妈妈因为答不出孩子的提问，就会失去自信心。如果妈妈经常不理解孩子的提问，或者缺乏表达能力，不能马上回答孩子的提问，那么孩子会不再信任妈妈。在这种情况下，应该尽全力回答自己所知道的内容，或者反问孩子，从孩子的回答中寻找合理的答案"是啊，为什么呢？妈妈亲你的时候，有什么感觉呢？"

妈妈的类型⑤ 同等地位对话型妈妈

不管遇到什么样的提问，该类型的妈妈都能够把握孩子的心理状态，并且和蔼地回答孩子的提问。对于神经质的孩子，应该尽量稳定孩子的情绪；对于缺乏知识的孩子，可以举例子或者给孩子看实物，借此提

4 越奇特的问题越应该夸奖

当孩子问"为什么人有两只眼睛？""奶奶的头发为什么会变白？"时，千万不能以："你怎么什么都想知道啊？""前几天我不是告诉过你吗？怎么又忘了！"等方式打击孩子的积极性。不管是多么幼稚的问题，孩子如果受到嘲笑或讽刺，就会感到很失落。

此时，应该认真地回答每一个问题。例如："你问得真好，你就遮住一只眼睛看看那边的花盆吧！是不是看不清楚啊？其实，为了看清楚远处的物体，所以人要有两只眼睛。"或者"头发里面含有黑色颗粒，可是像奶奶这样年纪大的人就不能形成黑色颗粒，所以头发会变白。"让孩子从小听这些解释，就会自然地对周围的事物感兴趣。

5 给孩子看实物或者翻阅辞典

有时，孩子还会提一些连妈妈都不清楚的问题。此时，应该给孩子看实物，或者跟孩子一起查找资料。关于"为什么兔子的眼睛是红色的？""公交车是怎么动的啊？"等问题，妈妈应该表现出积极的态度，"是啊，这真奇怪，改天我们就跟爸爸一起到动物园问一问吧！"这样一来，即使孩子无法立刻得到答案，也能拥有成就感。如果孩子在看书或翻阅字典后还不能理解，就应该适当地鼓励孩子"是不是很难啊？这个问题真有意思，可是妈妈却不能更简单地说明哦，对不起啊！等你长大以后上了学就会理解的。"

6 应该感性地回答情绪化的提问

有时，孩子并不是因为好奇心而提问，而是为了吸引妈妈的关心。如果孩子看着结婚照片问妈妈："这里面为什么没有我啊？"就应该给孩子一定的希望"等你结婚时，再跟爸爸、妈妈一起照相吧！到时候，你要穿什么样的衣服呢？"

在梅雨季节，孩子会问："为什么会下雨呢？"此时，不需要逻辑性的解释，而应该及时消除孩子的不满说："是啊，妈妈也希望不要再下雨。等雨停后，就跟妈妈一起到外面散步吧！"

7 以反问的方式诱导出具有创造力的答案

有时，还可以反问孩子："你是怎么想的呢？"如果直接回答所有的问题，就会影响孩子的思考能力，而且会助长依赖性。

"男孩子和女孩子有什么区别呢？""你认为男孩子和女孩子有哪些地方不同呢？""嗯……男孩子要穿裤子，而女孩子要穿裙子。""对啊，跟妈妈想的一模一样哦！"通过反问的方式，可以培养孩子的观察力和理解力，但如果回答错误，就应该及时纠正。

追加讯息

提高思考能力的连接词活用法

然后……又 给孩子说故事或反问后，应该用"然后……又"等连接词帮助孩子连接下一句话。

然后……为什么 当某些事情或结果需要一定的推理时，就可以利用"然后……为什么"等连接词。经常用"为什么？"等反问法引导孩子找答案，就能提高孩子的逻辑思维能力。

那么会怎么样？ 该连接词可以帮助孩子事先预想某种想法或行动将导致什么样的后果，这样能培养孩子的责任感和做事谨慎的习惯。

那该怎么办？ 该连接词可以帮助孩子引导出下一句话，而且能培养解决各种问题的能力。如果反复地进行这种训练，孩子就不会回避问题，更不会害怕问题，而且能学会积极解决问题的方法。

对话原则

实战训练！开发智力的对话法

提高创造力的对话方法

妈妈，这个像不像蜗牛啊？

指导方法：孩子周围的任何事物都可以成为培养创造力的道具。孩子可以用椅子玩骑马游戏，也可以用扫把模仿印第安人。孩子们喜欢向妈妈炫耀自己的游戏。对孩子来说，任何幼稚的话都是非常有意义的话，因此妈妈必须鼓励孩子自由地思考问题。

孩子的感受

孩子们喜欢利用周围的事物玩游戏。此时，如果限制孩子的行为，那么在孩子的印象中，番茄酱就仅仅是一种食物而已，不可能拥有其他的用途。

可能存在的对话

妈妈，这个像不像蜗牛啊？→哇，原来你用番茄酱做出了红色蜗牛。→是，这可是圆圆的红色蜗牛哦！→啊，蜗牛的房子在哪里呢？→房子？可能它怕热，所以脱掉了房子。→没错，一定是脱掉房子，出来散步了。→对啊，蜗牛妈妈和宝宝蜗牛都出来了。→那我们就用番茄酱给蜗牛制作树荫吧！→好啊，我来做。

> **追加讯息**
>
> #### 提高思考能力的连接词活用法
>
> **改变用途的方法**　除此之外，会不会有别的使用方法呢？如果用水杯做其他事情会怎么样？
>
> **应用的方法**　有哪些东西跟这个相似呢？看到豆腐会想起什么啊？
>
> **修改的方法**　如果改变颜色、含义、动作、声音、香气、味道、形状，会怎么样？如果有四方形足球会怎么样？
>
> **扩展的方法**　相加会怎么样？增加次数又会怎么样？再强烈一点会怎么样？再大一点会怎么样？如果每个月都能过生日会怎么样？
>
> **缩小的方法**　销毁会怎么样？减少体积会怎么样？减轻重量会怎么样？减小速度会怎么样？分开会怎么样？如果我变成蚂蚁会怎么样？
>
> **代替的方法**　还有哪些好人呢？还能当作什么呢？换一个地方怎么样？如果夏天过圣诞节会怎么样？
>
> **重新分配的方法**　如果改变顺序会怎么样？如果改变时间间隔会怎么样？如果交换白天和夜晚会怎么样？
>
> **倒序的方法**　倒过来会怎么样？将内外调换会怎么样？调换上下位置会怎么样？调换前后位置会怎么样？如果用手臂走路会怎么样？
>
> **结合的方法**　混合起来会怎么样？将冷气机和椅子组合起来会怎么样？

提高想象力的对话方法

妈妈，您知道圣诞老人是从哪里来的吗？

指导方法：学会说话的孩子对任何事物都很感兴趣。此时，孩子可以通过和妈妈的对话，拥有丰富的语言表达能力。如果孩子想表达什么，就应该像玩游戏一样，跟孩子进行对话。在互相对话的过程中，孩子的表达能力就能逐渐提高。

孩子的感受

在这个时期，孩子并没有明确的想法，只是想跟妈妈玩对话游戏。此时，如果限制孩子说话，孩子就会失去说话的乐趣，逐渐变成沉默寡言的孩子。孩子除了表达能力差之外，还会丧失表达的自信。

可能存在的对话

妈妈，你知道圣诞老人是从哪里来的吗？→哦，妈妈小的时候圣诞老人是从烟囱里下来的！现在是从哪里来的呢？→不对，圣诞老人是从天上下来的，就是从星光灿烂的天空……→嗯！他有可能一边吃着星星、一边来我们家。→对啊！还会吃月亮呢！→圣诞老人吃的星星会有什么味道？→一定像冰淇淋一样甜美！

提高感性指数的对话方法

妈妈，如果大象被蚂蚁咬，会觉得痛吗？

指导方法：为了让孩子拥有丰富的感情，妈妈应该经常做表情丰富的表演。在外出旅行时，可以生动地描述窗外的风景"哇，好多鲜花在向我们微笑哦！稻草人也很认真地干活呢！"在日常生活中，应该让孩子具备珍爱生命的观念。

孩子的感受

孩子们认为植物和动物跟人类一样有感情，因此喜欢用拟人化的方法描述所有的事物。如果父母无情地践踏这种充满想象力的态度，就会影响孩子对事物的看法。

可能存在的对话

妈妈，如果大象被蚂蚁咬，会觉得痛吗？→是啊，如果蚂蚁咬小宇会怎么样呢？→小宇会很痛的。→对啊！上次在奶奶家被蚂蚁咬时，小宇还大叫过呢！→嗯，那天是妈妈帮我擦伤口的。→如果大象也跟小宇一样，是一只小象，那会怎么样？→小象也会跟小宇一样很痛的。→没错，但如果是动物园里看过的大象，那就一定不会叫哦！

提高表达能力的对话方法

妈妈，我也想跟鲁宾逊一样在无人岛生活。

指导方法：把孩子的想象变成实际，就是提高表达能力的对话重点。在日常生活中，应该经常向孩子提问，使孩子充分表达出自己想象的内容。要以"长什么样子啊？""是什么地方啊？""想做什么啊？"等方式提问。如果缺乏话题，妈妈就应该及时地给予提示。

孩子的感受

一般情况下，孩子想体验更多的事物。如果孩子觉得好奇是一种罪过，就不会再自由地表达自己的想法了。

可能存在的对话

妈妈，我也想跟鲁宾逊一样在无人岛生活。→哇，那一定很有趣！可是陈熙想象中的无人岛是什么样的地方呢？→有很多水果、小鸟，而且可以开心地玩游戏的地方。→那你想跟谁一起玩游戏？→我可以跟猴子、小兔子玩捉迷藏！→肚子饿就可以吃水果？→嗯，我想吃很多很多苹果和草莓。→晚上你一个人不害怕吗？→到时候我会坐飞机回到妈妈身边睡觉！

提高思维能力的对话方法

妈妈，如果没有空气会怎么样啊？

指导方法：在日常生活中，会遇到很多科学现象。如果把湿衣服晾在阳台上，湿衣服很快就会干；如果拿出冰箱里的冰块，冰块很快就会变成水。跟孩子对话时，可以灵活地利用这些现象，使孩子自然地寻找科学原理。

孩子的感受

对自然现象感到好奇是所有孩子的共同点，如果不对问题做具体说明而只讲结论的话，就会扼杀孩子的想象力。

可能存在的对话

妈妈，如果没有空气会怎么样啊？→哇，那就不得了啦！如果没有空气会怎么样呢？→我也不知道啊！→那就跟妈妈一起感受一下，1、2、3，停止呼吸。→1、2、3，呼！喘不过气了。→是啊，如果没有空气，是不是很难呼吸啊？→嗯，看来空气是非常宝贵的东西哦！→没错，我们陈奎说得好啊！

提高逻辑能力的对话方法

去奶奶家的路上，如果轮胎飞出去该怎么办？

指导方法：如果孩子提出某种远离现实的问题，就应该给予肯定和支持，因为在孩子的世界里，完全可能存在这些意想不到的状况。另外，即使是很简单的问题，也应该以"也有可能发生那种事情哦！那你会怎么办呢？"等方式拓展孩子的想象空间。

孩子的感受

对孩子来说，假设某种情形需要较高的思维能力。此时，如果对孩子说："不用担心，到时候会有办法的。"那么就只能关闭孩子脑海中刚刚打开的思路，这样一来，孩子对事物的变化就会失去兴趣。

可能存在的对话

去奶奶家的路上，如果轮胎飞出去该怎么办？→也有可能发生这种事情哦！你会怎么办？→就用小狗代替轮胎吧！因为小狗很会跑。→可是小狗太柔软了，汽车会变形的。→那就给小狗打一个能变硬的针吧！→这是个好办法，但还有没有别的办法呢？→摘下太阳来替换轮胎！→太阳？会不会太刺眼？→那我们就戴上太阳眼镜嘛！

追加讯息

提高自信心的回答

不要再说那些幼稚的话！→是啊，原来你是这么想的啊！当然也有可能出现那种事情的。

你做不了的，还是妈妈帮你做吧！→你会做好的，如果实在不行，妈妈就帮你吧！

你怎么像白痴一样，老是问这些古怪的问题？→哇，你是怎么想到这么有趣的办法的呢？

你还小，做不好这件事。→你想做吗？只要仔细地考虑，你也会做好的。

不要烦妈妈，还是先管好你自己吧！→想尝试妈妈做的事情吗？那么我们一起做吧！

连这么简单的问题都不会做？→你终于能分辨出红色了，妈妈也为你高兴，那这是什么颜色啊？

你做的事情都是这个样子。→看来事情不顺利哦！我知道你很努力，是不是很伤心？只要下次多思考一下，就一定能做好的。

有什么大不了的？→你连这个都知道啊！好厉害哦！下次能帮妈妈做吗？

你怎么老是跟不上永秀？→你画的图比永秀好看，妈妈相信你一定能做好。

每天花5分钟就能培养出健康而聪明的宝宝

让宝宝健康聪明的脚部按摩

脚是身体所有器官的反射点聚集在一起的地方。孩子在3周岁之前，身体器官还未完全成熟，因此只要稍微刺激脚部，就能促进身体发育。通过脚部按摩即可预防日常生活中的小病。

脚部是人体器官的微缩图

一般情况下，人体所有器官的反射点都聚集在脚部的反射区内，因此只要按摩脚部，就能达到均匀刺激身体器官的效果。脚部按摩能促进全身的血液循环，而且对于身体器官未成熟的孩子来说，只要稍微刺激脚部，就能马上看到成效。孩子的皮肤很薄，因此对很小的刺激也能做出敏感的反应，而且按摩有助于大脑和身体的发育。另外，孩子可以通过跟妈妈的身体接触交流情感，并能舒缓紧张气氛、稳定情绪。

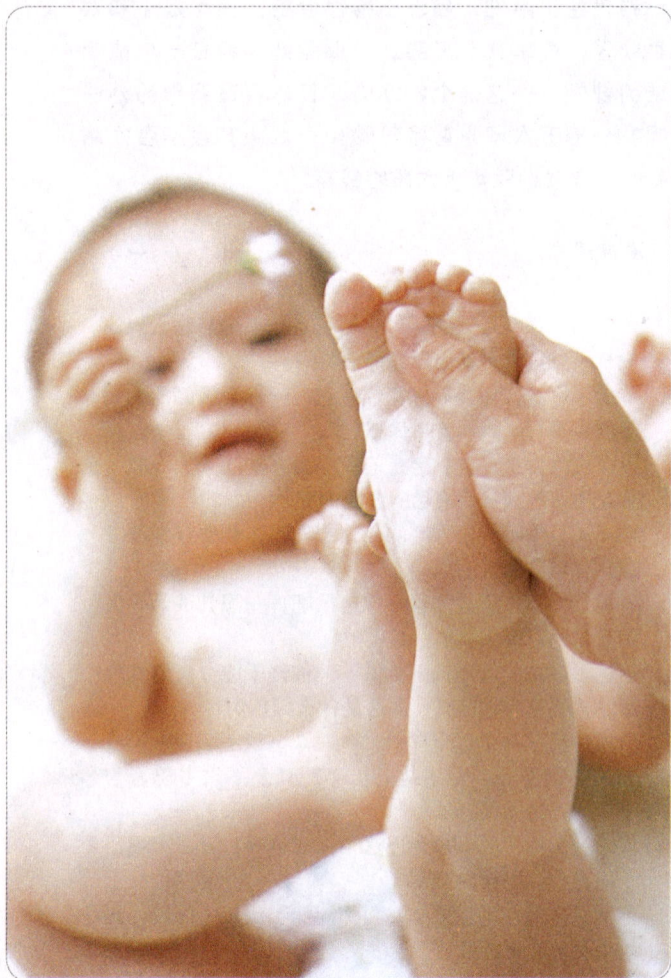

足部反射区分布图（身体内脏分布图）

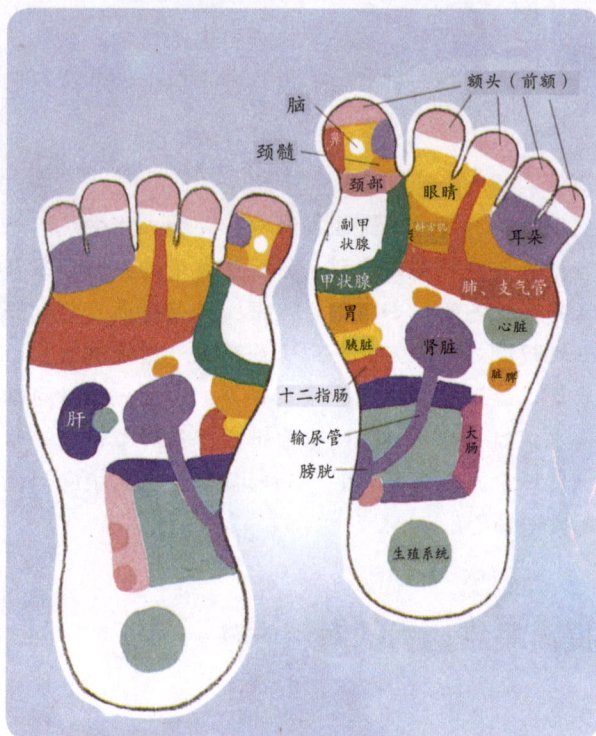

追加讯息

脚部按摩基本守则

①在按摩之前，要先洗净脚部或洗澡。

②想睡觉、爱困或肚子饿时，不能做脚部按摩。按摩和大脑神经有密切关系，因此必须在心情愉快时才能按摩。

③在饭后30分钟或1小时内，身体会比较舒适，因此最好在这段时间里做脚部按摩。

④生病、发热、流鼻血、打预防针后48小时以内或改变离乳食品时，都不应该做脚部按摩。

⑤应该从左脚开始按摩，而且不需要借助任何道具，只需用手轻柔地按摩。

⑥先从基本反射区开始按摩，最后在基本反射区结束，这样才能促进新陈代谢。

⑦唱歌给孩子听或播放优美动听的音乐，就能稳定孩子的情绪，并提高按摩的效果。

按摩方法❶ 按摩准备

在手上涂抹乳液或婴儿油，然后朝一个方向柔和地抚摸，这就是脚部按摩的基本动作。用拇指按龙泉穴4秒钟，用同样的方法重复3次。

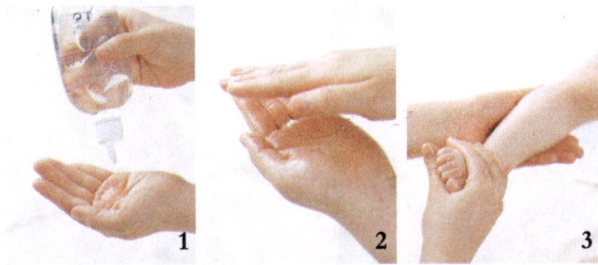

1. 把婴儿护肤油抹在手上。
2. 搓手掌，使护肤油保持较温热的状态。
3. 在按摩之前，轻轻地抚摸大腿至小腿，充分地舒缓宝宝的紧张感。

按摩方法❷ 基本反射区按摩

在全面按摩之前，基本反射区的刺激能排除体内的沉积物。肾脏具有过滤沉积物的功效，因此如果依照肾脏、输尿管、膀胱、尿道的顺序按摩，就能促进新陈代谢。在结束按摩的最后阶段，如果再刺激反射区，就能强化免疫能力。

肾脏 / 输尿管

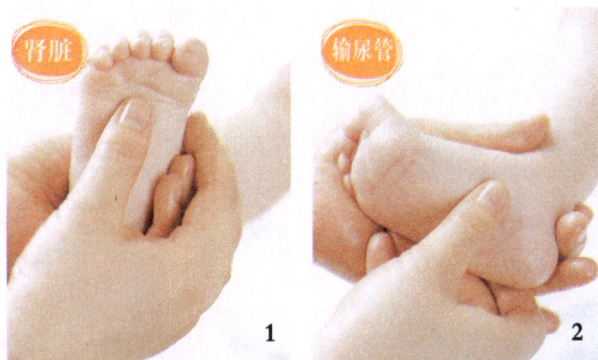

用拇指轻轻地按住肾脏反射区。用同样的方法重复刺激3次左右。

从肾脏反射区向输尿管反射区方向反复地按摩3~4次。

膀胱 / 尿道

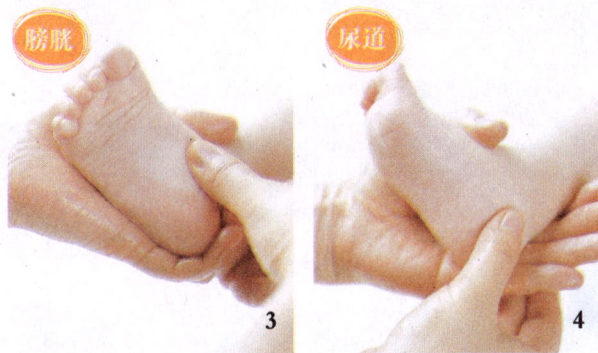

在膀胱反射区轻轻地画圆圈。

利用大拇指，从膀胱反射区按摩至尿道反射区。

按摩方法❸ 有助于大脑发育的脚部按摩

脚趾上集中了与大脑相连接的反射部位，其中大拇趾是大脑反射区。如果轻轻地按摩脚趾，就能促进大脑发育。

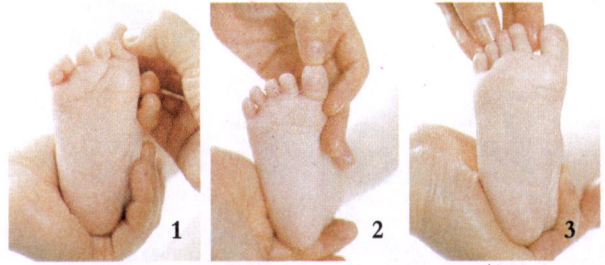

1. 在刺激大脑的大脚趾上，沿着圆圈反复按摩3~4次。
2. 用力按摩前额反射区较集中的大脚趾尖。
3. 用手指抓住脚趾，然后轻轻地旋转。用同样的方法旋转五个脚趾。

按摩方法❹ 有助于成长发育的脚部按摩

只要每天持续脚部按摩5分钟，就没必要再服用其他营养剂。按摩和生殖腺相连的反射区，能促进成长荷尔蒙的分泌。在结束按摩时，再按摩基本反射区。

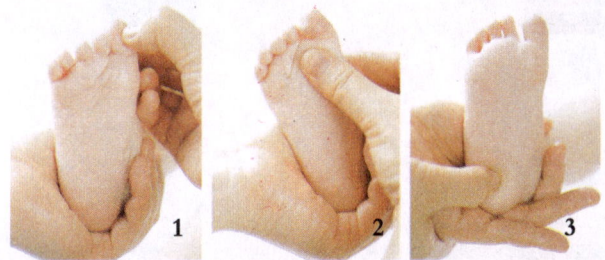

1. 大脚趾的中间部位就是大脑脑垂体的反射区。按摩3次以上，就能促进成长荷尔蒙的分泌。
2. 大脚趾的下方就是甲状腺反射区。甲状腺具有促进新陈代谢和内分泌的功效，因此应该沿着"⌣"字形按摩。
3. 脚跟的正中央就是生殖腺反射区。反复地按摩或旋转，就能促进内分泌。

按摩方法❺ 结束按摩

按摩结束后的步骤也非常重要。首先擦干净脚上的护肤油，然后喂温水给孩子喝，让孩子充分地休息，并放松全身。

❶用热毛巾和温水把脚上的护肤油擦干净。

❷给孩子喝温热的麦茶，使体内垃圾随着尿液排出体外。最后必须让孩子充分地休息。

Part 3

和爸爸妈妈一起

快乐地玩
智力游戏

每一位父母都希望自己的孩子能成为有活力和创造力的人。在游戏的过程中，孩子们能学到很多知识，逐渐成为父母的骄傲。球类游戏能促进身体发育，积木游戏能提高创造力，通过和小朋友的接触，能提高社会适应能力和语言能力。在日常生活中，应该依照身体、情绪、认知的顺序，进行相关的智力游戏，提高孩子的创造力，增强体质。

让孩子变聪明的好帮手

不同阶段的智力开发玩具

孩子们最好的朋友就是玩具。在日常生活中，可以让孩子尽情地玩玩具。根据不同的年龄选择适合的玩具，学习效果就能提高200%。下面将介绍挑选不同阶段孩子玩具的方法。

正确挑选玩具的方法

必须挑选符合孩子发育程度的玩具

孩子在游戏中长大、在游戏中学习，因此必须选择适合孩子发育程度的玩具，帮助孩子成长。如果玩具过于复杂或过于简单，都无法引起孩子的兴趣。根据不同的种类，可以将玩具分为培养运动能力型、培养语言能力和社会适应能力型，以及培养创造力和探索能力型。在选购玩具之前，必须注意观察孩子的发育特点和兴趣，然后挑选出适合孩子的玩具。

尽量回避功能单一的玩具

在父母看来，有些玩具既漂亮又有教育意义，但如果功能过于复杂，就会妨碍孩子的注意力和想象力。另外，游戏方法单一的玩具也会降低孩子的批判能力和解决问题的能力，因此应该选择既好玩又跟周围事物相关的玩具。一般来说，跟已经组合好的玩具相比，可以自由变形的玩具更能提高孩子的想象力和认知能力。

必须选择可以随便吸吮的安全玩具

刚出生的孩子喜欢用嘴吸吮手中的玩具，因此颜色漂亮的玩具必须确认无毒才能购买。色彩鲜艳的玩具能够引起孩子的兴趣，而且有助于五感的发育，但这些玩具中有可能含有有毒物质或重金属，因此必须检查玩具是否符合产品品质管理的要求。

应该检查玩具的安全性和牢固性

在吸吮、抚摸或观察的过程中，孩子的感觉和智力逐渐提高，但必须检查玩具的棱角是否锋利、连接部位是否牢固，以免伤害孩子娇嫩的皮肤。另外，孩子们经常扔玩具或敲打玩具，因此也应该选择不容易摔碎或不容易变形的玩具。

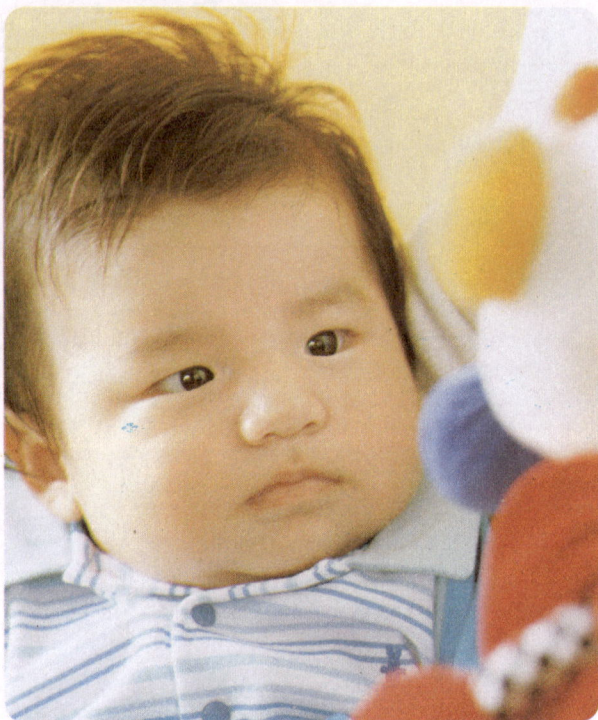

必须确认品质标识

注意是否贴附详细中文标示，认明有贴附"商品检验标识"是确保玩具安全最简单的方法。另外，还要注意检查生产厂家、公司地址、生产日期和注意事项。如果以上事项都没有问题，就可以放心购买。

0～3个月

在出生1～2个月时，最好通过挂在天花板上的玩具或能发出声音的旋转音乐铃刺激孩子的视觉和听觉。出生1个月的新生儿还不能区分颜色，他们只关心几何形状，因此最好选择黑白旋转音乐铃。随着年龄的增加，孩子开始逐渐喜欢红色、黄色等鲜艳的颜色，因此可以通过色彩鲜艳、设计简洁的玩具刺激孩子的视觉；但是，声音过大或形状古怪的玩具会让宝宝感到恐惧，因此要特别注意。

适合的玩具

旋转音乐铃　应该选择形状对称，而且能以适当速度移动的旋转音乐铃；但是，经过反光处理或带有荧光色的旋转音乐铃会引起视觉障碍。另外，必须选择宝宝躺在床上能清楚分辨形状的旋转音乐铃。一般情况下，要在距离眼睛20～35厘米的地方悬挂旋转音乐铃，而且要在宝宝视线45°的范围内适当地改变悬挂的位置。

小铃铛　应该选择颜色和形状都能吸引孩子的小铃铛，而且要保证铃铛无毒性。另外，还要检查小铃铛的大小、重量、材料和做工。最后，小铃铛的声音不能过大。

3～6个月

在这个时期，孩子开始对自己发出的声音或周围人的声音感兴趣，因此喜欢晃动小铃铛等玩具。此时，应该选择适合孩子手部大小的玩具。刚出生的孩子喜欢把小玩具放进嘴里，因此必须回避体积过小或用毛料制作的玩具，而且要确保玩具无毒性。

适合的玩具

不倒翁　在这个时期，孩子的手部活动比较活跃，喜欢触摸推不倒的不倒翁。在推倒不倒翁的过程中，能锻炼手部肌肉并开发智力。此时，应该选择声音柔和而且干净的不倒翁。

牙齿发育器　大部分牙齿发育器是由橡胶材料制成的，因此必须认真地检查安全性，以及环境荷尔蒙的影响程度。不仅如此，孩子们经常要吸吮牙齿发育器，因此应该检查是否会褪色。

触觉球　可以用各种触感、各种颜色和条纹的布料制作触觉球，触觉球能够刺激孩子的视觉和大脑。通过感受触觉球光滑、粗糙、冰凉、温暖等各种特性，能提高思考能力和智力，而且能产生成就感。

通过触觉球还能提高眼睛和双手的协调能力，促进小肌肉的发育。

6～9个月

出生6个月的孩子可以翻身、爬行，而且能自由地活动手指。如果宝宝可以坐立，就可以通过触摸的方式探索周围的世界。在这个时期，孩子喜欢碰触不同的玩具，发出较大的声音，也喜欢把小玩具夹在手指之间，有时他们会用手指戳玩具、有时会用力握玩具、有时会用力拧玩具、有时会抛玩具。在这个时期，应该选择材质透明或能发出声音的球、能浮在水面上的球，或者简单而柔软的积木。

适合的玩具

球　有助于眼睛和双手的协调，帮助视觉发育，而且能培养孩子使用双手的能力。在这个时期，应该选择重量和大小适中、放进嘴里也无害的玩具，而且要选择孩子喜欢的颜色和形状。

可以推拉的玩具　用细绳系上，让孩子可以推拉的迷你汽车玩具，可以让孩子尽情地推拉小车。此时，应该选择孩子能独自推动的玩具。这种玩具能够培养孩子的动手能力，而且有助于大肌肉的运动。

可活动的玩具 用干电池或发条驱动玩具，孩子就会移动身体去抓玩具。这种玩具有助于宝宝爬行，而且通过研究玩具驱动的原理能锻炼脑力。当然，要选择速度较慢、而且能发出声音的玩具。

安全镜子 应该选择由特殊塑料制成的镜子。在这个时期，孩子们喜欢照镜子，而且可以通过镜子中的自己，能形成自我的概念。

触觉毯 最好选择用凹凸布料或光滑布料制成的垫子。在日常生活中，孩子能在垫子上面尽情地翻滚，开心地爬行。触觉垫子不仅能刺激皮肤，而且能促进大肌肉的发育。

9～12个月

刚开始，孩子只能抓住身边的东西勉强地站起身，然后逐渐学会走路。此时，孩子的活动领域会快速扩大。在这个时期，孩子能站起身，因此应该选择能诱导大肌肉运动的玩具。另外，孩子对事物的探索也比较活跃，喜欢摇晃或用力甩各种玩具。在这个时期，视觉和听觉的反应比较迅速，因此应该选择能发出各种声音的玩具。

适合的玩具

可以推拉的玩具 在这个时期，应该帮孩子准备有轮子、并且能够推动的玩具。这种玩具能够帮助刚能站稳的孩子早日学会走路。此时，应该根据孩子走路的程度，挑选能够调节运动速度的玩具。

电话机 在这个时期，孩子能触摸微小的东西，因此特别喜欢按按钮。此时，应该利用带有按钮和镜子的玩具电话机满足孩子的欲望。

鼓、木琴（Xylophone）等乐器 在这个时期，孩子的手部活动比较灵活，喜欢敲打玩具。此时，应该选择适合孩子的鼓、铃鼓（Tambourine）、手风琴（accordion）等玩具。当然，要选择轻便、不容易摔碎而且声音动听的玩具。

可以在水中玩的玩具 在这个时期，孩子能在水里独自玩耍，跟洗澡比起来他们更喜欢玩水。此时，应该选择能浮在水面上的玩具，但不能买孩子容易放进嘴里的小玩具。

12～18个月

随着学走路的过程，孩子的走动会更加自由，喜欢到处活动，也想抚摸身边的各种东西。另外，他们特别喜欢经过自己的触摸能发出声音或活动的玩具。在这个时期，孩子能拼出较大的拼图玩具，而且可以学会穿珠子的方法。如果帮孩子准备黏土、面团或橡胶泥，他们就能捏出自己喜欢的形状。此时，孩子还能自由地移动玩具，因此必须选择容易搬动的玩具。

适合的玩具

各种形状的立体拼图玩具 为了帮助孩子的手部发育，应该准备孩子容易完成的立体拼图玩具。这种玩具能提高眼睛和手部的协调能力，帮助肌肉运动，提高视觉分辨能力。

图形积木 图形积木能锻炼孩子的脑力，而且能培养注意力，因此可以选择能堆积2~5个的图形积木。红色、黄色、蓝色等不同颜色的积木能提高孩子的色感，而三角形、四边形、圆形的积木，能让孩子熟悉各种图形。

简单的画册 在这个时期，孩子能认识东西的名字，

因此可以帮孩子准备简单的画册。此时，应该选择颜色鲜明、图案清晰而且不容易撕破的画册。

适合孩子的汽车、脚踏车玩具　等孩子学会走路以后，就可以准备孩子能骑在上面而且带有轮子的汽车玩具。如果汽车玩具带有喇叭，就更容易引起孩子的兴趣。为了便于推动，应该根据孩子的身高，适当地调节手把的高度。

木琴、小钢琴、小号　在这个时期，应该帮孩子准备每次敲打都能发出不同声音的木琴、小钢琴或吉他。有时，还可以根据简单的节拍唱歌给孩子听；但是不能给孩子强加学习任务，应该让孩子尽情地发挥想象力。此时，应该选择声音清脆、动听的乐器。对孩子来说，用嘴吹小号发出声音的是一个新的挑战，所以可以选择容易吹出声音的小号。

迷你车　在这个时期，可以选择不同形状的汽车模型。帮孩子购买轿车、货车、公共汽车、警车、消防车等各种汽车模型，然后让孩子学习开关车门，了解汽车的构造。另外，在轨道上行驶的火车也是吸引孩子的好玩具。

18～36个月

在这个时期，应该选择能培养眼睛和双手的协调能力和注意力的玩具。由于孩子的手部肌肉比较发达，可以完成抛、堆、翻、倒等具体的动作，因此必须选择能均匀使用大肌肉和小肌肉的玩具。在这个时期，孩子喜欢模仿周围人的言行，因此可以根据具体情况，适当地选择能诱导孩子说话或活动的玩具，就能提高孩子的语言能力和社会适应能力。

适合的玩具

拼图游戏　刚开始，孩子只能玩由1～2个模组所组成的拼图游戏，但随着年龄的增长，可以逐渐增加模组的数量。通过玩拼图游戏，可以提高孩子的注意力和耐心，而且能培养眼睛和双手的协调能力。

简单的组合式积木套件　通过堆砌或拼接的方式，可以组装出自己喜欢的模型。这种玩具能丰富孩子的想象力，而且能培养眼睛和双手的协调能力，以及手部肌肉的运动能力和组装能力。另外，利用组装出的模型，还可以玩想象游戏。

沙子游戏　把手脚埋在沙子里，感觉沙子的触感。另外，还可以玩用杯子搬运沙子的游戏。通过沙子游戏，可以掌握沙子的特性，而且能促进手部肌肉的发育，能培养想象力。

洋娃娃和扮家家酒游戏套件　孩子经常跟小朋友一起玩扮家家酒的游戏，就能提高表达能力和想象力，而且能培养社会适应能力。玩扮家家酒游戏时，还可以帮孩子准备饼干等零食，以及妈妈的围裙和爸爸的西装。

拼图模组　能提高眼睛和双手的协调能力、辨别形状和大小的能力，以及探索能力。应该选择色泽鲜艳、容易区分颜色、局部和整体协调、做工精细的拼图模组。刚开始，可以准备简单的拼图模组，但随着年龄的增长，应该适当地提高难度。

可穿线或连线的玩具　在这个时期，可以让孩子玩穿珠子游戏、穿钮扣游戏、穿针游戏、连接彩带的游戏。这些游戏能提高眼睛和双手的协调能力，而且能培养逻辑思维能力。

刺激脑细胞的好帮手

培养创造力的玩具

21世纪的主人翁必须是具有创造力的人，而玩具能给孩子的想象力增添一双翅膀。下面将介绍选择玩具的要领和游戏方法。

创 造 力 音乐和美术玩具

孩子在幼儿期，大脑的发育比较迅速，能体验丰富的感觉，所以要抓住这个时机培养孩子的创造力。为了给刚出生的孩子丰富的刺激，首先要通过训练五感来促进智力发育，这就是开发创造力的基础。为了打好这种基础，应该选择音乐玩具或美术玩具。

刚出生的孩子虽然不会操作乐器，但能感受音乐，而且对铃铛所发出的声音，能做出强烈的反应。另外，动听的声音能稳定孩子的情绪。

和已经制作好的玩具相比，孩子能够独自拼装的半成品更有利于创造力的培养，因此必须让孩子玩可以依照自己的想法随意改变的美术玩具和音乐玩具，自由地培养孩子的思维和情感。

追加讯息

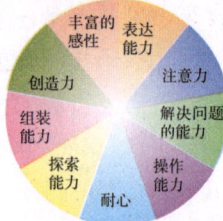

一味地诱导孩子产生荒唐的想法并不是培养创造力的正确方法。通过玩具培养创造力之前，孩子必须具备一定的想象力、组装能力、探索能力、解决问题的能力、操作能力、耐心、注意力、表达能力，因此玩具的选择和妈妈的指导具有举足轻重的作用。

丰富的感性　表达能力　注意力　创造力　组装能力　探索能力　耐心　操作能力　解决问题的能力

选择适合创造力开发的音乐和美术玩具的方法

年龄	游戏能力	创造力开发的程度	挑选玩具的方法
6~12个月	●开始聆听柔和的节奏和动听的音乐。 ●无意识地紧握住放在手上的玩具。	●喜欢看新照片，而且开始喜欢某种颜色。 ●对周围的气氛比较敏感，而且开始喜欢某种东西。	●能反复地发出柔和声音的乐器（小铃铛、钟、带发条的音乐盒）。 ●具有丰富触感的布料玩具。
1~2周岁	●手部活动比较灵活，因此可以碰撞或扔玩具。 ●可以好好握住蜡笔，而且能随意涂鸦。	●开始用"妈、爸、答"等词汇表达自己的感情或想法。 ●对新事物非常感兴趣，而且通过触感记忆的能力也比较发达。	●通过简单的操作容易发出音乐的玩具（鼓、木琴等打击乐器）。 ●色彩鲜艳的蜡笔等容易握在手里的美术玩具。
2~3周岁	●能用玩具碰撞出大的声音，而且能拼装各种玩具。 ●喜欢在白纸上画画。	●用简单的句子能表达自己的心情，而且能做出具有创造力的动作。 ●非常喜欢可以活动的事物，而且能自由地操作复杂的玩具。	●需要大量手部动作的美术玩具（大号毛笔、容易使用的剪刀、彩色黏土）。 ●按下按钮就能发出声音的键盘乐器、儿歌CD或音乐教材录像带。

适合不同阶段孩子的音乐和美术玩具

3个月以上 　　音乐玩具熊

只要拉动身上的系带，就能发出动听的音乐，而且手风琴形状的玩具也能够随音乐自由伸缩。

游戏法 比较适合手部肌肉不发达的孩子，而且能同时刺激视觉和听力。喜欢新事物的孩子还能通过玩具的动作和美妙的音乐，不断地提高探索能力和想象力。

12个月以上 　　制作浴室的玩具

只要沾上水，就能随意在毛巾上面粘贴图画。孩子根据自己的想象完成图案的过程中，可以能培养想象力、表达能力和手部操作能力。

游戏法 帮孩子洗澡时，可以让孩子玩粘贴图案的游戏。在游戏的过程中，还可以通过对话培养孩子的想象力。"谁住在红房子里呢？""太阳在对谁微笑呢？"此时，妈妈应该无条件地接受荒唐的回答。

2~3周岁 　　立体黏土游戏

用带有香草、草莓、西瓜味的无毒人造黏土，或是用面团与食用色素制成的黏土，可以培养创造力、组装能力和丰富的情感。

游戏法 根据不同的主题，可以让孩子尽情地揉捏，用剪刀剪或者用黏土印花。

2~3周岁 　　原木木琴

对声音有兴趣的孩子喜欢敲打玩具。木琴的声音不仅能稳定孩子的情绪，而且能提高操作能力，促进神经的发育。

游戏法 让孩子尽情地敲打木琴，并发出不同的声音。另外，妈妈可以根据"纸飞机"的节奏唱歌给孩子听，借此提高孩子的乐感。木琴还能稳定情绪，培养孩子的表达能力。

3周岁以上 　　用磁铁造房子的游戏

利用各种颜色和不同形状的磁铁板，拼装孩子们喜欢的各种图案。通过这种游戏，能提高孩子的创造力和组装能力。

游戏法 鲜明的色彩能提高孩子的色感。首先，孩子可以自由发挥，尽情地表达自己的想法，然后要对自己的作品发表意见。

《实用小百科》

1.不会捏泥人的孩子是不是缺乏创造力？

志恩是一个比较害羞的孩子。平时，她经常和妈妈一起玩捏泥人的游戏，但却连简单的形状都捏不出来，只会做简单的动作。志恩是不是缺乏创造力呢？

朴志恩（出生17个月）妈妈 南庆花 女士

专家诊断 在这个时期，志恩的大肌肉比小肌肉更发达，因此还不能做出简单的形状或具体的形态。对志恩来说，比较适合玩揉面团、拉面团、拍打面团、压平面团等游戏。在具有丰富经验的基础上才能提高创造力，因此首先要让孩子多看、多触摸，这才是正确的方法。

2.有没有办法能让孩子喜欢玩积木游戏呢？

正民有很多积木组合和拼图模组，但他只喜欢洋娃娃，对积木等游戏一点兴趣都没有。其实，我们希望正民能喜欢玩可以培养注意力的积木游戏。在这种情况下，我们该怎样指导孩子呢？

金正民（出生12个月）妈妈 柳珠喜 女士

专家诊断 在这个时期，孩子们玩一种游戏的时间很短，而且游戏的形态也非常单纯，因此应该给孩子先听积木撞击的声音，然后引导孩子搬运积木或简单地堆积木。家长对待像正民这样只关心洋娃娃的孩子，应该引导他们去玩积木游戏和洋娃娃游戏。

3.为什么有些孩子只喜欢玩一种玩具呢？

成曼最喜欢的玩具就是积木和汽车。他可以独自发挥想象力，能堆出复杂的积木模型，但却根本不关心其他玩具。在这种情况下，我们该怎么做呢？

崔成曼（出生30个月）妈妈 文成爱 女士

专家诊断 跟成曼一样，熟悉积木游戏的孩子喜欢享受由自己所创造的世界。在这种情况下，应该通过能扩展思维的对话，鼓励孩子自然地接触其他玩具。另外，还可以适当地减少积木的数量，让孩子完成高难度的游戏，借此提高孩子解决问题的能力和创造力。

创造力 积木和玩具

大部分妈妈和幼儿教育专家的首选玩具就是积木。一般情况下，玩具的游戏方法比较单一，但积木的游戏方法非常丰富，因此能充分地发挥出孩子的想象力。

即使是同一个主题（例如：堆房子），但堆砌的方法和排列顺序不同，也能堆出不同的形状，因此能吸引孩子的好奇心，而且能提高创造力。首先，组装积木的过程能提高想象力，而堆砌积木的过程，能提高眼睛和双手的协调能力及操作能力。

对创造力开发所引起的作用

能巩固初级创造力即表达能力和组装能力

在组装积木时，孩子们能在接触周围东西的过程中获取经验和知识。

一般情况下，孩子们喜欢组装自己看到过或观察过的东西，因此应该培养孩子对周围东西的观察能力，以及表达观察结果的能力。通过这个过程，能培养观察力、组装能力和表达能力，而这些能力是提高创造力的基础。

能培养解决问题的能力和思考能力

在堆砌积木的过程中，孩子会遇到各种问题。例如：在小型积木上面堆大型积木时，很容易倒塌；在只有两个凹陷部位的积木上，无法拼装有3个突出部位的积木。为了解决所遇到的问题，孩子会反复地尝试、反复地思考。通过这个过程，能够提高解决问题的能力。利用独创的方法解决问题的能力，将成为提高创造力的基础，同时也能培养孩子的思考能力。

培养身体操作能力

在大部分积木游戏中，需要用手指拿积木或让积木站立，因此很多人认为玩积木能够锻炼小肌肉，但积木游戏也能促进大肌肉的发育。尤其是对无法玩转积木的3周岁以下的孩子来说，积木游戏能促进大肌肉的运动。

为了举起积木、抛积木或拼装积木，孩子就要不断地爬行或伸直手臂，因此有助于大肌肉的发育。另外，通过夹积木或立积木等细微的动作，可以逐渐提高小肌肉的调节能力，而且能培养眼睛和双手的协调能力，有助于视觉发育。

选择适合创造力开发程度的积木方法

年龄	游戏能力	创造力开发的程度	挑选玩具的方法
4~6个月	●通过活动手部，能完成握、抓等训练小肌肉的运动。 ●能够用积木堆出简单的形状。	●对新事物具有强烈的好奇心。 ●对触觉比较敏感，而且喜欢体验不同的触感。	●应该选择色彩鲜艳、边缘平整，而且摇晃时能发出声音的积木。另外，还可以选择由无毒布料或橡胶材料制作的触感柔和较轻的积木。
6~12个月	●可以独自坐稳，而且开始学会爬行。 ●喜欢堆砌玩具，或者推倒堆好的积木。	●在力所能及的范围内，能模仿简单的动作。 ●开始关心可以活动的玩具，而且不断地练习操作能力。	●应该选择容易堆砌的大型积木，或者画有熟悉的实物和动物图案的积木。
1~2周岁	●喜欢一边走、一边推拉玩具。 ●可以穿大珠子，而且能够抓住珠子一端的细绳任意旋转。	●虽然还不能灵活地操作玩具，但已经具备了一定的探索能力，而且比较关心较小的事物。 ●喜欢独自玩耍，而且喜欢用玩具做实验。	●应该选择由布料、木材、塑料等材料制成的轻便且安全的积木。并选择较小的积木，宝宝出生18个月之前，可以准备20个积木，出生19~24个月时，可以准备30~40个。
2~3周岁	●手部和手指的协调能力比较发达。 ●能够灵活地组装小玩具，而且喜欢制作不同的作品。	●喜欢玩想象游戏和角色扮演游戏，而且喜欢跟小朋友接触。 ●表现出强烈的独立性，并且对自己的成就感到自豪。 ●可以完成初级的创作活动（画画、制作玩具），但和结果相比，更注重过程。	●应该选择由50~60个模组所组成的积木组合。还可以选择需要穿线、拴螺丝（塑料螺栓和螺丝母）等操作复杂的积木。

不同阶段的游戏方法

4~12个月 在这个时期，孩子还不能玩高难度的拼装游戏，因此必须利用不同颜色的积木，以及能发出声音的积木和画有各种图案的积木，不断地刺激孩子的视觉和触觉。玩游戏时，可以有节奏地敲打积木，也可以扔积木，还可以推倒妈妈堆砌好的积木。在这个时期，获得的经验越丰富，大脑的活动就越频繁，有助于创造力的开发。另外，在堆砌积木的过程中，能培养组装能力、表达能力、探索能力和观察力。由此可见，在身体、认知能力的发育中，积木是不可或缺的玩具，而且可以提高创造力和思维能力。

1～2周岁 在这个时期，适合玩向上堆砌积木或向两侧堆砌积木的游戏，以及连接4～5个大型积木的游戏。即使孩子完成了很简单的模型，也应该积极地鼓励，让孩子得到成就感。

2～3周岁 在这个时期，只会重复简单游戏的孩子也能依照自己的想法制作出简单的模型。此时，应该利用小型货车玩具或洋娃娃等辅助玩具，提高孩子的创造力。

3～4周岁 孩子完成一个模型后，还应该以"这是做什么用的啊？能给它取名吗？"等方式，给孩子提供发表自己想法的机会。即使孩子组装出的模型很古怪，也应该认可孩子的想象力。

不同阶段的积木玩具

6～12个月 **文字&图案积木**
用柔软的布料制成的积木模组。该类型的模组的体积比较大，而且采用了安全材料，因此比较适合出生6～12个月的孩子。积木的每一面都印有各种图案和文字，因此有助于认知能力的发育。

游戏法 让孩子推倒由妈妈堆砌的积木，或者推着积木模组玩。通过简单的动作，还能刺激宝宝的感觉，累积丰富的游戏经验，有利于创造力的发育。

12个月以上 **创作性积木**
模组的形状和颜色都很丰富的积木。鲜艳的颜色有助于视觉的发育，而且能刺激想象力和创造力思维。

游戏法 鼓励孩子依照自己的想法组装出不同的模型，借此提高思考能力。另外，每天只给孩子一种颜色的积木或形状相同的积木，使孩子用少量的积木充分地发挥自己的想象力。

12个月以上 **大型积木**
该类型的积木包含汽车、滑梯、旋转木马等特殊功能的积木模组，因此需要更加细致的手部操作能力。

游戏法 可以依照图板拼装出相同的模型，也可以依照孩子的想象力组装出具有独创性的模型。拼装完积木后，可以通过角色扮演游戏，提高孩子的想象力和表达能力。

12个月以上 **杯状积木**
杯状积木的侧面写有数字，因此在堆砌积木的同时，还能自然地学会数字。一般情况下，必须依照一定的顺序重叠摆放杯状积木，这样还能培养孩子整理玩具的习惯。

游戏法 依照数字的顺序正确地堆砌杯状积木，然后用皮球撞倒积木。通过简单的堆砌游戏，就能让宝宝获得成就感。另外，还可以采用在规定时间内堆砌积木的游戏方法，或者按不同的颜色分类的游戏方法。

3周岁以上 **组装式积木**
利用"H"字形和"口"字形积木模组，可以组装出各种复杂而精巧的模型。该类型的积木形状独特，而且能利用各种附件，因此有较高的难度。

游戏法 首先设定"动物园的风景"、"宇宙停车场"等孩子们喜欢的主题，然后再画出想象中的模型图案，并且跟孩子一起讨论，最后用组装式积木完成草图上的模型。这个游戏除了提升孩子的想象力外，还能培养组装能力、解决问题的能力和表达能力。

3周岁以上 **4D万能积木**
通过不同形状的缺口拼接出造型复杂的积木。由于缺口比较小，而且积木的形状比较复杂，因此只适合手部操作能力比较熟练3周岁以上的孩子。利用形状不规则的积木，可以拼装出更有创意的模型。

游戏法 利用规定数量的积木模组，完成符合主题的模型。通过独创性思维，能培养解决问题的能力。

创 造 力 拼图和角色扮演玩具

为了培养孩子的创造力，妈妈应该让孩子具备"锲而不舍地解决问题的执著和耐心"。遇到困难时，有些孩子很容易放弃有些孩子喜欢向妈妈求助，而有些孩子则始终靠自己的能力独自解决问题。可想而知，只有具备锲而不舍精神的孩子才能在复杂的境况下，成功地解决问题。

在培养创造力的过程中，耐心和解决问题的能力具有关键的作用。在日常生活中，可以通过拼图玩具培养耐心和解决问题的能力。另外，1～2周

岁的孩子喜欢玩角色扮演游戏，开始对着玩具电话机说话，或者给玩具娃娃喂食物。在这个时期，能拓展想象空间的玩具娃娃、交通工具模型、餐具模型等玩具也有助于创造力的培养。通过角色扮演游戏，孩子们能模仿平时看到、听到的情景，而且能够表达自己的见解。

不同阶段的游戏方法

6～12个月 只要孩子能坐稳，能用双手操作玩具，就能拼出2～3个拼图模组。在这个时期，应该让孩子玩能满足好奇心的拼图模组。

为了提高眼睛和双手的协调能力，理解拼装的概念，应该牵着孩子还未成熟的小手，陪孩子完成简单的拼图模型。"装进了三角形，扑通！四边形也掉进去了！"

1～2周岁 在这个时期，孩子们喜欢玩拼图、寻宝等游戏，因此可以鼓励孩子独自完成拼图模型，并且不断地夸奖。另外，还可以按形状和颜色的分类玩拼图游戏，或者用拼图模组拼出想象中的模型，让孩子获得更多的游戏经验。不仅如此，还可以通过洋娃娃、镜子、玩具电话机等玩具，做各种角色扮演游戏。

选择适合创造力开发程度的拼图和角色扮演玩具的方法

年龄	游戏能力	创造力开发的程度	挑选玩具的方法
6～12个月	●能拼出体积较大、形状简单的拼图模组。 ●开始关心玩具的操作方法，而且能模仿别人的行为。	●喜欢做简单的动作（开闭、拼装、推拉）。 ●能集中注意力，而且比较关心新事物。	●由2～3个大型模组所组成的拼图。应该选择边缘平整，而且吸吮或清洗时不会产生有害物质（木材或塑料）的拼图，以及颜色鲜艳的拼图。
1～2周岁	●能够按不同的形状分类，而且能完美地拼出各种形状。 ●能灵活地活动拇指和食指，因此能自由地操作体积较小的玩具。	●积极探索新事物，而且对自己的能力更加自信。 ●喜欢认识别人，模仿欲望和独立精神更强。	●应该选择模组上面有小把手的拼图和形状简单的拼图。 ●由3～5个模组所组成的拼图。另外，还可以选择能玩形状分类游戏、重叠游戏、颜色分类游戏的拼图。
2～3周岁	●小肌肉比较发达，因此可以较为灵活地操作体积较小的模组。 ●能依照不同的样式、大小顺序拼装的游戏。	●喜欢向别人表达自己的想法，喜欢玩想象游戏。 ●对质感、大小、形状、颜色等东西的特性比较感兴趣。	●通过小把手的旋转或小锤的敲打等简单的操作能玩不同种类游戏的拼图。 ●可以重叠拼装小模组的拼图，以及形状丰富的拼图。
3～4周岁	●能够熟练使用剪刀，而且能扣钮扣或拉拉链。 ●在玩游戏之前，能制定具体的计划。	●喜欢独创性的表达方式，而且能感受到成就感。 ●喜欢跟小朋友一起玩角色扮演游戏。 ●形成竞争意识和创造力。	●可以玩形状不规则的拼图或涉及时间、数字、文字的拼图。

2~3周岁 在这个时期，孩子还不能制定游戏计划，只有解决问题的能力。由于孩子缺乏长时间集中精力做一件事的能力，所以在这个时期，必须让孩子接受提高注意力的训练。例如：可以做简单的拼图游戏、多米诺骨牌游戏、寻找相同形状拼图模组的游戏。另外，通过洋娃娃游戏或扮家家酒等角色扮演游戏，可以激发孩子的想象力。

3~4周岁 在这个时期，可以和同龄小朋友一起玩拼图游戏。例如：在规定时间内比赛拼图速度的游戏，用规定的拼图模组完成一个模型的游戏，或仿造已完成的拼图制作模型的游戏。通过这些游戏，可以提高孩子集中力、探索力和思维能力，以及解决问题的能力和耐心。

不同阶段的拼图&角色玩具

12个月以上 根据形状拼装的游戏

这是把各种形状的模组塞进相应凹槽内的游戏。能提高眼睛和双手的协调能力，有助于认知能力、注意力和思考能力的发育。

游戏法 用鸭子、人物、树、汽车、房子等不同形状的模组做角色扮演游戏。在呱呱呱地模仿鸭子的叫声，噗噗噗地模仿汽车声音的过程中，能提高孩子的思维能力。

2~3周岁 软绵绵的面包拼图车

这是把各种软绵绵的拼图模组拼装在面包车模型上的游戏。面包车模型带有轮子和把手，因此便于推拉。

游戏法 一喊"开始"，就快速地拼装拼图模组，然后把面包车模型推到指定的位置。通过这种游戏，可以集中注意力。在游戏过程中，还可以通过"面包车为什么要吃拼图模组呢？"等问题，引导孩子发挥想象力。

2~3周岁 3种情境游戏

利用生日派对、街道风景、动物园游戏，可以培养丰富的感情。在游戏中，可以让孩子任意粘贴或改变拼图板上的图形。

游戏法 让孩子一边粘贴图案，一边说故事。另外，还可以玩模仿动物叫声的游戏或洋娃娃游戏。

2~3周岁 风景拼图

首先，让孩子单独完成拼图板内的4种图案，然后连接所有的图案，最后形成村庄的风景图。这样既能刺激孩子的视觉，又有助于大脑的发育。同时，可以提高眼睛和双手的协调能力和创造力。

游戏法 引导孩子独自完成拼图，然后让孩子描述拼图模组中的风景。在介绍各种风景的过程中，能提高孩子的表达能力和想象力。

3周岁以上 交通法规游戏

利用木制玩具可以做关于交通法规的角色扮演游戏。通过这种游戏，孩子容易理解比较复杂的交通法规或公共秩序，自然地提高了适应社会的能力。

游戏法 孩子可以牵着洋娃娃的手，扮演过马路的人，妈妈则可以担任指挥汽车和行人的交警。游戏过程中，在示意停车的同时，可以对孩子说："绿灯已经亮了，可以过马路了！"

3周岁以上 我们的家

摆脱单纯的扮家家酒游戏，让孩子也参与盖房子的角色扮演游戏。玩具由常见的东西（电视机、床、椅子等）组成，能引起孩子的兴趣。

游戏法 用积木制作孩子喜欢的房子，然后跟孩子一起商量摆放家具的位置。在有条理地表达自己想法的过程中，可以提高创造力和逻辑思考能力。

适合不同发育程度的宝宝
智力开发游戏

有助于身体发育，而且能刺激脑细胞的游戏，也应该遵守一定的顺序和时机。下面介绍依照身体、情绪、认知发育顺序编制的43种智力开发游戏。

0~12个月 刺激五感的身体接触游戏

🌱 搔痒

效果

通过身体接触能提高社会适应能力，而且能培养幽默感。

PLAY

❶把孩子放在较柔软的地板上。

❷用手搔肚子的同时，对孩子说："这里是肚子哦！"或者轻轻地亲小脸蛋，并对孩子说："脸在哪里呢？"用同样的方法轻柔地刺激孩子的身体。

🌱 仰卧起坐

效果

能提高颈部肌肉和肩部肌肉力量的强化活动。

PLAY

❶把孩子平放在地板上，然后拉住双臂轻轻起身。

❷当孩子坐稳时，应该看着孩子的双眼，表示鼓励。另外，要微笑着拍拍孩子的后背，不断地给予夸奖。

❸当孩子能平衡头部时，才能做仰卧起坐游戏。

🌱 跳舞！跳舞！

效果

这属于锻炼全身肌肉的运动。通过该运动，为孩子学习站立或走路做好准备。

PLAY

❶把孩子平放在比较柔软的地板上，然后轻轻地抬起孩子的手臂和双腿。

❷用同样的方法，重复抬起或放下手臂和双腿。

🌱 乘电梯游戏

效果

在睡觉前，充分表达对孩子的爱，母子之间就能形成信赖感。

PLAY

❶把孩子抬到自己的头部上方，然后慢慢地放到脸部的高度。

❷当脸对脸时，应该微笑着对孩子说："我爱你。"

❸重复几次后，应该告诉孩子已经到了睡觉的时间。

🌱 一、二！一、二游戏

效果

为了让孩子学会走路，需要进行大量的训练。该游戏既能提高手臂和腿部的协调能力，又能提高大肌肉的力量。

PLAY

❶在站立的状态下，抓住孩子的双手。此时，应该抬起一只脚，使孩子单腿站立。

❷交替地用左、右脚站立。如果能用单腿站立，就可以进行向前迈步的训练。走路训练可以协调身体的重心，而且能活动全身。

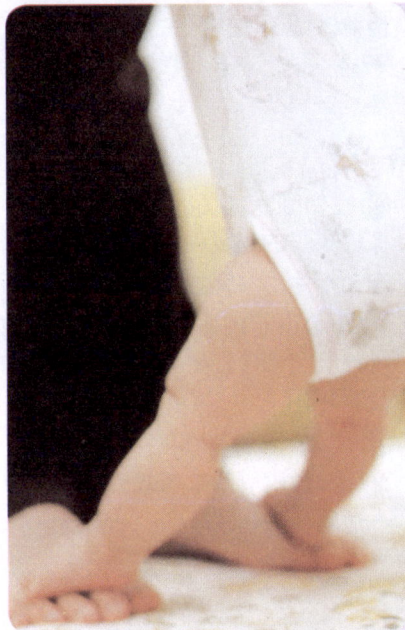

🌱 随着呼吸上下活动的游戏

效果

让孩子跟妈妈亲密接触能增进母子之间的感情。

PLAY

❶妈妈仰卧在被子上，然后把孩子放在妈妈的腹部上。

❷在平稳呼吸的同时，轻轻地抚摸孩子的身体。

❸轻轻地对孩子说："我爱你。"另外，还可以轻轻地唱歌给孩子听。

❹孩子会感受到坐在妈妈腹部上的舒适感，亦能稳定孩子的情绪。

🌱 10个小脚趾

效果

频繁的身体接触能让孩子形成开朗的性格，而且能提高自信心，促进大脑活动。

PLAY

❶给孩子唱由"10个小印第安人"所改编的"10个小脚趾"之歌，然后温柔地抚摸孩子的手指和脚趾。

❷一般情况下，孩子在2周岁以后才能形成数字的概念，让孩子在日常生活中经常接触数字游戏，就能加强对数字的认识。

🌱 高高地坐飞机

效果

能强化孩子的颈部和背部肌肉，而且能培养平衡感。

PLAY

❶妈妈躺在较柔软的地板上，然后在仰卧状态下，用膝盖撑住孩子，并抓住孩子的双手。

❷如果抬起膝盖，孩子就会有坐飞机的感觉。如果轻轻地上下摇晃身体，孩子就会更加开心。

🌱 伸展伸展！苗条苗条！

效果

能锻炼腿部力量，有助于孩子学走路。另外，还能刺激成长板，有助于孩子的成长发育。

PLAY

❶把孩子平放在地板上。

❷让孩子的双腿并拢，然后轻轻地用双手按孩子的双腿。

❸从大腿开始，向下连续地按摩直至脚踝部位。

❹按压双腿时，应该根据孩子的情绪适当地调节力道。上下摇晃身体，孩子就会更加开心。

12~24个月 身体知觉发育游戏

🌱 这是我的身体吗

效果

在这个时期，孩子可以自由地活动身体，通过活动身体还能培养自信心。

PLAY

❶通过画册、杂志和书籍说明身体的各个部位。

❷通过镜子，让孩子观察身体的活动过程或形态变化。

❸比较妈妈的身体活动和孩子的身体活动。

🌱 用身体能做什么呢

效果

了解身体的过程是智力和创造力发育的原动力。

PLAY

❶我是用（　）看/我是用（　）听/我是用（　）闻。

❷我是用（　）品尝/我在眨（　）/我是用（　）说话。

❸用我的（　）在鼓掌/我在挥舞我的（　）/用我的（　）抛东西。

❹用我的（　）踢球/弯下我的（　）。

🌱 该怎样活动身体呢

效果

通过该游戏能让孩子观察身体的变化过程。

PLAY

❶活动身体各部位，并做出连贯的动作。把鼻子贴到肩膀上/把耳朵贴到膝盖上/把额头贴到膝盖上/把脚趾贴到耳朵上。

❷做出身体各部位的独特动作。晃动臀部/蜷缩肩部/挺起胸部/低下下巴/用嘴唇发出"砰"的声音/用手掌发出"啪"的声音。

🌷 镜子真神奇啊！

效果

通过照镜子的方法培养自我概念和身体认知能力。

PLAY

❶跟孩子一起边照镜子、边指出身体的各个部位。"我们陶贤的眼睛在哪里呢？""原来在这里哦！"

❷介绍完身体部位后，要引导孩子独自说一遍。

❸应该让孩子用小镜子照自己或周围的事物。

🌷 我要骑脚踏车

效果

能刺激腿部肌肉和关节，有助于孩子的成长，而且能提高身体的柔韧性。

PLAY

❶在仰卧状态下，用双手轻轻地抓住孩子的双腿，然后就像骑脚踏车一样活动双腿。

❷看着孩子的眼睛，轻轻地对孩子说："刘珍，要不要骑脚踏车去玩啊？"

❸"叮铃铃！叮铃铃！快让开！"做骑脚踏车游戏时，还可以一边唱"脚踏车"歌！一边玩。

🌼 降落伞游戏

效果

该游戏需要由几个小朋友一起玩，因此能让孩子学会互相帮助、互相关心。

PLAY

❶用床单或被单玩降落伞游戏。

❷由4～5名家人或小朋友分别抓住床单的四角，然后随着音乐节奏，快速或缓慢抬起放下床单。

❸孩子们很喜欢床单发出的啪啪声。玩游戏时，应该根据音乐的旋律来确定每个人拉床单的顺序。

追加讯息

在孩子12～24个月时，应该多活动身体

在这个时期，孩子的活动意识比较强烈，对身体的好奇心是促进发育的原动力。此时，如果活动意识停滞不前，孩子就不能认识自己，同时也无法接触他人。简单地说，孩子不会区分外界和自我，容易把一切东西都当成是自己的。这种想法会影响孩子了解外界的兴趣，以及独立的探索欲望，因此必须让孩子经常玩活动身体的知觉游戏。

🌼 钻椅子的游戏

效果

能提高孩子的空间感和智力，还能提高身体的柔韧性。

PLAY

❶首先准备一把椅子，然后引导孩子钻椅子。

❷如果孩子能熟练地钻1把椅子，就可以一口气钻3个高度相同的椅子，此时可以让孩子穿过椅子隧道。

❸让孩子穿过由不同高度的椅子所组成的椅子隧道。

🌼 过障碍物比赛

效果

孩子在凹凸不平的地面上爬行、步行、蹦跳的过程中，能够培养平衡感。

PLAY

❶用家里的抱枕、座垫和枕头制作障碍物。

❷在布满障碍物的路途终点，摆放孩子喜欢的玩具或零食，引导孩子越过障碍物。

❸孩子还可以跟爸爸、妈妈一起玩游戏。

🌼 在床上蹦蹦跳跳

效果

通过爬能提高腿部力量，锻炼平衡感和节奏感。

PLAY

❶把孩子放在爸爸的膝盖、抱枕或床上面，然后扶住孩子的腋窝。

❷随着一定的节奏抬起并放下孩子，然后让孩子利用床或抱枕的弹力再次蹦跳上去。

❸用同样的方法，一边唱歌、一边蹦跳。

🌼 倒立游戏

效果

倒立游戏不仅能促进大脑发育，还能让肌肉变得有力，有助于身体的发育。

PLAY

❶把孩子平放在地板上，然后抓住孩子的脚踝慢慢地抬起双腿。

❷朝着左、右方向慢慢地晃动抓住脚踝的双手。

❸在倒立的状态下，让孩子抚摸房间里的生活用品。

🌼 从两把椅子之间走出去的游戏

效果

能让孩子控制身体平衡，而且能增强空间感。

PLAY

❶首先，准备两把高度相同的椅子，然后引导孩子从两把椅子之间走出。

❷刚开始，两把椅子之间应保持较大的距离，但要逐渐缩短椅子之间的距离。

❸当两把椅子之间的距离较大时，孩子就能轻松地通过；但当距离缩短时，孩子可以学会侧行。

24~36个月　提高语言能力的游戏

🌷 制作涂鸦板的游戏

效果

通过该游戏，可以让孩子对文字产生兴趣。

PLAY

❶ 在适合孩子身高的墙壁上贴一张白色画图纸。

❷ 在孩子摸得到的地方绑上画笔等工具。

❸ 让孩子任意涂鸦，写出家人的名字或周围实物的名称。

❹ 等到孩子熟悉了文字，可以让他们每天写出5个词汇。

🌷 伴随音乐跳舞

效果

让孩子熟悉音乐的节奏感，同时用肢体语言来培养语感。

PLAY

❶ 准备节奏较快或较慢的音乐。

❷ 播放快节奏的音乐时，应该做蹦跳、快速踏步等动作。

❸ 播放慢节奏音乐时，应该做缓慢的活动，例如：缓慢地踏步。

❹ 除了腿部活动外，还应该分别活动头部、肩部、手臂、臀部、手部和脚部等部位。

❺ 用身体表达溪水或弯弯曲曲的山路所带来的感觉。

🌷 你和我的球

效果

能同时培养身体调节能力和协作能力。

PLAY

❶ 用茶盘或桌布装球，然后妈妈和孩子分别抓住茶盘或桌布的两角。

❷ 妈妈和孩子拖着球同时向终点走去。

❸ 如果球掉下来，就应该回到起点重新开始；如果球没有掉下，就可以绕过终点重新回到起点。

🌷 生活中的声音

效果

锻炼听觉记忆力是增强记忆力的基础。

PLAY

❶ 用录音机录下水声、洗碗声、洗脸声、吸尘器的声音、积木碰撞声、切纸片的声音等日常生活中常听的声音。

❷ 播放录下的声音给孩子听，并让孩子判断发出声音的物体。

❸ 把录音的物件拍成照片，然后制作成卡片，让孩子的听觉和视觉都得到锻炼。

🌷 妈妈，爸爸在干什么呢

效果

该游戏能让孩子理解父母的重要性，而且能培养随着不同的状况而改变语调的语言表达能力。

PLAY

❶ 首先列出洗衣服、洗碗、打扫、系领带、刮胡子、化妆等妈妈和爸爸常做的事情。

❷ 伴随音乐喊："打扫"。此时，父母应该模仿掸灰尘或擦地板的动作。

🌱 整理衣柜的游戏

效果

该游戏能让孩子掌握方位和颜色的概念。刚开始，孩子可能听不太懂，但只要重复训练、重复做示范，孩子就能慢慢学会。

PLAY

❶ 跟孩子一起整理衣服。此时，可以对孩子说："另一只蓝色袜子在哪里呢？用左手拿袜子吧！"

❷ 除了让孩子认识颜色外，还可以教孩子认识上、下、内、外等关于方向和位置的词汇。

🌱 踩尾巴的游戏

效果

这是一种带有竞争性质的游戏，该游戏能让孩子懂得遵守规则的必要性。

PLAY

❶ 在孩子的脚踝系上带子或细线，然后留下一条长10厘米的"尾巴"。此时，剩下的线不能过长。

❷ 系完带子以后，要防止别人踩自己的带子，同时要争取踩到对方的带子。此时，先踩住对方的一方获胜。

❸ 规则是放音乐的时候才能动，只要音乐一停，就必须马上停止。

🌱 有哪些相同点呢

效果

能提高孩子对事物的理解力，增强记忆力，而且能掌握周围实物的名称。

PLAY

❶ 准备衣服、帽子、鞋、妈妈的手提袋、童话书等孩子比较熟悉的物品。

❷ 让孩子仔细观察已准备的物品。例如：一边看童话书、一边说明"书的封皮很硬，而且四角比较锋利。封面上画有小熊图案哦！"。

❸ 藏起部分物品，然后告诉孩子所藏物品的特点，并让孩子找出相关的物品。

🌱 为了抓球慢慢地爬行

效果

能增强手臂和腿部的力量。

PLAY

❶ 用球等能吸引孩子的玩具，诱导孩子移动。

❷ 在这个时期，孩子能自由地走动，偶尔做爬行游戏也能提高身体协调能力。

❸ 等到孩子能熟练地爬行，就应该诱导孩子爬斜坡。

🌱 猜谜游戏

效果

既能提高记忆力，又能培养推理能力和身体协调能力。

PLAY

❶ 遮住孩子的双眼，然后让孩子猜测对方的动作。

❷ 由妈妈做出拍掌、敲炒锅、翻书页等平时常做的动作。

❸ 遮住双眼的孩子要通过声音判断对方的动作。

🌱 购物游戏

效果

通过该游戏，能让孩子知道"世界是很多人共同生活的地方"的道理。

PLAY

❶ 首先，准备可以在超市购买印有水果、蔬菜、饼干等图案的卡片，或者利用家里的实物。

❷ 告诉孩子要购买的物品名称，然后让孩子独自寻找相关的图案卡片或实物。

❸ 跟妈妈一起玩购物游戏。此时，可以让孩子当店员，也可以让孩子扮演消费者。

追加讯息

**2周岁以后能提高
逻辑思考能力**

孩子满2周岁以后，语言能力进步神速。过去，孩子只会用一个词汇表达自己的想法，但在这个时期，孩子能用完整的句子自由地表达自己的想法，因此可以跟小朋友一起玩，而且思维和行为也更加成熟。在这个时期所培养的语言能力和社会适应能力，将成为孩子今后接触社会和建立人际关系的基础。另外，通过游戏还能锻炼孩子的逻辑思维能力和科学探索能力。在这个时期，应该多做提高语言能力的游戏。

24～36个月 **提高数理能力的游戏**

🌱 沿着路标蹦跳

效果

孩子在沿着路标蹦跳的过程中，能够感受空间的变化。

PLAY

❶在地板上整齐地摆放不同形状的路标。

❷沿着圆形、四边形、三角形等不同形状的路标踏步。此时，不仅要向前踏步，还要引导孩子向后踏步。

❸更换更大的或更小的路标，然后用同样的方法踏步。

🌱 哪个更大

效果

盛沙子、豆子、米、水的游戏，能让孩子掌握数量和体积的变化。

PLAY

❶准备不同大小的容器和沙子、豆子、米和水。

❷跟孩子一起，在容器内盛装上述的材料。

❸"把小杯里的水倒入大杯会怎么样呢？""用这个汤匙能装多少米呢？"在游戏过程中，可以提出不同的问题，让孩子了解不同的实物和不同容器之间的关系。

🌱 有趣的进球游戏

效果

抛不同形状的积木，能培养空间感和方向感。

PLAY

❶用厚纸制作圆形、三角形和四边形，并铺在地板上。

❷准备沙包、小石头、积木等物品。

❸依照妈妈的指令，向圆形、三角形或四边形厚纸抛准备好的物品。

❹等到孩子可以熟练地向前抛物体，就可以练习背对目标抛积木。

🌱 谁更长呢

效果

这是全家人都能一起玩的游戏，能让孩子理解比较的概念。

PLAY

❶爸爸、妈妈和孩子并排坐在一起，在白纸上描出自己的手和脚。

❷爸爸的脚最长，其次是妈妈的脚长，而孩子的脚最短。通过该游戏，孩子就能掌握长、短、最长、最短、稍微长一点、稍微短一点等关于长度的概念。

🌱 学习数字

效果

在认知能力的发育方面，看画册是最重要的游戏方法。通过该游戏能够掌握数量的概念。

PLAY

❶边看画册、边数画册中所出现的人物有多少个。

❷在日常生活中，应该经常问孩子："我们家的台阶一共有多少阶呢？""那边的小狗有几条腿？"

提高科学探索能力的游戏

🌱 钓冰游戏

（效果）

食盐具有溶化冰块的特性，因此如果在冰块上撒食盐，那么冰块很快就会溶化。等冰块重新结冰时，事先放好的细线就会被冻在冰块里。通过该游戏能让孩子学到冰块溶化成水，而水在摄氏0℃下就能结冰等知识。

PLAY

❶在盘子里盛很多冰块，然后把弄湿的细线放在冰块上面。

❷沿着细线撒食盐，然后等30秒，并轻轻地拉起细线。

🌷 飞盘游戏

（效果）

通过飞盘游戏可以让孩子知道随着重量的不同，飞盘的飞行速度也不同的道理。

PLAY

❶首先准备塑料飞盘和普通纸制飞盘。

❷在同一个地方分别掷出塑料飞盘和普通纸制飞盘。

❸注意观察不同的飞盘在飞行过程中速度的变化。

❹注意观察哪一种飞盘会更快地到达终点、哪一种飞盘飞得更远。

🌱 影子的变化游戏

（效果）

通过事物的变化能培养观察能力。

PLAY

❶在室外，让孩子不停地改变站立的位置或活动身体各部位，同时观察影子的变化。

❷向右或向左做举手、侧身、劈腿、弯腰等动作，同时观察影子的变化。

🌱 用水画画的游戏

（效果）

在不同的地方用水画画，然后比较画面在湿润的状态下和干燥的状态下的效果。

PLAY

❶准备大小不同的画笔和大水杯。

❷在大水杯里盛满水，然后用画笔在水泥墙、砖块或树根上画画。

❸材料不同，那么呈现的颜色也不同。有些画面的颜色比较深，而有些画面的颜色则比较浅。不仅如此，孩子还能观察到随着水气的蒸发，画面的颜色逐渐变淡的现象。

🌱 惯性游戏

（效果）

在跑动过程中，如果突然停止，就能感受到朝前的惯性。通过惯性游戏能体验惯性的特性。

PLAY

❶让孩子尽情地跑动。

❷让孩子依照妈妈的指令跑动。例如："用力跑"、"停止"、"慢慢地走"或"沿着圆圈跑"等。

🌱 会跳舞的蛇

（效果）

该游戏能让孩子体验热空气向上升而冷空气向下降的对流现象。

PLAY

❶准备画纸、彩色笔、剪刀、线、针和煤气炉。

❷在画纸上，用彩色笔画出蛇的形状，然后用剪刀剪裁。

❸在蛇的尾部位穿一个小孔，并穿上线。抓住针线把蛇放在火的上方，此时蛇就会自动跳舞。

🌱 魔术颜料

（效果）

牛奶的燃点低于纸，因此如果用火烤蘸有牛奶的纸，那么蘸有牛奶的部分会先烧着。通过这种变化过程，能培养孩子的观察力和探索能力。

PLAY

❶准备小号的毛笔、复写纸、吹风机、牛奶、煤气炉。

❷用毛笔蘸牛奶，然后在复写纸上写字或画画，最后再用吹风机吹干。

❸用小火慢慢地烤复写纸。

培养眼睛和手部的协调能力

剪纸游戏

揉纸团、剪纸、撕纸的过程不仅能刺激五感，而且还有助于稳定情绪。下面介绍用纸玩的游戏。

6~15个月 | 刺激五感

🌱 揉纸团的游戏

效果

揉纸团的游戏能锻炼大肌肉和小肌肉的力量。

PLAY

❶ 准备不同材质的纸，并剪裁成适合孩子的大小。

❷ 让孩子体验纸的触感后，尽情地揉纸团。

❸ 让孩子充分感受揉纸团时所发出的声音、手感和力道。

🌱 软软的纸糊

效果

如果将报纸弄湿，纸就会慢慢发生变化。经由报纸的变化，能培养观察力。

PLAY

❶ 首先准备报纸、洗脸盆和水。

❷ 把报纸撕成碎片，然后放入盛满水的洗脸盆里。

❸ 报纸的碎片很快就能变软。用手触摸变软的报纸碎片，然后全部捞出来，并揉成一团，最后用纸糊制作成各种形状。

❹ 用手按压揉成一团的纸糊，或者用2个以上纸糊块制作各种形状。

🌱 体验纸的触感游戏

效果

让孩子在闭眼的状态下触摸不同的纸，借此提高注意力和集中力。

PLAY

❶ 准备报纸、饼干包装纸、厚纸、硬纸板等不同触感的纸。

❷ 在闭眼的状态下抚摸这些纸。

❸ 有光滑的纸，也有粗糙的纸。让孩子在触摸这些纸后，说出不同纸的触感。

❹ 用手背或脚感受不同纸的触感。给孩子尽情探索纸的质感时间，同时要注意防止割伤。

🌱 制作纸球的游戏

效果

有助于小肌肉的发育，而且能促进眼、手、听觉的协调。

PLAY

❶ 准备报纸或白纸。

❷ 这个游戏比揉纸团游戏更难，因为要用力抛或踢揉好的纸团。

❸ 用布袋裹住揉好的纸团，以免纸团被弄散。

❹ 用纸分别揉出足球、棒球、乒乓球大小的纸团，然后当作球来打。

🌱 聆听声音的游戏

效果

在纸上面撒各种谷物。经由该游戏能锻炼孩子的小肌肉，同时能提高眼、手和听觉的协调能力。

PLAY

❶ 准备不同材质的纸、米或豆子等谷物。

❷ 让孩子充分感受不同材质的纸。

❸ 在不同材质的纸上面撒豆子、米等谷物。经由该游戏能听到沙沙沙、沙啦啦等不同的声音，而且能体验到随着谷物量的变化而带来的声音差异。

提高眼睛和手部的协调能力

🌱 镶嵌图案游戏

效果

让孩子尽情撕扯不同种类的纸，再用碎纸拼图就能获得成就感。

PLAY

❶准备不同种类的废纸、彩色圆珠笔和画纸。

❷把纸撕成碎片。等到孩子已熟练撕纸片的动作，就可以提高难度，让孩子把纸撕成长条、圆形、四边形等图案。

❸画出不同的图案，然后让孩子用撕碎的纸片拼出相对应的图案。除了纸片外，还可以用切碎的麻绳或玉米须来拼图。

🌱 静电游戏

效果

用毛衣或布料摩擦塑料板，就能形成静电，而且能吸附较轻的纸片。

PLAY

❶准备纸、干布或毛衣、塑料板。

❷用毛衣或干布摩擦塑料板，然后将塑料板靠近头发。

❸把切碎的纸片放在塑料板附近。由于静电的作用，碎纸片会吸附在塑料板上面。

❹改变纸片的大小和材质，然后将能吸附的材质和不能吸附的材质分类。

🌱 纸板画

效果

能观察纸的不同形状，感受不同的质感，具有刺激视觉的效果。

PLAY

❶准备表面凹凸不平的纸、描图纸、蜡笔和笔尖较粗的笔。

❷瓦楞纸具有轮廓鲜明的凹痕，因此最好准备这种纸。

❸将描图纸放在凹凸不平的纸上。

❹用蜡笔或笔尖较粗的笔，轻轻地涂步骤3准备好的纸。

🌱 贴图游戏

效果

经由剪裁和粘贴图案的游戏，能提高事物的认知能力，而且能锻炼小肌肉的力量。

PLAY

❶准备图案、杂志、剪刀和胶水。

❷让孩子跟 妈妈一起剪裁由孩子亲手画的图案或杂志上的图案。

❸依照不同的主题，把图案粘贴到墙壁或贴板上。如果以动物园或植物园为主题，将可以获得更好的效果。

❹稍微装饰一下剪裁的图案，并贴上胶带，就能保存很长时间。

🌱 画画游戏

效果

有助于小肌肉的发育，而且能提高审美能力，培养美感。

PLAY

❶准备不同材质的纸、蜡笔、画笔、彩色笔等。

❷把不同材质的纸剪裁成电池大小。

❸让孩子在步骤2准备的纸片上，用蜡笔、画笔和彩色笔分别画出自己喜欢的图案，然后贴到墙壁上。

❹让孩子在不同大小、不同材质的纸上画画，并且让孩子表达出不同的感受。

🌱 吹纸屑的游戏

效果

吹纸屑时，会活动脸部的肌肉，而且能提高注意力。

PLAY

❶准备几张彩色的纸。

❷根据孩子的脸部大小剪裁彩色纸，并贴到孩子的脸上。

❸让孩子"呼呼"地吹薄纸，让彩色纸从脸部掉下。可以先由妈妈帮孩子做示范。

❹刚开始，把纸片贴到容易吹落的部位，等孩子熟悉后，再把纸片贴到脸部的其他地方，同时让孩子吹下脸上的纸片。

🌱 颜料扩散的游戏

效果

该游戏能让孩子观察到在不同材质的纸上颜色的扩散现象。

PLAY

❶ 准备不同材质的纸和颜料，还有水。

❷在准备好的纸上滴不同颜色的颜料。颜料在不同材质的纸上扩散速度和形状都不同。

❸在水里放入彩色纸。当不同颜色的颜料从纸上分离时，还能观察到不同颜色的颜料相融的现象。

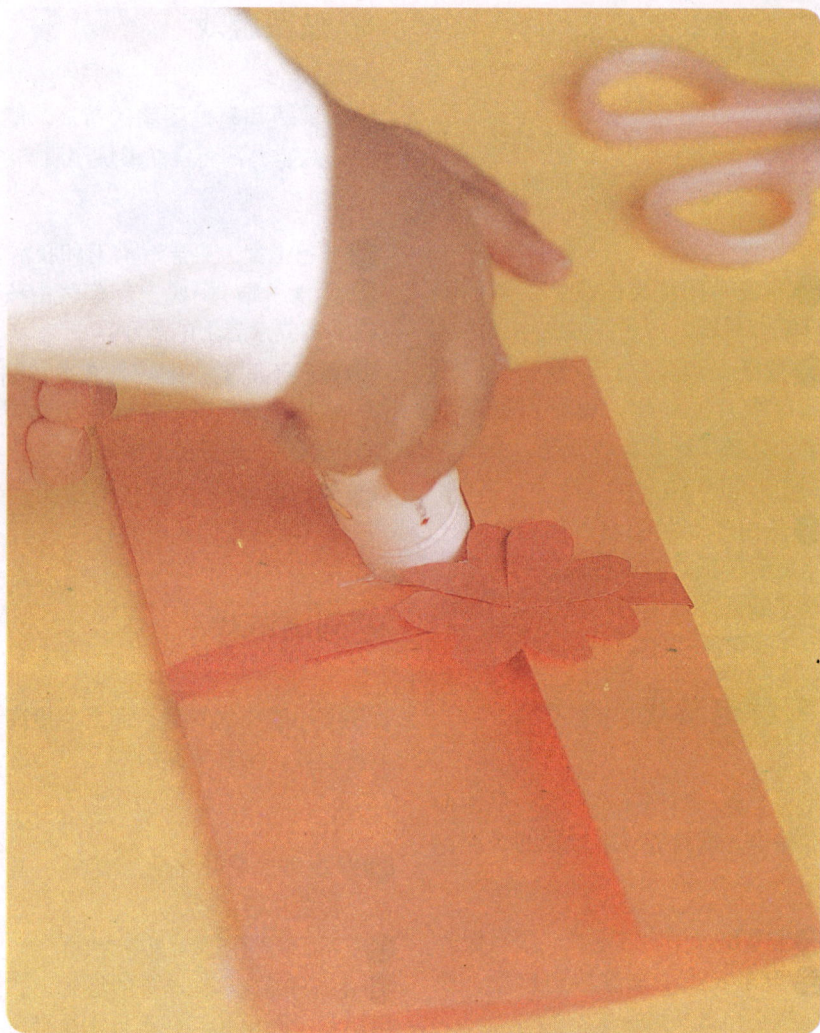

24~36个月 锻炼手部操作能力

🌷 亲手制作的画册

效果

经由画画、编故事的过程，能提高孩子的想象力和表达能力。

PLAY

❶用孩子喜欢的故事或卡通制作画册。

❷跟孩子一起编故事。

❸介绍书中的内容，引导孩子亲手画画，然后依照一定的顺序制作画册。

🌷 可口的海苔卷

效果

用薄纸裹住铅笔，然后仔细地缝合两端。该游戏能够培养眼睛和双手的协调能力。

PLAY

❶准备纸、铅笔和玉米杆。

❷剪裁出一定大小的纸片。

❸就像包海苔卷一样，用步骤2的纸片裹住铅笔或玉米杆。

❹准备木筷或吸管等材料，开发出更有趣的游戏。

🌷 制作纸卡片的游戏

效果

制作卡片的游戏能提高眼睛和双手的协调能力，而且能培养对文字的兴趣。

PLAY

❶准备画纸、胶水、彩色笔、蜡笔、圆珠笔等物品。

❷剪裁出不同大小的纸片，然后用胶水粘贴在一起。

❸让孩子在最外侧的纸片上写文字或词汇。

❹对半折叠纸片就制成了卡片。让孩子在卡片内写上平时想说的话，制作感恩卡片或祝贺卡片。

🌷 包装游戏

效果

在包裹物品的过程中，能够锻炼大肌肉和小肌肉的力量。

PLAY

❶准备报纸、包装纸、彩色纸、装饰带和胶水。

❷用报纸或彩色纸包裹孩子的玩具。

❸由妈妈给孩子做示范，然后引导孩子亲手尝试。

❹包装好后，再让孩子重新打开包装。

❺包装好玩具后，用装饰带装饰，或者贴上彩色纸。

🌷 咔嚓咔嚓剪纸的游戏

效果

剪纸游戏能提高注意力和动手能力。

PLAY

❶准备不同厚度的纸和剪刀。

❷刚开始，不用规定剪裁的形状，让孩子任意剪裁自己喜欢的图案。

❸等孩子熟练地使用剪刀后，可以给孩子一张长条纸，让孩子把长纸条剪裁成小块。

❹一开始剪四边形，然后逐渐提高难度，剪出更加精巧的图案。

刺激五感，稳定情绪
玩水游戏

利用玩水游戏能促进身体发育，而且能给孩子提供新的学习机会。对于性格内向或情绪不稳定的孩子来说，能消除紧张感。下面介绍比在游乐园还快乐100倍的17种玩水游戏。

6～15个月 **有助于身体发育**

🌱 沙滩球（Beach Ball）游戏

效果

孩子在伸手抓球的过程中，能提高眼睛和双手的协调能力，而且能锻炼手臂和胸部的肌肉。

PLAY

❶ 把沙滩球放在水里，然后跟妈妈一起玩接抛球的游戏。

❷ 在球上挂铃铛或能发出声音的洋娃娃，就能引起孩子的兴趣。

❸ 拍打出水花，推动漂浮在水面上的球。

❹ 有时用力拍球，而有时则轻轻地拍球。

🌱 泡泡中的捉迷藏游戏

效果

能让宝宝认识身体器官的作用，而且有助于触觉的发育。

PLAY

❶ 在浴缸内放入婴儿专用起泡剂，形成大量的泡泡。

❷ 跟妈妈一起把身体藏在泡泡下，然后寻找手臂、腿部、腹部等身体部位。

❸ 还可以放入孩子喜欢的洋娃娃，然后分别寻找洋娃娃的眼睛、鼻子、嘴等身体各部位。

🌱 漂啊漂啊

效果

让孩子跟妈妈身体接触，不但能增进母子感情，而且有助于触感的发育。

PLAY

❶ 支撑住孩子的颈部和臀部，然后把孩子平放在水面上。

❷ 当孩子的身体被水淹没一半时，朝着前后或左右轻轻地摇晃孩子的身体。

❸ 让孩子感受水的柔和和温暖的同时，可以玩划船的游戏。

❹ 妈妈躺在浴缸内，然后让孩子俯卧在妈妈的身上，并试着让孩子浮在水面上。

🌱 小鸭家族游戏

效果

让宝宝玩浮在水面上的小鸭，能培养观察能力。

PLAY

❶ 准备一个跟小鸭娃娃一样既能浮在水面上，又能发出声音的玩具。

❷ 给孩子讲一段关于小鸭的故事。

❸ 让孩子根据故事情节移动小鸭玩具。如果一边唱由儿歌改编的小鸭歌、一边玩游戏，就更能提高孩子的兴趣。

🌱 打水仗游戏

效果

打水仗游戏能促进触觉发育，而且能培养节奏感。

PLAY

❶ 在浴缸内装满温水。

❷ 妈妈和孩子坐在浴缸内，互相擦拭对方的身体。

❸ 此时，可以打水仗，可以拍打水面。另外，还可以依照"啪啪啪、啪啪、啪"等节奏打水仗。

❹ 用身体感受莲蓬头所喷出的水柱。

15～24个月 # 利用水的特性刺激好奇心

🌷 用水瓶演奏乐曲的游戏

效果

经由敲打水瓶的游戏，能培养孩子分辨声音的能力。

PLAY

❶准备透明的玻璃瓶和不同颜色的颜料。

❷分别在多个玻璃瓶内装入不等量的水。

❸用塑料棒敲打玻璃瓶。

❹水量不同，玻璃瓶发出的声音也不同。此时，还可以一边唱歌、一边敲打玻璃瓶。

🌷 用牙膏画画的游戏

效果

能提高眼睛和双手的协调能力，以及鉴赏能力。

PLAY

❶准备一张海蓝色的塑料布。

❷把塑料布铺在地板上，然后用牙膏画画。

❸让孩子跟妈妈比赛，更能提高孩子的兴趣。

❹画完图案后，将塑料布放在水面上，让孩子欣赏自己的作品。

🌷 黑板游戏

效果

经由画画，能提高色感，而且能锻炼小肌肉的力量。

PLAY

❶帮孩子准备不同颜色的蜡笔，然后引导孩子在浴缸或瓷砖地板上画画，最后用毛巾擦干净。

❷使用专门的洗澡蜡笔，就能更轻松地玩游戏。

❸如果孩子还不会画画，可以让孩子沿着手的轮廓画出自己的手形。

🌷 沙滩水球

效果

利用橡胶可以伸长的特性，让孩子观察水和空气的差异。

PLAY

❶在气球内装水。

❷等到装满了水，就抽出水管，并倒出气球内的水。

❸在气球内重新装满水。

❹在装满水的气球内充入少量的空气，然后系紧入口，就制成了一个沙滩球。

❺让孩子玩装满水的气球和充气的气球，然后比较哪一个能浮在水面上、哪一个会沉入水底。

🌷 吹泡泡游戏

效果

抓肥皂泡泡的游戏能提高眼睛和双手的协调能力。

PLAY

❶在洗脸盆内，以1：3的比例稀释婴儿专用洗涤液。此时，还可以使用在药店里所出售的甘油（glycerine）。

❷用铁丝制作小铁环，或者用吹泡泡的工具或吸管吹肥皂泡泡。

❸由妈妈吹出泡泡，然后让孩子用手指捅破泡泡。

❹让妈妈和孩子分别在对方的身上用肥皂泡泡制作衣服或皇冠。

🌷 敲击洗衣板的游戏

效果

能让孩子熟悉节奏感和节拍，而且能锻炼大肌肉的力量。

PLAY

❶弄湿孩子的袜子或内衣，然后让孩子用手拧干袜子或内衣。

❷用木棒拍打衣服和洗衣板。

❸一边唱孩子喜欢的歌、一边敲打节拍。

🌷 钓海绵鱼的游戏

效果

经由钓鱼游戏能培养眼睛和双手的协调能力，并提高注意力。

PLAY

❶在压缩海绵上画鱼的图案，然后剪裁下来，并粘上磁铁。

❷在木条的一端系上细线和磁铁，然后让孩子钓起放在浴缸里的海绵鱼。

❸只钓出形状相同的鱼，或者颜色相同的鱼。

能让身体变得敏捷，并培养平衡感

🌷 捞玩具的游戏

效果

经由辨别能浮在水上的物品和沉到水底的物品，掌握不同实物的性质。

PLAY

❶ 在浴缸内放入各种玩具，让孩子区分可以浮在水上的玩具和沉到水底的玩具。

❷ 告诉孩子可以漂浮的玩具和不能漂浮的玩具的差异，然后让孩子判断哪些玩具能浮起来、哪些会沉下去。

❸ 让孩子经由实验观察结果。

🌷 用吸管吹球的游戏

效果

用吸管吹球时，必须随着球的移动调整吸管的角度，这样既能锻炼心肺功能，又能提高眼睛和双手的协调能力。

PLAY

❶ 在浴缸内倒入水，并放一个小球，然后用吸管吹球。

❷ 让孩子观察随着波浪和吹气力道的变化，以及球的移动情况。

❸ 在浴缸中间放一个球，然后妈妈和孩子同时对着球吹气，先将球吹到对方身边的一方获胜。

🌷 用海绵盛水的游戏

效果

经由向瓶子内挤水的过程，可以锻炼手指肌肉，增强身体协调能力。

PLAY

❶ 用沐浴专用海绵或毛巾蘸水，然后向瓶子内挤水。

❷ 直到瓶子内装满水为止，重复上述动作。

❸ 注意观察海绵吸水的状态和渗水的状态。

❹ 逐渐将海绵提高，让孩子把水挤进瓶子内。

🌷 浴室篮球游戏

效果

能锻炼肩部和手臂的大肌肉，而且能提高眼睛和双手的协调能力。

PLAY

❶ 准备浴室专用玩具收纳网和球，或者积木。

❷ 妈妈拿着网子，然后让孩子向网内扔进球、乒乓球或积木。

❸ 妈妈和孩子交换角色。

❹ 等到孩子能熟练地抛球，就可以逐渐增加篮子和球距离。

🌷 饮料瓶喷泉

效果

经由饮料瓶内所喷出的水柱，判断饮料瓶内的水量（体积）。

PLAY

❶ 将空的饮料瓶（要选安全材质）清洗干净，然后切掉瓶子的上半部分。

❷ 在步骤1的瓶子表面上，用锥子打出很多小孔。

❸ 在打了孔的饮料瓶内装满水，然后注意观察水柱的形状。

❹ 比较瓶子在装满水和只装一点水的情况下喷水的距离和速度。

刺激好奇心，培养观察力

自然游戏

经由身体的五感体验大自然，可以激起孩子的好奇心，还能培养想象力和创造力。下面介绍可以在室外玩的有趣游戏。

6~15个月 培养观察力

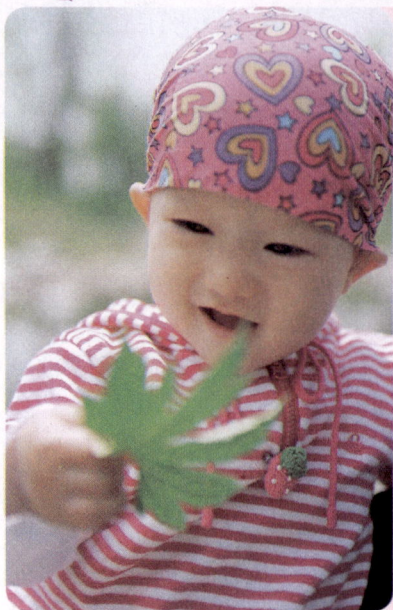

🌱 光脚走路

效果

如果光脚走路，就能经由皮肤直接感受外界环境，这样既能拉近孩子和大自然的距离，又能锻炼触感。

PLAY

❶在草坪或沙地上，脱掉鞋子和袜子，做光脚踩沙地的游戏。

❷可以单腿蹦跳，也可以双腿踏步，还可以把脚放在爸爸的脚背上，随着爸爸的步伐踩沙地。

❸可以感受皮肤接触沙地的感觉或接触草坪的感觉。

🌱 观察树叶的游戏

效果

在收集和观察各种树叶的过程中，能提高对事物的观察力和注意力。

PLAY

❶收集各种树叶后，让孩子仔细观察树叶的形状和颜色。

❷说明树叶的形状和颜色的差异，然后将树叶摆成一排。

❸等到孩子能熟练地摆树叶，就可以利用石头或小树枝摆出不同的形状。

🌷 寻找沙子中的宝物游戏

效果

孩子用手触摸沙子，有助于触觉的发育，而且经由寻宝游戏能刺激想象力，增强记忆力。

PLAY

❶在孩子面前把玩具藏到沙子里，然后让孩子找玩具。

❷找不到玩具时，可以把玩具的一部分露在沙子外面，引导孩子去寻找。

❸等到孩子熟悉了步骤2，就完全藏起玩具，然后让孩子摸着沙子找玩具。

❹用湿沙子堆一座沙城，然后把玩具藏在沙城里面。

🌱 树叶独木桥

效果

独木桥游戏可以能锻炼孩子大肌肉的力量，而且能提高注意力。

PLAY

❶用树叶和石头，间隔一定距离搭建一座独木桥。

❷为了防止孩子摔倒，必须在旁边牵着孩子的手，慢慢地走过独木桥。

❸刚开始要搭建桥面较宽的独木桥，而且石墩之间的距离也要比较小，当孩子能自由地经由独木桥时，就应该减小桥面的宽度，增加石墩之间的距离。

🌷 吹飞蒲公英种子的游戏

效果

孩子在观察植物发芽、开花、变成种子的过程中，能理解植物的特性，而且能亲近大自然。

PLAY

❶注意观察在周围容易见到蒲公英的颜色和形状，以及种子的特点。

❷结束探索后，让孩子轻轻地吹蒲公英的种子。

❸先由妈妈吹种子，再让孩子抓住飞起来的种子，也可以交换角色。此时，要注意防止蒲公英的种子飞进孩子的眼睛里。

培养想象力和创造力

🌱 树叶帆船

效果

把较轻的树叶和较重的石头分别扔进水里，然后比较树叶和石头的差异。借此培养观察力。

PLAY

❶收集各种树叶，然后依照不同的种类和大小分类。

❷在流动的溪水里放进树叶。

❸把小石头和大石头分别放在树叶上。

❹让孩子观察树叶和石头的特性，并发表自己的意见。要注意防止孩子滑倒。

🌱 寻找颜色的游戏

效果

在观察自然、认识颜色的过程中，能锻炼孩子的视觉和色感。

PLAY

❶让孩子自然地观察山里的树和花草的颜色。

❷依照同样的颜色、将花、树和昆虫分类。

❸应该让孩子知道，同样的颜色也有细微的差异，而且要让孩子描述这些差异。

❹寻找和孩子的衣服或玩具颜色相同的自然物。

🌱 装饰彩色石头的游戏

效果

准备各种石头，然后在石头上面画画。这样能让孩子认识石头的种类，并对颜色产生兴趣。

PLAY

❶跟孩子一起在河边或房子周围寻找各种石头。

❷在寻找的石头中挑选出颜色独特而且形状扁平的石头，然后在石头上面用颜料或蜡笔画画。

❸同时利用小石子或树叶作画，会获得更好的效果。

🌱 沙铃游戏

效果

石头的大小、种类和个数不同所发出的声音也不同。该游戏能让孩子体会节奏感，提高分辨声音的能力。

PLAY

❶收集各种小石子，然后装进事先准备好的铁罐内。

❷封好铁罐的入口，用力摇晃。此时，要让孩子仔细聆听。

❸改变石子的大小、种类和数量，然后感受声音的差异。

❹一边摇晃做好的石子沙铃，一边随着节奏扭动身体。

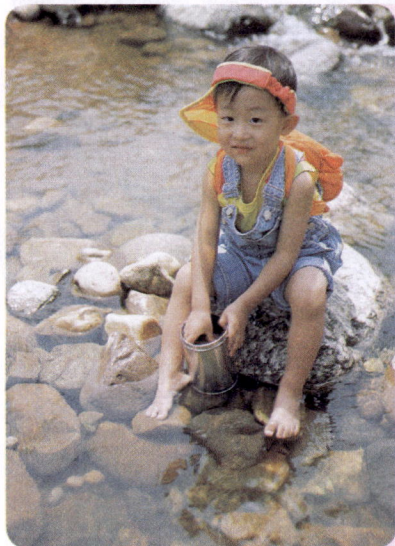

🌱 听大自然声音的游戏

效果

让孩子反复听所录下的大自然声音，就能提高听觉和记忆力。

PLAY

❶让孩子平躺在山上或田野上，然后闭上眼睛聆听水声、风声、鸟声。

❷让孩子模仿听到的声音。

❸模仿各种声音后，挑选出模仿得最像的人。另外，还可以录下大自然的声音，然后反复地听。

🌱 拨树叶的游戏

效果

摇晃着身体拨树叶的过程中，能锻炼大肌肉的力量。

PLAY

❶在孩子的身上粘贴树叶。

❷让孩子一边唱歌、一边随着节奏摇晃身体，并快速地拨掉身上的树叶。

❸用胶带轻轻地粘贴树叶，然后逐渐增加树叶的数量，并依照同样的方法玩游戏。

24~36个月 提高身体协调能力

🌱 树叶拓印

效果

在树叶上涂颜料，然后在白纸上印树叶的轮廓。该游戏能培养注意力和观察力。

PLAY

❶让孩子收集各种树叶，然后仔细观察。

❷用颜料涂树叶，然后在画纸上印下树叶的轮廓。

❸观察不同种类、不同大小的树叶轮廓，并比较其差异。

❹利用石头、树枝、积木等各种道具增加游戏的可玩性。

🌱 扮家家酒游戏

效果

经由扮家家酒游戏，能培养社会适应能力。

PLAY

❶准备扮家家酒的游戏道具。

❷孩子扮演妈妈的角色，而妈妈扮演爸爸的角色，陪孩子玩扮家家酒游戏。

❸用沙子做饭，然后用树叶做菜。

❹利用沙子做出很多的食物，然后交换妈妈和爸爸的角色，增加游戏的可玩性。

🌱 测量大树粗细的游戏

效果

经由环抱不同粗细的树木游戏，能提高观察力。

PLAY

❶让孩子环抱粗壮的树和较细的树，然后观察树干的粗细。

❷让孩子体验成人和小孩抱树木时的差异。

❸让孩子知道树的形状和粗细各不相同的道理。

🌱 打水漂游戏

效果

扔石头的活动有助于大肌肉的发育。经由打水漂的游戏，能提高注意力。

PLAY

❶在海边、河边或池塘边玩打水漂的游戏。

❷先由妈妈做示范，然后让孩子学习游戏的方法。

❸刚开始要练习依照指定的距离扔石头的技巧。

❹依照大小和形状将石头分类，然后用不同的石头打水漂，同时要让孩子聆听石头撞击水的声音。

🌱 漂亮的印第安帽子

效果

经由制作印第安帽子的过程，能让孩子对美术产生兴趣；经由粘贴树叶或花瓣的过程，能促进小肌肉的发育。

PLAY

❶用厚纸剪出发带形状的长条。

❷在长条厚纸上粘贴从山上或田野上所捡来的各种花瓣或树叶，制成印第安人的帽子。

❸让孩子戴上帽子模仿印第安人。

刺激触感，提高认知能力
身体游戏

经由身体游戏能锻炼孩子的身体，又能刺激触感，提高认知能力。运动能力还直接影响语言能力和社会适应能力。下面介绍17种身体游戏。

6～15个月　　**通过身体接触刺激五感**

🌱 妈妈的身体就是升降机

效果

拉着孩子的双臂向上提，可以让孩子伸展全身，而且能掌握高、低的空间感。

PLAY

❶ 把孩子放在妈妈的膝盖上面，然后举起双手。

❷ 抓住孩子的双手，然后慢慢地抬起膝盖。如果突然抬高膝盖会伤到孩子的腰部，因此必须控制抬膝盖的速度和节奏。

❸ 慢慢地放下膝盖。用同样的方法重复5次。

🌱 从背部举手的游戏

效果

在向背部举手的状态下活动身体，能扩大肩关节的活动范围。

PLAY

❶ 把孩子放在较为暖和、柔软的地板上，然后妈妈坐在孩子的背后。

❷ 从背后抓住孩子的双手，轻轻地向背后举手，并喊"万岁"。此时，不能将手臂抬得过高。

❸ 用同样的方法重复5次。

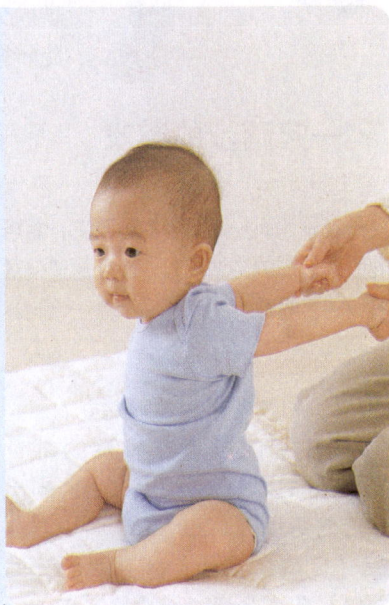

🌱 活动手肘的游戏

效果

这个游戏能让孩子自然地伸展肩部和胸部，而且能按摩肩部和手臂的肌肉。另外，还有助于大肌肉的发育，而且能增强身体的协调性。

PLAY

❶ 把孩子放在妈妈的对面。

❷ 抓住孩子的手肘，反复地向上举起或放下。

❸ 刚开始要慢慢地活动手肘，然后逐渐提高活动的速度。

❹ 用同样的方法重复7次。

🌱 超人游戏

效果

在俯卧状态下按摩全身，能锻炼上半身的肌肉。

PLAY

❶ 让孩子趴在暖和的地板上。

❷ 拉直孩子的手臂和双腿，只用上半身支撑全部的体重。

❸ 就像做体操一样，按摩肩部、手臂和双腿。

❹ 当孩子哭闹时，不能强迫孩子。最好在孩子心情愉快时，每天锻炼5分钟。

🌱 在仰卧状态下摆"V"字形姿势

效果

在仰卧状态下伸直双腿的动作，能锻炼腰部和腿部的肌肉。

PLAY

❶ 将孩子平放在地板上，然后并拢双腿，向天花板方向抬起90°。

❷ 尽量伸直膝盖。

❸ 在双脚尖朝上的状态下，张开双腿摆出"V"字形姿势。

❹ 张开双腿的幅度过大，就会影响骨盆，因此要注意控制动作的力道。

15～24个月 促进大肌肉的发育

🌼 悬挂游戏

效果

悬挂的游戏能锻炼手部力量，强化手臂肌肉。

PLAY

❶妈妈和孩子面对面地站立，然后抓住对方的手。

❷在抓住双手的状态下，妈妈拉起孩子，让孩子在空中悬挂3～4秒钟。

❸等到孩子熟悉了这种感觉，就可以让孩子在悬挂的状态下旋转。此时，有可能出现脱臼的危险，因此不能拉得过高，或者旋转得过快。

🌼 仰卧起坐游戏

效果

仰卧起坐游戏能锻炼上半身的力量，能促进整体大肌肉的发育。

PLAY

❶在母子面对面的状态下，把孩子平放在地板上。

❷让孩子紧紧地抓住妈妈的拇指。

❸妈妈抓住孩子的手，慢慢地拉起孩子。

❹孩子完全坐稳时，就慢慢地让孩子躺在地板上。

❺等到孩子已经熟悉了该动作，就可以增加仰卧起坐的次数。只要重复10次以上，就能获得很好的效果。

🌼 一起踏步的游戏

效果

孩子在跟妈妈一起踏步的过程中，能培养眼睛和脚的协调能力，而且能增强对妈妈的信赖感。

PLAY

❶妈妈和孩子面对面地站立。

❷把孩子的脚放在妈妈的脚背上，然后扶着孩子的腋窝，向同一个方向踏步。

❸用同样的方法，分别向前、向两侧、向后踏步。

🌼 胸部贴大腿的游戏

效果

将胸部贴到大腿上的动作既能伸展全身的肌肉，又能让孩子保持健美的身姿。

PLAY

❶让孩子伸腿而坐，然后用手抓住脚趾。

❷轻轻地按住孩子的背部5～10秒钟。

❸挺直上半身后，再次向前弯腰。用同样的方法重复上述动作5～10次。

🌼 爬台阶的游戏

效果

此游戏除了可以锻炼腿部肌肉以外，还能刺激脚底，能让大肌肉得到锻炼。

PLAY

❶用各种书堆起高低不同的台阶。

❷妈妈牵着孩子的手，练习上下台阶。

❸孩子熟练后可以独自上下台阶。

🌼 一起翻滚的游戏

效果

经由跟妈妈一起作翻滚的动作，能促进大肌肉的发育。

PLAY

❶妈妈跟孩子一起面对面而坐。

❷用一只手支撑孩子的头部，用另一只手抱住孩子的腰部。

❸妈妈仰卧在地板上，然后抱着孩子向左、右两侧翻滚。

❹将上述动作重复5次。

🌼 滚动游戏

效果

滚动身体的动作能增强身体的柔韧性，培养身体的协调能力。

PLAY

❶在地板上铺被褥或垫子。

❷让孩子在伸腿而坐的状态下，弯曲上半身，使头部碰到脚尖。

❸妈妈抓住孩子的腰部和脚尖，让孩子向后翻滚。

❹在蜷缩而坐的状态下，深深地低头，并向前滚动。

❺重复5次相同的动作，借此获得良好的效果。

通过身体的调节，培养平衡感

🌼 围巾游戏

效果

在摇晃围巾的过程中能培养方向感和思考能力。

PLAY

❶ 用双手抓住围巾，然后尽情摇晃。

❷ 伴随着音乐晃动围巾。

❸ 依照抬高、降低等指令，让孩子不断地改变晃动围巾的速度和方向。

🌼 穿山甲游戏

效果

玩藏在被窝里的游戏，能提高身体的敏捷性，增强全身的力量。

PLAY

❶ 棉被是穿山甲的房子，孩子扮演穿山甲，妈妈扮演猎人。

❷ 妈妈一喊"抓穿山甲"，扮演穿山甲的孩子就应该马上躲进被窝里。

❸ "穿山甲在哪里呢？"妈妈可以一边说、一边翻开棉被。

🌼 单腿站立游戏

效果

在狭窄的空间，用单腿站立。经由该动作能增强身体的平衡感。

PLAY

❶ 将报纸对半折叠。

❷ 让孩子站在折叠好的报纸上面。

❸ 等到孩子能持续站立10秒钟，就可以再次对半折叠报纸。

❹ 用同样的方法继续折叠报纸，最后变成很小的四边形。此时，可以引导孩子用单腿站立。

🌼 抱球伸展运动

效果

在球上保持身体平衡，既能增强平衡感，又能达到伸展全身的效果。

PLAY

❶ 坐在球上面，伸出双臂保持身体平衡，持续约10秒钟。

❷ 用双腿夹住球，然后把胸部贴到球上面抱住球。

❸ 将每个动作重复5~10次。在摇晃的球上保持平衡，可以增强身体平衡感。

🌼 弹跳游戏

效果

让孩子在座垫上练习弹跳，能培养身体的爆发力和敏捷性。

PLAY

❶ 在地板上整齐地摆放几个座垫。

❷ 孩子站在一个座垫上，然后用力跳到另一个座垫上。

❸ 如果孩子不会跳，就应该由妈妈做示范动作。

❹ 等到孩子能熟练地跳跃，就可以提高难度，让孩子抓住耳朵，像兔子一样蹦跳。

培养想象力和创造力

积木游戏

积木是幼儿教育家们首选的玩具，因为积木既能培养创造力和想象力，又能不受年龄的限制，具有很广泛的使用范围。下面介绍每天玩积木10分钟的方法。

6～15个月　培养探索力和观察力

🌱 多米诺（骨牌）游戏

效果

经由推倒积木的过程，能提高眼睛和双手的协调能力，并提高注意力。

PLAY

❶准备能立起来的彩色积木。

❷就像玩骨牌游戏一样，间隔一定的距离摆出一列积木。

❸引导孩子依照规则摆积木。

❹推倒积木的同时，要注意观察积木倒下去的样子。另外，应该给孩子提供亲手推倒积木的机会。

🌱 堆砌和推倒的游戏

效果

经由堆砌积木的过程，能培养眼睛和双手的协调能力。

PLAY

❶让孩子任意地堆砌积木。如果孩子还不能独自堆砌积木，就应该给予适当的帮助。

❷与拼图式积木相比，木制积木更好一些。如果玩拼图式积木，那么积木只能在较平整的表面上堆砌。

❸堆砌积木后，可以让孩子亲手推倒积木。用同样的方法重复堆砌和推倒的过程。

🌱 产生声音的游戏

效果

经由敲打积木的过程，能锻炼小肌肉的力量，而且能刺激听觉。

PLAY

❶准备木制积木、塑料积木、纸箱子、奶粉盒和木筷。

❷让孩子撞击积木，并聆听积木所发出的声音。

❸用胶带把积木和木筷粘在一起，然后用木筷敲打奶粉盒和纸箱子。

❹在敲打不同材质的东西时，让孩子感受各种声音的差异。

🌱 跳跃积木台阶的游戏

效果

在跳跃不同高度积木台阶的过程中，能锻炼大肌肉的力量。

PLAY

❶准备各种积木。

❷依照一定的间隔，分别堆砌1、2、3块积木。

❸让孩子跳过堆砌的积木台阶。

❹等到孩子能熟练地跳跃，就可以适当地增加高度，进行跳跃不同障碍物的训练。

🌱 会滚动的积木

效果

在滚动各种积木的过程中，能培养观察力和注意力。

PLAY

❶准备带轮子的积木、四边形积木、凹凸不平的积木等各种能滚动的积木或盘子。

❷让孩子在地板上滚动积木，然后观察哪些积木更容易滚动。

❸把盘子或积木斜放在台阶上，然后让孩子在斜面上滚动积木。

区分颜色和形状

🌱 按不同的颜色整理积木

效果

在整理相同颜色的积木过程中，既能培养眼睛和双手的协调能力，又能提高分辨色彩的能力。

PLAY

❶ 准备各种颜色的积木、箱子和彩带。

❷ 在箱子上粘贴彩带，然后把颜色相同的积木装在相对应的箱子里。

❸ 刚开始只能使用5～6块积木，然后逐渐增加颜色的种类和积木的数量。

🌱 盖积木印章的游戏

效果

在捏黏土的过程中，能刺激小肌肉的发育，而且能培养分辨形状的能力。

PLAY

❶ 准备黏土或面团，以及不同形状的积木。

❷ 用黏土或面团捏出球形，然后擀成扁平状。

❸ 用凹凸不平的积木，在步骤2的面团或黏土上按出积木的图案。

❹ 触摸按出的图案，或者沿着图案的轮廓剪裁。

🌱 描积木轮廓的游戏

效果

在描画积木形状的过程中，能掌握不同形状的特点。

PLAY

❶ 准备各种积木、纸和彩色笔。

❷ 把积木摆在白纸上，然后画出积木的形状。

❸ 分辨积木图案和实物的区别。

❹ 根据白纸上的积木图案，寻找相对应的积木。

🌱 用线穿积木的游戏

效果

在用线连接积木的过程中，能提高认知能力和注意力。

PLAY

❶ 准备带孔的积木和线。

❷ 让孩子用线连接带有小孔的积木。先由妈妈做示范，然后帮助孩子连接积木。

❸ 等孩子熟悉整个过程后，就应该让孩子独自用线穿积木。

❹ 如果孩子还不能用线穿积木，也可以改用细长的木条。

🌱 绕积木障碍物的游戏

效果

在不碰撞积木的前提下，穿过积木障碍。该游戏能提高注意力，而且能锻炼大肌肉的力量。

PLAY

❶ 间隔较长的距离摆放积木。

❷ 在不碰撞积木的前提下，走过积木障碍。

❸ 等孩子熟悉游戏规则后，缩短积木之间的距离，而且延长障碍物的长度。

❹ 让孩子用同样的方法走过积木所制成的细长路段。

谁更快呢

效果

一边走、一边堆砌积木的游戏能提高身体的爆发力和注意力。

PLAY

❶ 准备积木和篮子。
❷ 在一个地方摆放篮子，并确定为终点。
❸ 在起点和终点之间，间隔一定的距离摆放积木。
❹ 让孩子一边走、一边堆砌路途中的积木，并把所有的积木装进终点的篮子里。

幸福的家园

效果

为孩子营造出周围常见的环境，借此让孩子对周围的实物感兴趣。

PLAY

❶ 准备各种积木、汽车和洋娃娃。
❷ 跟孩子一起散步时，应该介绍周围的建筑物和各种实物的特征。
❸ 回家以后，用积木制作看到的环境，然后用洋娃娃和汽车玩游戏。

有趣的赛车游戏

效果

经由角色扮演游戏能提高语言能力，而且能学到生活中的规则。

PLAY

❶ 准备积木、汽车玩具和硬纸板。
❷ 把硬纸板铺成一列，然后在两侧摆放积木，这样形成了车道。
❸ 在硬纸板的下方摆放一个积木形成斜坡路，然后让汽车沿着斜坡行驶。
❹ 改变积木的数量，就能改变斜坡的坡度。
❺ 跟孩子一起制订游戏规则，然后玩赛车的游戏。

天秤游戏

效果

孩子在用天秤测量重量的过程中，能学到重量单位的概念。

PLAY

❶ 准备积木、纸杯和盘子。
❷ 用能穿细线的积木制作天秤。
❸ 在积木的两侧挂纸杯或盘子，就制成了天秤。
❹ 用天秤测量积木的重量，然后比较积木的大小。
❺ 让孩子注意观察体积大的积木是否更重。

积木保龄球游戏

效果

就像玩保龄球一样推倒积木的游戏能提高注意力。

PLAY

❶ 准备各种积木和裹成球状的袜子。
❷ 和玩保龄球瓶一样，把长条形积木放在对面。
❸ 让孩子独自挑选能当作球的积木，然后撞击对面的长条形积木。此时，还可以用袜子代替球。
❹ 让孩子撞倒各种积木。如果全家人一起玩游戏，其效果会更好。

使用双手越频繁，孩子就越聪明
刺激左右脑的双手游戏

手又被称为第二个大脑，因此手部的活动越多，大脑的活动也越活跃。右手能刺激左脑，而左手能刺激右脑，只有同时活动双手，才能让左右脑均衡地发育。下面介绍让孩子变聪明的17种双手游戏。

6～15个月 让孩子体会各种触感

🌷 触感骰子

效果

触摸骰子的每一面，就能体会不同的触感。

PLAY

❶ 准备不同材质的纸（牛奶盒、彩色纸、硬纸板等）或布料（毛巾、麻布等）、胶水和剪刀。
❷ 把牛奶盒剪成正六面体的形状，然后用白纸封住顶部。
❸ 在制作好的盒子每一面分别粘贴不同材质的纸或布料，就制成了触感骰子。
❹ 跟孩子一起掷骰子，然后用手触摸朝上的一面。触摸骰子时，还可以闭上眼睛。

🌷 只属于我的秘密抽屉

效果

在收藏物品的过程中，可以培养思考能力，而且经由推拉抽屉的动作，能提高手部和双臂的力量。

PLAY

❶ 准备抽屉柜和玩具。
❷ 挑选和孩子的腰部一样高的抽屉柜，然后让孩子把玩具放进抽屉内。
❸ 不让孩子推拉的抽屉可以用胶带固定。
❹ 让孩子独自推拉抽屉，并反复地装玩具。此时，要注意防止孩子的手被抽屉夹住。

🌷 海绵水缸

效果

用手触摸粗糙的海绵，然后用力拧干浸过水的海绵，借此熟悉各种触感。

PLAY

❶ 准备一个海绵、两个塑料盘和适量水。
❷ 让孩子充分地触摸海绵。
❸ 准备两个能伸进孩子小手的塑料盘，然后在一个盘子内装满水。
❹ 把海绵放进装满水的盘子内，然后往另一个盘子内拧水。
❺ 用海绵擦拭掉在地板上的水。此时，应该交替使用左手和右手。

🌷 纸是我们的好朋友

效果

在触摸不同材质的纸过程中，能同时锻炼大肌肉和小肌肉。

PLAY

❶ 准备不同材质的纸，并剪裁成小块。
❷ 让孩子依次触摸不同材质的纸，然后把不同材质的纸揉成纸团。
❸ 孩子在揉纸团的过程中，能感受到不同材质的纸所发出的声音。

🌷 手印游戏

效果

在用浆糊画画的过程中，能培养美感。

PLAY

❶ 准备浆糊、各种颜料和较宽的画纸。
❷ 在地板上铺较宽的画纸。
❸ 在浆糊内倒入各种颜料。
❹ 用手指蘸浆糊，然后在白纸上任意地画出自己喜欢的图案。
❺ 让孩子充分感受浆糊的特性，但要防止孩子食用浆糊。

15~24个月 **同时刺激左脑和右脑**

🌱 在铝泊纸上刻图案的游戏

效果

用双手触摸铝泊纸，并用语言表达自己的感觉，借此同时刺激左右脑。

PLAY

❶准备铝泊纸和硬币。

❷让孩子触摸铝泊纸，并了解铝泊纸的特性。

❸把硬币放在铝泊纸的下方，然后用手轻轻地摩擦铝泊纸。借此看到印在铝泊纸上的硬币图案。

❹印出硬币的正面和反面图案，然后让孩子用语言表达摩擦铝泊纸时的感觉。

🌱 扣钮扣的游戏

效果

本游戏能提高手部的灵活性。

PLAY

❶准备带有钮扣的衣服。刚开始，最好准备孩子喜欢的衣服。

❷首先，用带有大钮扣的衣服玩游戏。让孩子把钮扣扣到衣服的钮扣孔内。

❸此时，可以同时做数钮扣的数量、猜钮扣的颜色和按钮扣的数量将衣服分类等游戏。

❹等孩子掌握扣钮扣的方法后，再换用带有小钮扣的衣服，让孩子把钮扣扣到钮扣孔内。

🌱 用剪刀制作的图案王国

效果

这个游戏能让孩子体验使用道具的快乐，而且能提高手部操作能力。

PLAY

❶当孩子喜欢玩剪刀时，就可以让孩子用剪刀剪废纸，或者沿着直线或曲线剪裁出不同的形状。

❷准备较硬的面团，然后让孩子剪出自己喜欢的图案。另外，用塑料刀、瓶盖、小图章等工具，在面团上印出各种图案。

❸用微波炉烤带图案的面团，同时注意观察图案的变化。

🌱 打穿报纸

效果

在用拳头击打报纸的过程中，能锻炼肩部和手臂上的大肌肉，而且能学会调节手部力量的技巧。

PLAY

❶准备几张报纸。

❷将一张报纸对半折叠，然后紧紧地拉住对角线的两端并举起来，高度与孩子的肩部齐平。

❸让孩子用拳头击打报纸的中间部位。

🌱 用夹子制作的动物脸型

效果

在用夹子制作动物的脸型过程中，能培养表达能力，而且经由抓夹子的动作，能提高手部的灵活性。

PLAY

❶准备几个晾衣服的夹子，并让孩子练习使用夹子的方法。

❷在圆形的纸上画动物的脸，然后用夹子完成其余的部分。例如：在狮子脸上，用夹子制作狮子的毛发；在兔子的脸上，用夹子制作兔子的耳朵。

❸在免洗盘子或白纸上写不同的数字，然后根据盘子或纸上的数字夹上数量相等的夹子。

能促进创造力思维的发育

🌷 手掌画图板

效果

用圆珠笔在手掌上画画，能刺激孩子的好奇心，而且能培养独创性思维。

PLAY

❶准备抛弃式塑料手套、圆珠笔和细线。

❷帮孩子戴上塑料手套。

❸用油性圆珠笔，在戴有塑料手套的手掌上画画。此时，可以让孩子用语言表达手掌接触笔尖的感觉。

❹脱下画好画的手套，然后向手套里吹气，并用细线系紧入口，借此当装饰品使用。

🌷 厨房打击乐器

效果

在尽情地击打厨房用具的过程中，能培养节奏感。

PLAY

❶准备炒锅、平底锅、塑料水杯等厨房用具。

❷告诉孩子厨房用具的用途，然后用筷子或汤匙敲击厨房用具，并聆听所发出的声音。

❸刚开始，可以播放慢节奏的音乐，然后播放快节奏的音乐。此时，让孩子依照音乐的节奏敲打厨房用具。

🌷 用手制造影子

效果

随着灯光亮度的变化和手部的移动，能改变影子的形状。该游戏能培养观察力和探索欲。

PLAY

❶关掉室内的照明灯，然后点亮手电筒或蜡烛。

❷在手电筒、蜡烛和墙壁之间晃动双手，同时观察映在墙壁上影子的形状。

❸改变灯光的亮度或物体的距离，同时观察影子的变化情况。

🌷 手指娃娃游戏

效果

用富有个性的声音和手部动作表现不同人物的性格特征，借此培养想象力，提高语言能力。

PLAY

❶准备厚彩色纸、塑料枪、胶带和剪刀等物品。

❷在厚彩色纸上画出童话故事里的主角。

❸剪裁出扇形纸片，然后卷成尖帽的形状，最后把步骤2的图案粘贴到尖帽形状的纸片上。

❹妈妈和孩子分别把尖帽形状的纸片戴在手指上，然后扮演童话故事里的主角，做手指娃娃游戏。

🌷 家人的手掌

效果

在比较家人的手过程中，能让孩子掌握比较的概念，而且经由按手印的动作，能培养创造力。

PLAY

❶在画纸上，沿着妈妈和爸爸的手部轮廓，用彩色笔画出手部的形状。

❷把孩子的手放在画纸上，并感受手部大小的差异，然后也描绘出孩子的手部形状。

❸让孩子看着妈妈、爸爸和孩子的手部图案，讲解大小和形状的概念，用手蘸上颜料按出手印。

🌷 我的手是剪刀手

效果

能让孩子感受不同种类纸的质感。

PLAY

❶准备画纸、各种材质的纸、胶水、剪刀、圆珠笔等物品。

❷让孩子尽情地撕碎报纸、包装纸等不同材质的纸。刚开始，只能撕柔软的纸；等孩子熟练后，可改用其他材质的纸。

❸让孩子画出自己喜欢的图案，然后用碎纸片拼贴出自己画出的图案。

❹等孩子熟悉这个过程后，就可以提高难度。此时，可以让孩子撕出长条形、圆形、四边形的纸片。

🌷 玩螺母组合

效果

用螺丝和螺母接合各种零件，可创造出各式的模型。经由这些动作，能刺激小肌肉，而且能提高注意力。

PLAY

❶跟孩子商量玩螺丝和螺母的游戏方法。

❷让孩子独自用螺丝和螺母接合各种零件。

❸如果孩子不会拧转螺母，可以先由妈妈做示范，然后告诉孩子拧转螺母的要领。

培养塑形能力
捏泥游戏

玩捏泥游戏也能达到寓教于乐的效果。该游戏没有特定的规则，因此可以充分发挥出妈妈和孩子的想象力，而且能留下美好的记忆。下面介绍能让眼睛和双手更协调的11种捏泥游戏。

15~24个月 充分地利用手指

🌱 捏出坚固的宝塔

效果

在用黏土捏宝塔的过程中，能培养解决问题的能力和协调能力。

PLAY

❶ 准备黏土和各种宝塔的照片。
❷ 给孩子看宝塔的照片，然后跟孩子讨论将要制作的宝塔形状。
❸ 由妈妈先制作宝塔的底部，然后在宝塔底部堆砌小宝塔。
❹ 如果宝塔在堆砌的过程中倒下，就要询问孩子的意见，然后重新建造更坚固的宝塔。
❺ 先堆砌15厘米左右，然后让孩子继续往上堆砌，最后帮宝塔取名字。

🌱 用手指挖黏土的游戏

效果

在揉捏黏土的过程中，能刺激触感，而且能刺激孩子的好奇心。

PLAY

❶ 在地板上先铺一块大的塑料布，然后摆放一堆黏土。
❷ 由妈妈先挖出一大块黏土，然后摆出惊讶的表情，刺激孩子的好奇心。
❸ 让孩子用力握住黏土，感受黏土从手指之间挤出来的触感。
❹ 用挖出的黏土揉出大块的黏土，然后用力拍打。

🌱 用力按压黏土的游戏

效果

在玩黏土的过程中，可以培养观察力，而且能提高眼睛和双手的协调能力。

PLAY

❶ 准备黏土。孩子第一次接触黏土时，应该先由妈妈做示范。
❷ 跟孩子一起探索黏土的玩法。可以用双手揉捏黏土，也可以用手指戳黏土。
❸ 等到孩子熟悉了黏土，就可以一边打黏土、一边大声地喊出"打呀！"的声音。此时，应该引导孩子亲自体验。

🌱 捏泥绳

效果

既能刺激好奇心，又能培养塑形能力和创造力。

PLAY

❶ 挖出一大块黏土，然后用手掌搓成长条形。
❷ 把长条形黏土放在平板上，然后用手掌将其揉成细长的条状。
❸ 用黏土绳制作各种形状的曲线。
❹ 用两个黏土绳捏成较粗的麻花状黏土。
❺ 用手指按出不同的形状，或者制作出不同形态的造型。

🌱 拉出黏土面条

效果

该游戏能让孩子观察到玩具特性的变化，以及变化的结果。

PLAY

❶ 准备黏土、筛子和饭勺。
❷ 挖出一大块黏土，并用力揉捏。
❸ 把柔软的黏土放入筛子内，然后用饭勺或手掌用力按压黏土。
❹ 注意观察从筛子孔挤出来的细长面条。此时，还应该准备孔洞大小不同的筛子，借此让孩子观察到随着孔洞的变化，黏土所出现的粗细变化。

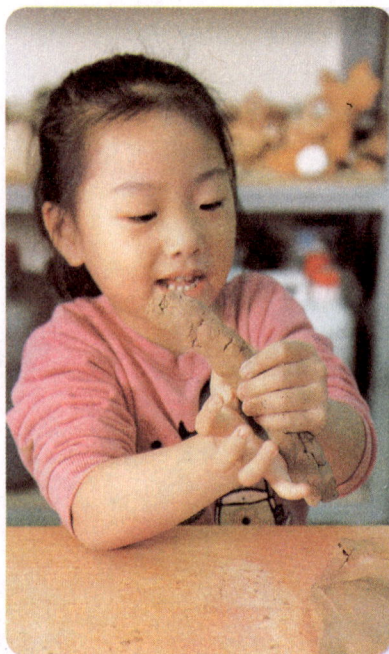

捏出各种形状

🌱 制作花纹瓷砖的游戏

效果

经由创作黏土作品的过程，能培养自信心，而且能提高观察力，培育美感。

PLAY

❶ 准备黏土、各种图案的瓷砖、木筷、擀面棍、黏土专用刀、绳子、吸管和玩具。

❷ 间隔一定的距离摆放木筷，就制成了轨道。

❸ 在步骤2的轨道上放黏土，然后用擀面棍擀黏土。

❹ 让孩子依照自己喜欢的形状，用黏土专用刀随意塑形。另外，可以用绳子、吸管和玩具在黏土上印出不同的图案。

🌱 制作化石的游戏

效果

在黏土上按手印或树枝形状的过程，能提高观察力和认知能力。

PLAY

❶ 准备黏土、树枝和厚的电话簿。

❷ 用力拍打黏土，制作成平整的板状。在黏土板上按手掌印。只要手掌陷入黏土内，就轻轻地挪开。

❸ 把树枝放在黏土板上，然后用厚电话簿轻轻地按压。

🌱 打靶游戏

效果

经由扔黏土球的游戏，能培养适应社会的能力。

PLAY

❶ 准备黏土、大型画纸、蜡笔和罐子。

❷ 在墙壁上贴几张大型画纸，然后画上圆圈，制成靶。

❸ 从黏土堆里挖出大小不等的黏土块，并揉成黏土球。

❹ 用罐子装黏土球，然后朝靶子扔。等孩子熟练后，可以增加打靶的距离和球的大小。

🌱 只属于我的装饰品

效果

制作装饰品的游戏，能提高注意力和塑形能力。

PLAY

❶ 准备黏土、擀面棍、不同形状的范本、粗大的吸管、细线和黏土专用刀。

❷ 用擀面棍擀出黏土平板，然后用不同形状的范本印出各种图案。

❸ 或刻各种图案。当然，也可以写字。

❹ 在需要穿线的地方，用粗大的吸管打出小孔。用烘干的黏土烤制出钥匙圈、项链、手镯、风景画等装饰品。

🌱 藏宝游戏

效果

孩子在往小孔内藏珠子的过程中，可以培养立体感，形成里外的概念。

PLAY

❶ 准备黏土、珠子和木筷。

❷ 用黏土制作平板，然后用木筷打几个孔。

❸ 在小孔内埋藏珠子等小玩具。

❹ 让孩子找出藏在黏土里的珠子。

🌱 亲手打造的城市

效果

这个游戏能培养想象力和表达能力，增强立体空间感。

PLAY

❶ 准备黏土、珠子、木筷、树枝、汽车玩具和洋娃娃玩具等。

❷ 用黏土块制作假山的形状。

❸ 从步骤2的假山中挖出一部分黏土，制作围栏。

❹ 用手指或木筷，在步骤2的假山上画出道路。

❺ 制作贯穿假山的隧道，然后插上树枝。另外，还可以在泥块上插各种玩具，就打造出了一座黏土城市。

尽情玩创作游戏和想象游戏

沙子游戏

沙子游戏既能锻炼小肌肉，又能提高创造力和想象力。在我们的周围到处都能看得到沙子，利用附近公园里的沙子，能让孩子享受童年的乐趣。下面介绍11种简单的沙子游戏。

15~24个月 亲近沙子的时期

🌷 体验沙子的感觉

效果

孩子在触摸沙子的过程中，可以观察沙子的特性。

PLAY

❶让孩子充分探索沙子，尽情地触摸沙子，还可以任意抛撒沙子。

❷让孩子将一只手放在沙堆上，然后用另一只手把沙子撒在手背上。

❸体验沙子的触感，然后用沙子按摩手部。

🌷 印身体形状的游戏

效果

在沙地上按手印、脚印的过程中，能达到刺激五感的作用。

PLAY

❶在沙地上撒一点水，然后整平沙地。在平整的沙地上，先按下手印。

❷也可以按下脚印，及身体的其他部位。这样一来，孩子既能掌握身体各部位的名称，又能利用手和脚制作出各种形状。

❸印身体形状的同时，妈妈要和孩子交流沙子的触感。

🌷 搬沙子的游戏

效果

经由搬沙子的游戏，能提高眼睛和双手的协调能力。

PLAY

❶准备两个大小相同的盘子。

❷用盘子将沙子搬运到另一个地方。

❸在搬沙子的过程中，应该让孩子注意观察沙子滑落的样子。

❹让孩子观察沙子松散的特性。

🌷 推玩具汽车的游戏

效果

让孩子在沙子上面推玩具，然后观察留在沙子上面的痕迹，这样能提高观察力，并促进小肌肉的发育。

PLAY

❶用手整平沙子，并制作道路。

❷在孩子的活动范围内制作道路，然后在道路上面推玩具汽车。

❸让孩子观察汽车轮胎所留下的痕迹。

❹让孩子分别在干沙地和湿沙地上玩推玩具汽车的游戏。

🌷 印图案的游戏

效果

利用沙子可以制作出各种形状，而且能提高表达能力。

PLAY

❶用力挖沙地，就能看到较下层的湿润沙子。如果没有湿润的沙子，也可以在干沙上撒一点水。

❷用湿沙子堆出假山。

❸将不同形状的范本贴在步骤2的假山上，借此制作出各种图案。如果没有范本，也可以用鞋底代替。

24~36个月 玩创作游戏和想象游戏的时期

🌱 米店游戏

效果

在比较沙子掉落速度的过程中，能提高观察力。

PLAY

❶准备小瓶子、吸管和玩具铲子。
❷在小瓶子的入口插上吸管，然后经由吸管倒入沙子。
❸经由倒沙子的过程，能让孩子比较沙子的数量。
❹沙子的数量发生变化，那么沙子掉落的速度也会出现变化。

🌻 装沙子的游戏

效果

在装沙子的过程中，孩子会自然地学到数的概念。

PLAY

❶用杯子从盆子里装沙子。
❷"如果用杯子装沙子，要几杯沙子才能将盆子装满呢？原来五杯就装满啦，这就说明盆子的容量是杯子的5倍哦！"在游戏过程中，可以为孩子生动地解释量的概念。
❸相反，也可以提问"要挖空盆罐里的沙子，需要挖几次呢？"然后让孩子一边挖沙子，一边数挖沙子的次数。

🌱 沙漏游戏

效果

测量落沙的时间，借此让孩子掌握时间概念。

PLAY

❶准备一个纸杯子，然后在纸杯子底部打一个小孔。
❷在步骤1的杯子内装满沙子。
❸注意观察从步骤2的杯子内落下的沙子。
❹试着改变沙子的数量、孔洞的大小，以及纸杯的大小，这样能加深孩子对时间的概念。

🌱 盖癞蛤蟆的屋子

效果

盖癞蛤蟆的屋子游戏，能提高眼睛和双手的协调能力。

PLAY

❶"癞蛤蟆、癞蛤蟆，你要新房子还是旧房子啊？"让孩子一边唱儿歌，一边在手背上堆沙子。
❷让孩子轻轻地拍打沙子，等沙子变坚实后，将手抽出来，就完成了癞蛤蟆的屋子。
❸此时必须轻轻地抽手，以免弄坏癞蛤蟆的屋子。

🌻 触摸湿沙子的游戏

效果

在沙子从指缝间漏下的过程中，能够感受干沙子和湿沙子各自的特性。

PLAY

❶这个游戏能让孩子理解湿沙子容易凝固的特性，而且能观察到干沙子和湿沙子的区别。
❷将干沙子撒在手背上，然后从手指的指缝间漏下。
❸等孩子了解干沙子的特性后，可以在盘子内倒入一定量的水和沙子，让孩子用湿沙子捏出沙球。

🌻 寻宝游戏

效果

在沙堆里埋藏各种玩具，然后让孩子寻找玩具。寻宝游戏能提高孩子的感官分辨力。

PLAY

❶准备贝壳、小石子和海螺壳。
❷在沙堆里埋藏步骤1中的宝物，然后让孩子寻宝。
❸可以在沙堆里埋藏钉子、铁片等金属，然后让孩子用磁铁寻找。

德式想象力培养方法 华德福教育

（Waldorf教育）

华德福教育的六大原则

经由感观亲自体验世界

通常，孩子是经由自己独特的视角来了解世界的。其中，视觉、听觉和触觉等感觉是认识世界的主要手段。为了了解世界，就必须亲自体验实际存在的实物。孩子经由录像或电视所得到的经验有一定的局限性，因此最好触摸实际的实物。在讲童话故事给孩子听时，很多妈妈喜欢放CD给孩子听，但最好由妈妈亲口说故事给孩子听。在日常生活中，应该让孩子成为游戏的主角，亲自体验周围的世界。

营造出想象空间

在日常生活中，太过完美的玩具或动画片是想象力的杀手。如果由妈妈亲自讲童话故事给孩子听，孩子就能充分地发挥想象力；相反地，如果给孩子看动画片，就较不需要任何想象力，孩子只能盲目地接受动画片里的内容。另外，积木、沙子和纸等玩具能给孩子提供充分发挥想象力的机会，但过于完美或玩法固定的玩具则会剥夺孩子想象的权利，因此应该给孩子准备留有想象空间的玩具。

经常和孩子对话

在逛街时、在公园玩游戏时……在日常生活中，家长应该培养时时刻刻跟孩子交流感受的习惯。当然，最好谈论贴近生活，而且能刺激想象力的话题。如果经常和孩子对话，就能培养独立思考问题的能力，而且能提高想象力和创造力。另外，讲童话故事给孩子听也是加强对话的好办法。

经常接触不同年龄层的小朋友

随着独生子女的日渐增多，

社会适应能力已经成为社会的一大难题。德国从1980年开始，特地让孩子在接受正式教育前，先到由不同年龄孩子所组成的幼儿园里体验丰富的生活。对年满2周岁的孩子来说，6周岁的孩子表现出的能力是值得羡慕的，而且哥哥、姐姐又能学会照顾弟弟、妹妹的技巧。经由这个过程，能提高孩子的社会适应能力。在日常生活中，必须给孩子提供和不同阶段的小朋友接触的机会。

刺激孩子的好奇心

如果孩子缺乏注意力，而且行为散漫，就必须经由各种角色扮演游戏，刺激孩子的好奇心，让他们产生玩游戏的欲望。在日常生活中，应该经常跟孩子一起洗衣服或打扫环境，这样能提高孩子的注意力。

建立正确的价值观

孩子们喜欢真诚、美丽且真实的世界，因此希望参与父母的活动，想做出有意义的事情。经由这个过程，孩子的情绪会得到稳定，并获得自信。在这个时期，虽然还不能和孩子说明道德约束的问题，但可以和孩子讲劝善惩恶、事必归正等有意义的故事。

受世人瞩目的华德福教育机构，经由游戏学习法来培养孩子的想象力和创造力。华德福教育机构认为，教育不仅仅是传授知识的过程，更是帮助孩子成长发育，并使他们独自主宰人生的过程。下面介绍刺激想象力和创造力的游戏。

德国华德福幼儿园培养想象力的自然游戏

转圈游戏

所有的小朋友围坐在一起，然后确定一个转圈的人，并准备游戏道具。被选中的孩子要在小朋友们的身后转圈，而其他的孩子则要唱歌。唱完一首歌时，转圈的孩子可以拍一下另外一个孩子，然后逃跑。紧接着，被拍到的孩子要依照同样的方法在其他人的身后转圈。

效果 "这次要选谁呢？"在游戏过程中，所有的孩子都会想着这样的问题，因此时时刻刻都保持紧张的状态。另外，在草地上奔跑的过程中，既能刺激脚部肌肉，又能提高运动能力。

制作毛线球的游戏

需要准备的物品：毛线、白棉絮和各种颜色的棉絮，以及肥皂和水。

用毛线制成毛线球，然后用白棉絮包裹毛线球，最后用各种颜色的棉絮装饰一下。用手蘸一点肥皂水，然后润湿棉球，以免毛线球变得散乱。

效果 经由亲手制作毛线球的游戏，能让孩子获得成就感。在用毛线制作圆球的过程中，能刺激孩子的创造力，而且能提高眼睛和双手的协调能力。

大海游戏

需要准备的物品：贝壳、动物形状的木块，以及蓝色、白色和草绿色布料。

用蓝色布料制作大海，用白色布料制作大海前的沙滩，最后用草绿色布料制作草坪。在蓝色大海上面摆放鱼状的木块，在沙滩上摆放贝壳，在草坪上摆放动物形状木块，然后让孩子独自编一段故事。

效果 这个游戏不仅能提高孩子的想象力和创造力，而且能提高空间感和分类能力。在游戏过程中，试着询问孩子的感受，还就能刺激语言能力，提高表达能力。

快艇比赛

需要准备的物品：玩具快艇、毛线和小熊形状的QQ软糖。

让孩子们并排坐在沙滩上，然后妈妈面对着孩子们，坐在距离孩子2米左右的地方。在沙滩上摆放跟孩子数量相同的快艇，每个快艇上都放一个小熊形状的软糖。

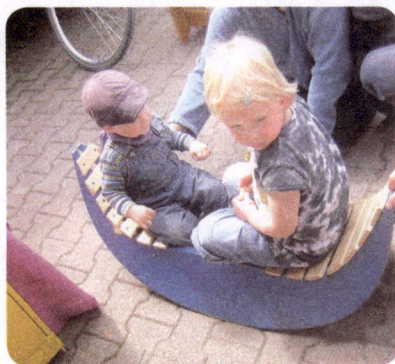

在快艇的一端系上毛线，然后让孩子们分别抓住毛线的另一端，等待指令。只要妈妈一声令下，孩子们就要快速地拉动快艇。最后，小熊软糖最先到达终点的孩子获胜。另外，还可以让孩子编一段关于航海的故事。

效果 在比赛的过程中，不能让快艇翻倒，因此能培养耐心和注意力。游戏结束后，孩子能吃到小熊形状的软糖，因此既能获得成就感，又能提高学习兴趣。

钓鱼游戏

需要准备的物品：木条（长木条、短木条）、细线、鱼钩、蓝色布料、贝壳、木块。

在长木条旁边粘贴短木条，然后在短木条上系细线，并且在细线的一端挂上鱼钩。在地板上铺蓝色布料，然后在蓝色布料上面摆放贝壳或各种形状的木块，最后利用鱼竿钓起贝壳或木块。

效果 通过钓鱼游戏能提高注意力，眼睛和双手的协调能力。经由用布料制作大海，用木块制作鱼的想象游戏，还能培养表达能力、语言能力和创造力。

Part 4

帮助宝宝养成~

提高大脑刺激的生活方式

在日常生活中，为了让孩子变得更健康、更聪明，是否需要独特的生活方式呢？当孩子第一次接触食物时，必须要吃利于大脑发育的健脑食品！另外，要用适合孩子的颜色装饰孩子的房间，而且必须为孩子打造良好的学习环境！在日常生活中，还可以用平时常见的水果箱制作漂亮的汽车玩具。

正确的食用方法能让食品变补药
让孩子变聪明的食品

孩子在0~3周岁期间，智力会快速地发育，如果经常食用有利于大脑的食品，就能促进大脑的发育。下面介绍有利于大脑发育的食品和各种营养素的作用。

增加脑细胞的食品和料理方法

有助于记忆力的提高——豆类

豆类富含优质蛋白质、脂肪、碳水化合物、矿物质等营养素，而且还含有丰富的卵磷脂（Lecithin）和皂苷（Saponin），这两种营养素对0~3周岁孩子的成长和发育来说，有着不可或缺的作用。卵磷脂能分泌大脑神经传递物质乙酰胆碱（acetylcholine），有助于脑细胞的生长，而且能强化记忆。另外，皂苷具有抗氧化和降低过氧化脂质的作用。

COOKING 小提示 豆类经过发酵后，能形成大脑发育不可或缺的谷氨酸。和生的豆类相比，经过发酵的味噌具有更丰富的营养。在日常生活中，应该给孩子喂可口的味噌汤。在离乳初期，可以喂磨成泥的豌豆、豆粉和豆奶，在离乳后期，可以喂煎豆腐或蒸豆腐，但是，豆类容易导致过敏反应，因此只能让孩子在出生7个月后食用。

推荐食品 黑豆 富含氨基酸，而且能抑制脂肪酸的形成。
豌豆 富含有助于成长的赖氨酸（Lysine）、维生素B_1、维生素B_{12}、维生素H和叶绿素等营养素，而且有利于治疗因肠胃疾病所引起的拉肚子。
豆腐 富含氨基酸和蛋白质，而且很容易被消化吸收。可以将豆腐捣碎或加入肉末进行烹调。

有利于大脑发育——海带类

对大脑神经系统大有裨益的碘，可以促进甲状腺荷尔蒙的分泌，因此有助于大脑的发育。一般情况下，海带、紫菜、海苔中含有大量的碘。除此之外，海带类中还含有大量的钙、维生素A、B族维生素等健脑的营养成分。

COOKING 小提示 为了让孩子充分摄取海带类中的营养素，在料理海带类食品时，应该采用腌制的方法或熬煮成汤；但是，如果海带的熬煮时间过长，就会产生苦味，而且营养素容易流失，因此只要水煮开就要马上捞出来。料理海带时，最好熬煮海带汤；料理海苔时，不需要添加食用油，直接烤制即可。如果孩子不喜欢吃海带类食品，则可以将其剁碎，然后和鸡蛋一起制作鸡蛋海带饼。

推荐食品 海带 海带等海带类是营养价值很高的食品。大海是矿物质的宝库，而在大海中成长的海带里含有大量的钙、碘等矿物质。另外，还富含维生素A和B族维生素等维生素群。
海带是强碱性食品，含有大量的钙和碘，因此有助于消化，而且能防止便秘。平时可以熬海带汤给孩子喝，进入离乳后期，要将海带剁碎并煮熟再给孩子食用。
海苔 富含维生素A和维生素B_1、维生素B_2、维生素C、维生素D，以及各种矿物质。在这个时期，最好让孩子食用未加调味品的海苔。

能促进脑细胞的成长——坚果类

坚果含有大量的不饱和脂肪酸，而不饱和脂肪酸是生成脑细胞突触不可或缺的物质。另外，坚果富含大脑发育不可或缺的维生素A、矿物质和B族维生素，有助于增强智力。典型的健脑食品有核桃、花生、松子仁、黑芝麻、白芝麻和杏仁。

COOKING 小提示 坚果比较坚硬，因此孩子们还嚼不动。一般情况下，可以在炒饭、沙拉、零食等料理中放入少量的坚果。在离乳期，可以让孩子食用煮熟的坚果，孩子满1周岁以后，可以尝试生吃坚果。另外，还可以用坚果制作饼干；但饼干的热量很高，因此不宜多吃。每天最好让孩子吃1颗核桃，或者1小匙松子仁、5颗花生。

推荐食品 **黑芝麻**　大脑细胞在形成过程中，需要大量的脂肪成分，而黑芝麻中含有大量的脂肪。另外，黑芝麻还含有矿物质、钙、磷、铁等成分。黑芝麻中的氨基酸又能促进神经细胞的发育。

白芝麻　富含维生素A和维生素C，而且含有增强大脑活力的维生素E。

南瓜籽　富含钾、钙、磷等矿物质和B族维生素。把炒熟的南瓜子磨成粉末，然后和米粥或乳酪一起食用。

葵花籽　富含大脑成长不可或缺的氨基酸，尤其是含有大量的藻酸盐（Alginate）。另外，还含有矿物质、B族维生素和卵磷脂。

核桃　富含有助于大脑发育的不饱和脂肪酸，其中油酸占70%、亚油酸占12.4%。这些营养素能制造出优良的大脑细胞，而且能促进血液循环，帮助大脑保持清爽的状态。另外，核桃能治疗偏头痛、精神不安等症状，而且能抑制心跳过快。

能提高注意力——青背鲜鱼

青背鲜鱼含有大量的DHA。DHA能让大脑的中枢神经系统得到强化，提高智力、学习能力和注意力。从小时候开始食用大量的青背鲜鱼，就能在大脑里积蓄大量的DHA。另外，青背鲜鱼还富含EPA。EPA能净化血液，促进大脑的发育。典型的青背鲜鱼有秋刀鱼、鲅鱼、鲭鱼等。

COOKING 小提示　通常采用烤制或油煎的方法来烹调青背鲜鱼。如果把鲜鱼的肉末放在孩子们喜欢吃的寿司、饭团和沙拉等食物中，也能刺激孩子们的食欲；但青背鲜鱼容易导致过敏反应，因此只能让孩子在出生9个月后食用。另外，青背鲜鱼有浓烈的鱼腥味，因此在烤制青背鲜鱼时，撒一些柠檬汁，就能去除腥味。研究结果显示，体积较大的青背鲜鱼中含有水银，会影响大脑的发育，但是每周只食用少量的青背鲜鱼，对孩子的发育没有任何影响。

推荐食品 **鲅鱼**　虽然鲅鱼富含蛋白质，但脂肪含量只有普通肉类的一半。鲅鱼含有大量的DHA和矿物质，有助于大脑的发育。如果将鲅鱼和富含维生素C和维生素E的食品一起料理，还能促进消化和吸收。一般情况下，卷心菜、菜花中富含维生素C，而豆类、白米和菠菜中富含维生素E。

秋刀鱼（Cololabis saira）秋刀鱼富含不饱和脂肪酸，而且含有大量的钙。如果长时间暴露在空气中，秋刀鱼就容易氧化，因此必须趁鱼肉新鲜时进行料理。

竹荚鱼（Trachurus japonicus）春天和秋天都盛产新鲜的竹荚鱼。竹荚鱼富含DHA，而且脂肪含量比较少，因此很适合在离乳期食用。

能清除脑细胞的沉积物——谷类

谷类中含有的蛋白质和维生素E，具有清除脑细胞沉积物的作用。另外，维生素E和蛋白质还能减缓氧气和脂肪酸的氧化作用。蛋白质和维生素E具有清除脑细胞沉积物的作用，可以将旧细胞变成新细胞，尤其是谷类的芽眼中含有大量的维生素E。粗粮等未经过精细加工的谷类中含有大量的蛋白质和维生素E，因此食用糙米饭，就能为大脑提供丰富的营养素。

COOKING 小提示　如果孩子不喜欢吃糙米饭，可以试着用粗粮熬米粥，借此保证营养素的摄取量。将粗粮磨成粉，然后用米粉熬制米粥。将粗粮磨细，就会去掉粗粮周围的表皮，便于孩子食用。用粗粮做饭时最好使用高压锅，而且要比平时多加一点水，这样既能保持粗粮的香味，又能提高口感。

推荐食品 **小麦** 小麦含有比白米更丰富的蛋白质、脂肪、钙、铁和维生素。小麦的口感比较粗糙，因此必须煮熟后才能食用。另外，还可以用炒锅将小麦炒熟后磨成粉再食用。

高粱 高粱富含热量、蛋白质和维生素B_1。首先，将高粱用温水浸泡约3小时，然后用蒸锅蒸熟，最后用炒锅炒一次并磨成粉。高粱可以和白米或糯米混合食用。

小米 小米含有比白米更丰富的蛋白质、脂肪、钙和铁。除了钙以外，小米的任何一种营养素含量都超过了大麦。为了增强孩子的大脑活力，不能只给他们吃白米饭，还应该让他们适当地食用小米粥等食品。

形成脑细胞的营养素

能提高大脑功能——胆碱

胆碱（Choline）能促进脑细胞的发育，而且能提高记忆力。胆碱是氨基酸的一种，当孩子还待在妈妈的腹中时，胆碱就产生了保护大脑的作用。

另外，胆碱还能合成对大脑细胞大有裨益的神经传递物质——乙酰胆碱（Acetylcholine），而且能分解对大脑有害的同半胱氨酸（Homocysteine）。

如果经常食用富含胆碱的食物，就有利于大脑的发育，对成长中的孩子大有好处。豆类、青背鲜鱼、花椰菜和食醋都是最典型的胆碱食品。

能促进左右脑的资讯交换——维生素C

维生素C是促进左右脑资讯交换的营养素，而且能强化脑血管，降低血液中的胆固醇含量，促进血液循环。不仅如此，维生素C还具有健脑的功能。尤其是菠菜等绿色蔬菜中富含维生素C和钙，因此有利于维生素的吸收。100克菠菜含有55毫克钙和65毫克维生素C。

苹果、草莓、猕猴桃等水果中也富含维生素C。尤其是时令水果含有该季节人体容易缺乏的各种营养成分，因此必须让孩子多食用时令水果。其中，草莓、橘子、番茄、西瓜、菠菜、茼蒿、黄瓜、生菜是最典型的富含维生素的食品。

能提高大脑的思维能力——钙

钙就好比大脑神经细胞的天线，能加快资讯的传递速度。如果经常食用富含钙的食物，大脑的活

动就会更活跃；但是，如果缺少维生素C的帮助，人体就无法充分吸收并消化钙，因此即使让孩子食用富含钙的鳕鱼，若不摄取维生素C，那么就起不了任何作用。

通常，绿色蔬菜中含有大量的钙和维生素C，能帮助钙的吸收。在日常生活中，应该多食用绿色蔬菜。菠菜、胡萝卜、萝卜、莲藕等食物中含有大量的钙。

能强化大脑功能——DHA

DHA已经成了大脑发育的代名词。DHA的不饱和脂肪酸能具有强化大脑的作用。60%的大脑细胞是由不饱和脂肪酸所组成的，因此补充不饱和脂肪酸就等于增加大脑细胞。

为了传递资讯，大脑细胞就会逐渐增加每一个细胞上的突触，而这些突触可以和其他大脑细胞一起提高资讯传递的速度。这种突触又叫做神经元（Synapse）。一般情况下，神经元越发达，大脑功能越强大。增加突触的营养素称为磷脂（Phospholipid），而DHA就是形成磷脂的必要成分。富含DHA的青背鲜鱼有鲅鱼、秋刀鱼、鲭鱼、鲱鱼（青鱼）、竹荚鱼等。

提高神经组织的活力——B族维生素

维生素B_1、维生素B_2、维生素B_6、维生素B_{12}等B

族维生素，能提高神经系统的活力。如果缺乏B族维生素，性格就会变得急躁，而且记忆力衰退。虽然氨基酸是脑细胞活动必需的营养素，但只有在B族维生素的帮助下，氨基酸才能发挥作用。由此可见，B族维生素是维持脑健康不可或缺的营养素。通常，谷类的芽眼、猪肉、牛肝、鸡蛋、乳酪等食品中含有大量的B族维生素。

有助于脑细胞的恢复——卵磷脂

卵磷脂（Lecithin）能吸收人体细胞所需的全部营养成分，而且能促进沉积物的排泄，因此有助于脑细胞的恢复，同时能提高大脑的活力。另外，人体所需的脂肪和蛋白质等营养成分只能通过卵磷脂结合，并通过血液传递到体内的各个角落；如果缺乏卵磷脂，脑细胞就容易疲劳。为了促进脑神经细胞的发育，必须充分摄取形成脑细胞的蛋白质，可见卵磷脂的作用非常重要。

如果新生儿缺乏蛋白质，大脑细胞就会减少，而且大脑细胞的成长会受影响。富含卵磷脂的食品有大豆、蛋类、麦芽、金针菇、木耳、芝麻、胚芽米等。

追加讯息

需要关注的食品

红枣 红枣能消除疲劳和不安，而且可以治疗神经衰弱症和忧郁症。另外，还能治疗贫血、头晕、发烧等症状。每天食用5个红枣，既可以保护消化器官，又能促进血液循环，有助于身体的成长，增强大脑功能。另外，可以将红枣熬成红枣茶食用，还可以熬成红枣粥。在日常生活中，经常服用用10个红枣和7根大葱熬制的红枣茶，就能增强大脑的功能。

鹌鹑蛋 鹌鹑肉和鹌鹑蛋的味道特别鲜美，其营养价值远远超过了鸡蛋。鹌鹑蛋富含铁、维生素B_1、B_2等营养素，而且含有大量的不饱和脂肪酸。尤其是野生鹌鹑的蛋含有更丰富的营养素。将鹌鹑蛋和鳗鱼一起烹制的饭菜，很适合孩子食用。

大葱 在中医学中，大葱的假茎又称为葱白。古往今来，大葱一直做为治疗初期感冒和头痛的药物使用。在爱困或头昏时，大葱能让大脑变得清醒，而且能提高注意力。

粗粮 粗粮的酵素是数一数二的健脑食品。如果在饭后5分钟内食用4~7克粗粮酵素，每天服用3次，6个月后大脑的功能就会得到明显的改善，因此非常适合上学的孩子食用。一般情况下，粗粮要用温水冲泡后再食用。

鳕鱼子 鳕鱼子是高蛋白食品，而且有利于消化。鳕鱼子富含维生素E和矿物质。在日常生活中，应该挑选没有腌渍过的新鲜鳕鱼和鳕鱼子。

对大脑有害的食品

富含白糖、蜂蜜的食品

葡萄糖是为大脑提供能量的营养素，因此只有充分摄取谷类、水果、蔬菜等富含多醣的食物才能提高大脑的活力；但白糖或单醣无法为大脑提供大量的能量，因此应该限制孩子食用可口可乐、糖、饼干、冰淇淋、番茄酱等食品。

让钙等矿物质流失的食品

如果缺钙，就不能生成大脑的神经传递物质，因此钙是大脑发育不可或缺的营养素。另外，钙还有助于骨骼发育，因此应该禁止孩子食用会导致钙质流失的食物。一般情况下，可口可乐等碳酸饮料会导致人体的钙流失。

富含氧化不饱和脂肪酸的食品

对大脑有害的脂肪是动物性饱和脂肪。动物性脂肪会妨碍大脑神经传递物起作用，而且会降低记忆力和学习能力。氧化的不饱和脂肪酸也具有类似于动物性饱和脂肪的坏处。在日常生活中，应该适当地限制孩子食用冷冻青背鱼类、长时间保存的肉类和油炸食品。

速食和垃圾食品

加工的冷冻食品能让体内矿物质——铅大量流失，而铅是大脑活动不可或缺的营养成分。当速食内的不饱和脂肪酸燃烧时，就会产生过氧化脂质，容易导致大脑疲劳。在日常生活中，应该适当地限制孩子食用汉堡包、比萨、拉面、热狗、烤鸡翅等食品。

富含麸质（Gluten）的食品

富含麸质的食物不容易被人体消化，因此会妨碍向大脑的营养供给。另外，富含麸质的食物会损伤小肠的黏膜，妨碍营养的吸收。用面粉所制成的拉面、面包、饼干等食品中含有大量的麸质。

用容易获得的材料来制作营养丰富的餐点

开发智力的离乳食品

为了培养出聪明、健康的孩子，必须在食物上多下功夫，但不必铺张浪费，只需要以平常的饮食结构为基础，添加某一种健脑食品即可。下面介绍让孩子变聪明的20种离乳食品和幼儿食品。

Baby food

初期离乳食品 4～6 months

栗子红枣粥

材料 | 白米1/3杯，栗子40克，红枣4个，水4杯。

1. 将白米浸泡一段时间，然后用筛网捞出，并沥干水分。
2. 栗子洗净，然后用炒锅煮熟去壳。
3. 红枣洗净并沥干水分，然后去核。
4. 在炒锅内倒入适量的水，然后放入红枣，并小火煮20分钟。
5. 将红枣、栗子和白米磨碎，然后用筛网去掉残渣。
6. 将步骤5中的材料倒入炒锅中，然后用小火熬制成栗子红枣粥。

Tip 红枣_ 富含糖分和维生素A、维生素B₁、维生素B₂，而且红枣的甜味能消除紧张感，对神经比较敏感的孩子大有好处。

菠菜米粥

材料 | 1根菠菜，泡好的白米30克，水1杯。

1. 用开水把菠菜烫熟，并挤掉水分，然后剁碎。
2. 将泡好的白米磨碎。
3. 将步骤2的米粉内加入少量的水，然后用小火加热，最后加入步骤1中的菠菜，并再次加热。

Tip 菠菜_ 富含钾、维生素A和维生素C，而且铁含量达牛奶的37倍。菠菜是低热量而且富含纤维质的食品，因此非常适合处在发育期的孩子食用。另外，菠菜中的叶绿素能帮助人体制造血液和细胞，并且能净化血液。

卷心菜豆粉粥

材料 | 卷心菜叶1/4张，泡好的白米1大匙，水1/2杯，豆粉适量。

1. 用开水烫熟卷心菜叶，然后挤掉水分。
2. 将浸泡过的白米和卷心菜叶磨碎。
3. 在炒锅内倒入步骤2的材料，然后加水用小火慢慢地熬煮。
4. 在熬好的米粥内撒上豆粉。

Tip 卷心菜_ 富含维生素C，而且带有甜味，因此非常适合孩子食用。另外，用煮熟的卷心菜和海带汤也可以制作高营养的离乳食品。

栗子牛奶糊

材料 | 栗子3个，用奶粉泡的牛奶或母乳1/4杯。

1. 将带壳的栗子煮熟。
2. 切开煮熟的栗子，然后用小汤匙挖出栗子，最后用筛网捣碎成栗子粉。
3. 向步骤2的栗子粉内倒入牛奶或母乳，并搅拌均匀。

Tip 栗子_ 富含维生素C，而且具有健脑的功能。不仅如此，栗子还能治疗腹部疾病、痢疾、食欲不振等症。应该挑选外壳带有光泽，栗肉饱满的栗子。

追加讯息

真的有让孩子变聪明的食品吗？

只靠食物也能让孩子变聪明吗？这并不是毫无根据的话。实验证明，大家熟悉的健脑成分DHA或卵磷脂皆有助于大脑的发育，而且葡萄糖或肉类蛋白质也有利于大脑的活动。

那么，为什么这些成分能让孩子变聪明呢？为什么有利于大脑的发育呢？只要仔细地观察有利于大脑发育的食物成分就容易发现，它们非常类似大脑的组成成分。另外，肉类蛋白质等成分还直接影响大脑细胞的形成。因此，只要多摄取类似于大脑组成成分的营养素，就能促进大脑细胞的形成。

烹调离乳食品的方法

在离乳初期适合孩子吃的健脑食品有谷类、蔬菜、肉类（汤）和豆腐。烹制谷类时，应该先将谷类煮熟，然后用筛网均匀地捣碎，熬制成营养粥。烹制肉类时，应该用肉类熬汤，然后在制作离乳食品时适当地添加。在各种谷类中，高粱和小麦是典型的健脑食品，但肠胃敏感的孩子最好从离乳中期再开始食用。

中期离乳食品 7 ~ 9 months

提高脑力生活法

奶粉松子仁粥

材料 | 白米1/2杯，松子仁1/4杯，水3杯，奶粉1大匙。

1. 用水浸泡白米2小时以上，然后用筛网捞出并沥干水分。
2. 去掉松子仁的外皮。
3. 将白米磨碎并与1/2杯的水混合，然后用筛网去掉杂质。
4. 将松子仁磨碎并与1/2杯的水混合。
5. 将奶粉和2杯水搅拌均匀。
6. 向炒锅倒入米粉水和奶粉水，然后用小火均匀加热。
7. 等米粥煮熟后，慢慢地加入松子仁汁，并搅拌均匀，然后用小火熬煮片刻即可。

松子仁_ 富含B族维生素和高品质的蛋白质、脂肪、铁、磷等营养素。松子仁富含脂肪酸，而且含有大量的氨基酸。通常，孩子出生7~9个月进入离乳中期时，就可以食用奶粉松子仁粥了。

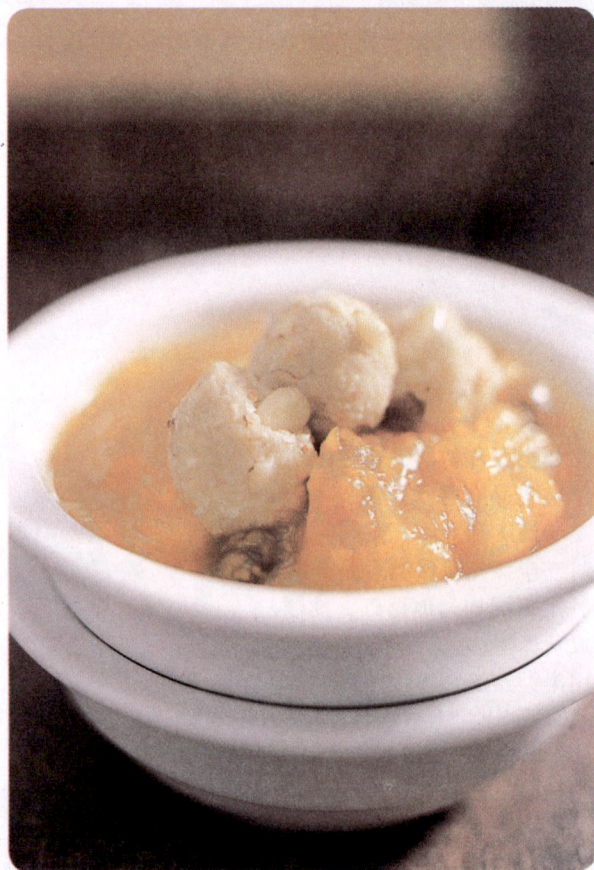

栗子团粥

材料 | 栗子10个，杏仁20克。

1. 清洗带壳的栗子，然后放在炒锅内。
2. 在锅内倒入适量的水，然后将栗子煮熟。
3. 切开煮熟的栗子，然后用小汤匙挖出栗子肉，最后用筛网均匀地捣碎。
4. 用大碗装栗子，然后制作2厘米大小的栗子团。
5. 将杏仁均匀地捣碎。
6. 向盘子内撒杏仁粉，然后用栗子团蘸上杏仁粉。

杏仁_ 杏仁能帮助支气管内的浓痰等分泌物向体外排出，因此很适合罹患感冒的孩子食用。此时，不用将杏仁炒熟，最好生吃。

卷心菜玉米粥

材料 | 卷心菜叶1/6张，玉米粒2大匙，奶粉或母乳1大匙，水1/4杯。

1. 用开水把卷心菜叶烫熟，然后挤掉水分，并均匀地剁碎。
2. 用筛网盛装玉米，然后淋上开水，最后沥干水分。
3. 用研磨机将玉米均匀地磨碎。
4. 把步骤3的玉米倒入炒锅内，然后和剁碎的卷心菜叶一起煮熟。
5. 关火后加入奶粉或母乳，并搅拌均匀。

Tip 卷心菜_ 卷心菜叶中富含维生素A、B族维生素、维生素C、维生素K。尤其是富含维生素C，因此能促进大脑细胞的活动，并增强记忆力。卷心菜是典型的碱性食品，而且富含蛋白质，因此能提高体内环境偏酸性人的免疫力。

蒸豆腐

材料 | 豆腐50克，菠菜2根，胡萝卜10克，打散的鸡蛋1大匙。

1. 用耐热的容器装豆腐，然后用微波炉加热1分钟。
2. 用微波炉加热剁碎的菠菜和胡萝卜约1分钟。
3. 用大碗装步骤1中的豆腐和剁碎的菠菜、胡萝卜，然后加入1大匙打散的生鸡蛋，并用汤匙将豆腐均匀地捣碎。
4. 向耐热容器内倒入步骤3中的材料，然后盖上盖子加热2分钟。
5. 依照一定的大小将蒸豆腐切块，然后盛盘。

Tip 豆腐_ 豆腐保留了大豆的大部分营养，而且容易消化；但豆腐容易变质，因此购买的豆腐必须在1~2日内食用。

追加讯息

怎样才能做出孩子们喜欢的离乳食品呢？

从离乳中期开始，在食用谷类粥的同时，还能食用鸡肉、牛肉等瘦肉和白肉鲜鱼。熬制肉汤或将煮熟的肉均匀剁碎，孩子会更喜欢吃。如果要给孩子吃鸡肉，就要先去掉皮和油脂。

另外可把坚果磨成粉，然后加入离乳食品中。要根据孩子的消化状态，适当地调节坚果的食用量。可给孩子食用海带汤和煮熟的昆布，但还不能吃海苔。

让孩子亲自动手抓食物吧！

在这个时期，大部分孩子喜欢独自吃食物，因此应该将离乳食品放在盘子内，让孩子亲自动手抓食物。在活动手部的过程中，能促进小肌肉和大脑的发育。

后期离乳食品 10 ~ 12 months

南瓜果仁团

材料 | 南瓜1/2个，水2杯，栗子6个，葡萄干30克，果仁团（松子仁粉1大匙，杏仁1大匙），牛奶适量。

1. 清洗南瓜并去皮，然后切成薄片。另外，也可以用蒸锅将带皮的南瓜蒸熟，然后挖出南瓜肉。

2. 栗子去壳，然后切成4等分。

3. 用大碗装松子仁粉、杏仁粉和牛奶，然后搅拌均匀，最后捏出果仁团。

4. 将炒锅内倒入步骤1中的南瓜和适量的水，以及步骤2中的栗子，然后慢慢地煮透。

5. 等步骤4中的材料煮熟后，再加入葡萄干并搅拌均匀。

6. 用盘子装步骤5中的材料，然后用果仁团装饰。

南瓜_ 富含叶红素、B族维生素、维生素C和钾等营养素，而且带有甜味，因此适合孩子的口味。一般情况下，应该挑选外皮坚硬、厚实，敲打时声音清脆的南瓜。

橘酱鲜鱼果仁

材料 | 白肉鲜鱼（鳕鱼）200克，食盐适量，橘子调味汁（橘子3个、白糖1大匙、柠檬汁2小匙、食盐适量、太白粉2小匙、松子仁1大匙、剁碎的核桃1大匙），食用油适量。

1. 切一块大小适中的鱼肉，然后撒食盐腌渍一段时间。

2. 用果汁机榨出汁，或将橘子均匀地磨碎。

3. 向炒锅内倒入橙汁、白糖、柠檬汁、食盐、太白粉，并用小火加热，然后再加入松子仁和剁碎的核桃。

4. 用纸巾吸干腌渍鱼肉中的水分，然后将炒锅内倒入奶油和食用油，将鱼肉烤至金黄色。

5. 用步骤3中的橘子调味汁再煮一次烤制好的鱼肉，然后盛盘。

白肉鲜鱼_ 跟其他鲜鱼相比，白肉鲜鱼含有大量的钙，而且脂肪含量较少，因此口感清淡。另外，白肉鲜鱼富含有利于大脑发育的DHA和EPA等营养素，非常适合处在成长期的孩子食用。

核桃粥

材料 | 核桃2颗，泡好的白米3大匙，水1杯。

1. 将白米清洗干净，然后用水浸泡30分钟以上。

2. 用牙签去掉核桃的外皮，然后用刀尖剁成核桃粉。

3. 炒锅内倒入适量的水，接着加入步骤1中浸泡过的白米，最后用小火熬成米粥。

4. 等米粥煮熟后，加入核桃粉，搅拌均匀。

5. 再加热一段时间，然后用小碗盛装。

核桃_ 富含维生素B₁和维生素E，因此有助于血液循环。核桃除了促进大脑发育外，还能帮助孩子恢复元气。孩子在食用核桃粥时，有可能会噎到，因此必须将核桃磨成细粉。

菠菜团

材料 | 菠菜20克，高筋面粉50克，蛋黄1/2个，食盐适量，奶酪粉1大匙，调味汁（洋葱10克、豌豆5颗、牛奶30毫升、奶油适量）。

1. 将菠菜清洗干净，然后用研磨机均匀地磨碎。

2. 将面粉内倒入蛋黄和步骤1中的菠菜，然后搅拌均匀。

3. 将步骤2的材料里加入少量食盐，然后揉成面团，并拉出2厘米厚的面条。

4. 把步骤3中的面条切成2厘米长的小块，然后在一侧用叉子印出叉子的图案，在另一侧用手指按出手印（类似于手擀面）。

5. 将炒锅内倒入足够的水，然后倒入菠菜团煮熟。

6. 炒锅内倒入奶油，然后加入洋葱、豌豆和牛奶，熬制成调味汁。

7. 用大碗盛装步骤5中的菠菜团，接着倒入步骤6中的调味汁，最后撒上奶酪粉。

追加讯息

200%消化营养素的秘诀

能使大脑变聪明的营养素是蛋白质和不饱和脂肪酸（鲜鱼类和种子的油）、B族维生素、维生素C、维生素E、钙、铅、锰等。处于成长期的孩子如果缺乏蛋白质，就会导致成长障碍及智力发育障碍。而氨基酸是脑细胞成长不可或缺的营养素。为了让氨基酸发挥出有效的作用，必须充分地摄取维生素B₁、维生素B₂、维生素B₆等营养素。只有氨基酸和这些维生素共同作用，才能为大脑细胞提供新鲜的血液。另外，谷类蛋白质和维生素E既能去除大脑细胞中的沉积物，还能恢复大脑细胞的活力。维生素E能减缓氧气的氧化作用，而且与蛋白质混合食用，能促进氧气的供给，抑制沉积物的生成。

众所周知的大脑营养素DHA是不饱和脂肪酸的一种，也是组成动物大脑的主要物质。DHA能去除血管中的沉积物，因此能促进血液循环。与大脑发育已结束的成年人相比，DHA对成长期的孩子的作用更明显。富含DHA的典型食品是青背鲜鱼。

果仁酱意大利面

材料 | 面条100克，果仁酱（番茄酱2大匙、伍斯特酱1小匙、白糖2小匙、剁碎的洋葱2大匙、剁碎的番茄2大匙、松子仁1大匙、葵花籽1大匙、肉汤1/3杯、食盐适量），比萨奶酪30克，食用油适量。

1. 用足够的水将面条煮熟，然后用凉水冲洗几次。
2. 将洋葱剁碎；番茄去皮后再剁碎。
3. 热油锅，先炒洋葱，再加入番茄和番茄酱继续加热。
4. 在步骤3的材料内加入肉汤和伍斯特酱、白糖，然后用小火慢慢地熬制，最后再加入松子仁和葵花子。用食盐调味后，加入面条。
5. 在炒锅内倒入少量的食用油，然后倒入面条，并倒入足够的奶酪，最后用小火加热。

葵花子_ 葵花子的性质温热，口感甜美。虽然富含葵花子脂肪，但很容易消化，有助于血液循环和营养素的吸收。

炒乌龙面

材料 | 卷心菜叶1/4张，乌龙面1/2袋，香菇1/2个，胡萝卜10克，食用油1小匙，食盐适量，酱油1/2小匙，芝麻适量。

1. 用开水烫熟乌龙面。
2. 把卷心菜、胡萝卜和香菇切成细丝。
3. 将炒锅内倒入食用油，然后把步骤2中的蔬菜炒熟。
4. 在步骤3炒熟的蔬菜内倒入步骤1中的乌龙面，然后加入2大匙水继续加热，最后加入适量的调味料。
5. 用大碗盛装步骤4中的乌龙面，最后撒上芝麻。

蘑菇_ 富含氨基酸、钙、铁、钠等组成骨骼和血液的矿物质。另外，蘑菇能清除体内的污染物，提高人体对疾病的抵抗能力。

烤酱鸡块

材料 | 菠菜30克，鸡腿肉100克，白糖、酱油各1小匙，食盐、胡椒粉、食用油各适量，竹签适量。

1. 将鸡腿肉切成大小适中的块状，最后用白糖、酱油、食盐、胡椒粉腌渍。

2. 用开水将菠菜烫熟，然后挤掉水分，并切成2厘米长的小块。

3. 将鸡肉和菠菜交替穿在竹签上。

4. 在炒锅内倒入适量的食用油，然后烤制鸡块和菠菜。

5. 在步骤4中的鸡块上涂抹步骤1的调味酱，然后将鸡块烤成金黄色。

牡蛎粥

材料 | 松子仁1小匙，牡蛎5个，菠菜3根，海带适量，花椰菜20克，泡好的白米30克，水1杯。

1. 用1杯水浸泡海带约30分钟。

2. 用纸巾包住松子仁，然后用刀背将其均匀地压碎。

3. 用开水将菠菜烫熟，然后均匀地剁碎。

4. 用开水将花椰菜烫熟，然后均匀地剁碎。

5. 去掉牡蛎的外壳，然后用食盐清洗，最后均匀地剁碎。

6. 向炒锅内倒入步骤1中的海带汤和浸泡过的白米，然后慢慢地加热。

7. 等白米煮熟后，依次加入步骤2、3、4、5中的材料，并搅拌均匀。

追加讯息

区分新鲜坚果的方法

在大型超市可以看到松子仁、花生、核桃、杏仁、葵花籽等各种进口坚果。大部分坚果类很难确认流通管道，因此尽量到流通量好的店铺购买新鲜坚果类。

核桃 新鲜核桃的皱纹和颜色较深，而且味道清淡，相反地，核桃有些泛白，而且果肉较少，则不宜购买。

松子仁 新鲜松子仁不带芽眼，而且在顶部有光泽。另外，松子仁有一定的韧性，口感香美；相反地，松子仁带有芽眼，而且缺乏光泽，则不宜购买。

花生 新鲜花生的表面粗糙，颜色较淡，而且糖浓度较高，口感更加香美；相反地，花生的表面光滑，而且颜色较深，则不宜购买。

栗子 新鲜栗子的外壳颜色非常鲜明，而且有光泽；相反地，栗子的色泽灰暗，则不宜购买。

不同月份摄取坚果的分量（每天的食用量）

	栗子	松子仁	花生	核桃
初期（4~6个月）	1颗			
中期（7~9个月）	2~3颗	1/3~1/2大匙	6~8颗	
后期（10~12个月）	3~5颗	1/2~2/3大匙	10颗	1~2颗
结束期（1周岁以后）	5~8颗	1大匙	10~115颗	3~4颗

幼儿食品

油炸坚果豆腐

材料 | 豆腐1/2块，胡萝卜20克，干香菇1个，松子仁、杏仁、南瓜子各适量，食盐1/2小匙，鸡蛋1/2个，面粉1大匙，胡椒粉、食用油各适量，调味酱（番茄酱2大匙、白糖2小匙，肉汤、酱油各适量）。

1. 用干布将豆腐水分沥干，然后均匀地捣碎。
2. 将胡萝卜切成2厘米长的细丝，然后用开水烫熟。另外，用温水浸泡香菇，然后去掉香菇蒂，再切成细丝。
3. 留一点松子仁和杏仁做为装饰用品，然后将剩下的松子仁和杏仁剁碎。
4. 用大碗盛装步骤1、2、3的材料，然后加入食盐、胡椒粉、面粉和鸡蛋，并搅拌均匀，最后捏成直径为4~5厘米的圆饼。在圆饼上撒松子仁和杏仁，然后用食用油烤制。
5. 在炒锅内倒入适量的调味酱并加热。
6. 用盘子盛装豆腐烤饼，然后淋上调味酱。

Tip 南瓜子_ 富含钾、钙、磷等矿物质和各种维生素。在日常生活中，南瓜子可以做为零食食用。

杯状花生蛋糕

材料 | 高筋面粉200克，蛋糕粉1又1/3小匙，苏打1/4小匙，食盐适量，无盐奶酪120克，砂糖60克，白糖80克，鸡蛋2个，牛奶50毫升，葡萄干20克，剁碎的花生3大匙，杏仁干40克。

1. 在室温下保存无盐的奶酪，然后用打泡器或汤匙搅拌成乳状。
2. 混合适量的高筋面粉、蛋糕粉、苏打和食盐，并用筛网过滤，然后加入鸡蛋。
3. 花生去外皮，然后剁成较大的颗粒。把葡萄干放进用温水溶化的白糖水里，然后再捞出并挤掉水分。另外，要将杏仁干剁成较大的颗粒。
4. 在步骤1的奶酪中分3次加入砂糖和白糖，然后搅拌均匀。等白糖溶化后，分3次加入打散的鸡蛋，最后再加入少量的牛奶。
5. 分2~3次加入用筛网过滤后的面粉，并用汤匙搅拌，然后再加入剁碎的花生、葡萄干和杏仁干。
6. 在面包模具内放入做蛋糕用的纸杯，然后向纸杯内倒入搅拌好的材料，最后放入烤箱，用摄氏180℃以上温度烤制30分钟。

Tip 花生_ 花生含有促进大脑发育的不饱和脂肪酸，而且富含维生素E和维生素K。花生能增强大脑细胞的活力，而且能增强免疫力。不仅如此，花生内含有大量的铁，因此能预防少儿贫血症，而且能促进新陈代谢。

迷你油炸饼

材料 | 卷心菜30克，虾仁20克，鸡蛋1/2个，面粉1/3杯，牛排酱、沙拉酱、食用油各适量。

1. 卷心菜切成细丝，然后用牙签挑出虾仁背部的泥肠。
2. 用大碗盛装面粉和鸡蛋，然后一边倒水、一边搅拌。
3. 在步骤2的材料中加入卷心菜丝和虾仁。
4. 在炒锅内倒入食用油，然后把步骤3中的材料炒熟。
5. 根据个人喜好加入适量的牛排酱、沙拉酱。

Tip 虾仁_ 虾仁的脂肪含量很少，而且富含蛋白质和钙等营养素。大部分氨基酸无法在人体内合成，因此必须从食物中摄取，而虾仁含有大量的氨基酸。一般情况下，干虾仁内的蛋白质含量高于生虾仁。

腌橘子白肉鲜鱼

材料 | 菠菜50克，白肉鲜鱼2块，橘子汁2大匙，奶油1小匙，食盐、胡椒粉、面粉、食用油各适量。

1. 将菠菜清洗干净，然后用开水烫熟并挤掉水分。
2. 在炒锅内溶化奶油，然后倒入菠菜和橘子汁，并加热。
3. 用少量的食盐和胡椒粉腌渍鲜鱼，然后沾上面粉，最后用炒锅油煎。
4. 在盘子内铺上步骤2中的菠菜，然后摆上鲜鱼。

Tip 橘子_ 橘子是富含维生素C的硷性食品。橘子中的维生素能刺激食欲，而且能加快伤口的愈合速度。带有酸味的柠檬酸还能促进新陈代谢。

追加讯息

将营养提升2倍的饮食方法

乳制品 将奶酪和马铃薯一起食用，就能得到更多的营养。另外，如果把鲜牛奶加热，其营养成分就会流失，因此必须将不食用的牛奶冷藏保存。

谷类 一般情况下，谷类的芽眼中富含具有健脑功效的维生素E，因此只有食用未经过精细加工的粗粮或大麦，才能摄取更多的营养素。另外，如果同时食用玉米和牛奶，就能补充人体所缺乏的氨基酸。

肉类 肉类中的维生素含量较少，属于酸性食品，因此必须和富含维生素的食品一起食用。尤其在吃牛肉时，最好和芝麻叶一起食用。

坚果类 咀嚼食物的动作能刺激大脑，有助于大脑发育，因此应该为刚开始长牙齿的孩子准备能独自咀嚼的食物。

青背鲜鱼 青背鲜鱼富含脂肪，因此会影响消化能力。食用青背鲜鱼时，应该搭配富含消化素的萝卜。

用颜色培养孩子的性格

COLOR THERAPY 宝宝房的装饰方法

根据孩子的性格特质装饰房子，既能弥补孩子缺乏的气质，又能让原有的气质更凸显。但没有必要花大钱重新装饰房间，因为用简单的道具或窗帘也能获得同样的效果。

遇事消极且胆怯的孩子适合红色&白色

红色代表活泼，可以培养诚实而外向的性格。用红色装饰房间，很容易营造出具有挑战性的氛围，也可以用红色点缀色彩单一的空间，马上就能让空间变得生动、活泼。如果孩子遇事消极，而且比较内向，就应该用红色点缀房间。合理地搭配白色和红色，就能培养出开朗的性格。红色也分为冷红和暖红，其中深红色能带来温暖的感觉。如果红色让孩子觉得带来压力，也可以用红色的钟表、地毯、椅子、玩具等道具营造红色氛围。

小秘诀 1 完全使用红色装饰房间，一般人很容易产生厌恶感，但孩子和成年人不同，他们特别喜欢红色，因此可以适当地搭配红色和白色。

小秘诀 2 红色能提高孩子的活力和注意力。基于红色的这些功效，可以把相框或娃娃换成红色。

小秘诀 3 用红色装饰墙面也是很好的方法。通过大型的红花饰品，也能增添房间里的活力。

小秘诀 4 红色还能刺激食欲，因此红色存钱筒或小水杯也是很棒的选择。通过这种方法，胆怯的孩子很快就会变成充满活力、性格开朗的孩子。

LovelyBaby

心存不满、性格叛逆的孩子适合黄色&浅绿色

　　黄色和浅绿色的搭配能稳定孩子的情绪。黄色象征着协调、开放和明亮，能让人产生舒适的感觉，因此可以营造出愉快的气氛。浅绿色能消除精神压力、稳定情绪，因此有利于稳定孩子的心理变化。健康且性格开朗的孩子大部分都喜欢浅绿色。浅绿色不会造成心理刺激，能够舒缓神经和肌肉的紧张感，营造平稳的心态。只要将浅绿色壁纸和黄色家具适当地搭配，就能营造出温馨的气氛，使房间显得更加整洁。黄色能调节焦虑和忧郁的情绪，因此选择黄色玩具或黄色的生活用品，就能获得很好的调节效果。对于不喜欢吃饭的孩子来说，黄色也能刺激孩子的食欲。

小秘诀1　浅绿色和黄色是"天生一对"。用这两种颜色装饰抱枕或地毯，就能增加房间内的温暖气氛。浅绿色和黄色算是比较中性，因此既适合男孩子又适合女孩子。

小秘诀2　黄色、浅绿色是充满活力和舒适感的色彩。用黄色和浅绿色壁纸装饰家具，就能营造出温馨而舒适的宝宝房。

小秘诀3　还可以利用大小不一的整理盒。用黄色涂料粉刷整理盒，用来收藏发夹、发带等生活用品。

小秘诀4　对性格散漫且较为叛逆的孩子来说，选用与孩子身高相同的家具能增添稳定感。通常情况下，浅绿色能消除精神压力，而黄色具有平稳的特点，因此可以用这两种颜色粉刷家具。

容易生气的敏感孩子适合粉红色&紫色

粉红色又称为子宫内部的颜色，具有舒适感和稳定感。粉红色既温馨又华丽，因此非常适合孩子的房间和客厅的装饰。另外，粉红色能抑制神经质、易怒、情绪敏感等症状。紫色能让人感觉舒适，因此需要减轻负担或放松身心时，可以采用紫色来装饰居家环境；但是，过多地使用紫色，反而会带来负面影响。另外，紫色还会降低食欲，因此不喜欢吃饭的孩子要尽量回避紫色；但肥胖的孩子则可以适当地接触紫色。粉红色和紫色的搭配能营造出古典而浪漫的气氛。即使是男孩子，只要有散漫的倾向，也可以采用粉红色和紫色的搭配来装饰房间。不仅如此，紫色还有助于创造力的培养。

小秘诀 1 粉红色和紫色的色感柔和，因此能培养出开朗、温柔的性格。选择粉红色和紫色的寝具，就能让房间环境呈现统一的格调，能提高房间的整洁性。

小秘诀 2 在房间的角落里，摆放用粉红色针织品篮子所制成的收藏柜，就能为缺乏生气的空间，营造出自然而舒适的气氛。此时，再点缀一些白色，就能提高稳定感。

小秘诀 3 在孩子的视线经常停留的地方，摆放粉红色相框或玩具。通过这些小变化，也能稳定容易生气或神经敏感的孩子情绪。

小秘诀 4 针对神经敏感的孩子性格，可以准备一些玩扮家家酒游戏的玩具，这样就能增加孩子和家人接触的时间。

通过简单的装饰，也能让孩子变得更聪明

能提高学习成绩的宝宝房

房间内的气氛不同，孩子的智力发育程度也不同，与环境散漫而混乱的房间相比，干净、整理的房间更容易提高孩子的智力。下面介绍能提高学习成绩的装饰秘诀。

环境混乱的房间，会让孩子更加散漫。在日常生活中，应该为孩子提供与身高相当的书柜、减少噪音的窗帘、随手都能拿到书的书架，借此让孩子更喜欢读书。另外，偶尔改变书的摆放位置，或者依照不同的主题或颜色整理书籍，也能刺激孩子的好奇心。

绝妙主意❶ 在孩子的游戏空间里摆放书

在孩子经常活动的地方，应该摆放几本书。在日常生活中，把书整齐地放在书柜上自然是很好的习惯，但把书放在孩子的游戏空间里，也是培养读书习惯的好方法。

绝妙主意❷ 将书桌整理干净

在孩子的书桌上，尽量不要堆放没有用的物品或书本，应该让孩子养成把书放在书柜里的习惯。觉得书桌对面的墙壁很单调，则可以用彩色纸适当地装饰墙面。

绝妙主意❸ 与身高相当的迷你书架

要在孩子够得着的地方设置迷你书架，然后单独收藏孩子喜欢的书籍，这样孩子就更容易接触到书。不论书架过高或过低，都不利于孩子取、放书籍。

绝妙主意❹ 充分地利用收藏篮

在孩子的房间内摆放几个篮子，然后用篮子收藏读过的书。篮子是孩子们整理书籍的工具之一。只要把书整齐地堆放在篮子内，房间就会显得更加整洁。另外，还可以在篮子旁边铺地毯等可以坐的物品。

绝妙主意❺ 应回避亮度过高的荧光灯

在读书的时候，亮度过高的荧光灯会降低孩子的注意力，因此应该通过三波长光源等自然光提高孩子的学习注意力。一般情况下，应选用40W～60W的白炽灯（钨丝灯）或20W的荧光灯（日光灯），而且最好选择能够调节亮度的灯。

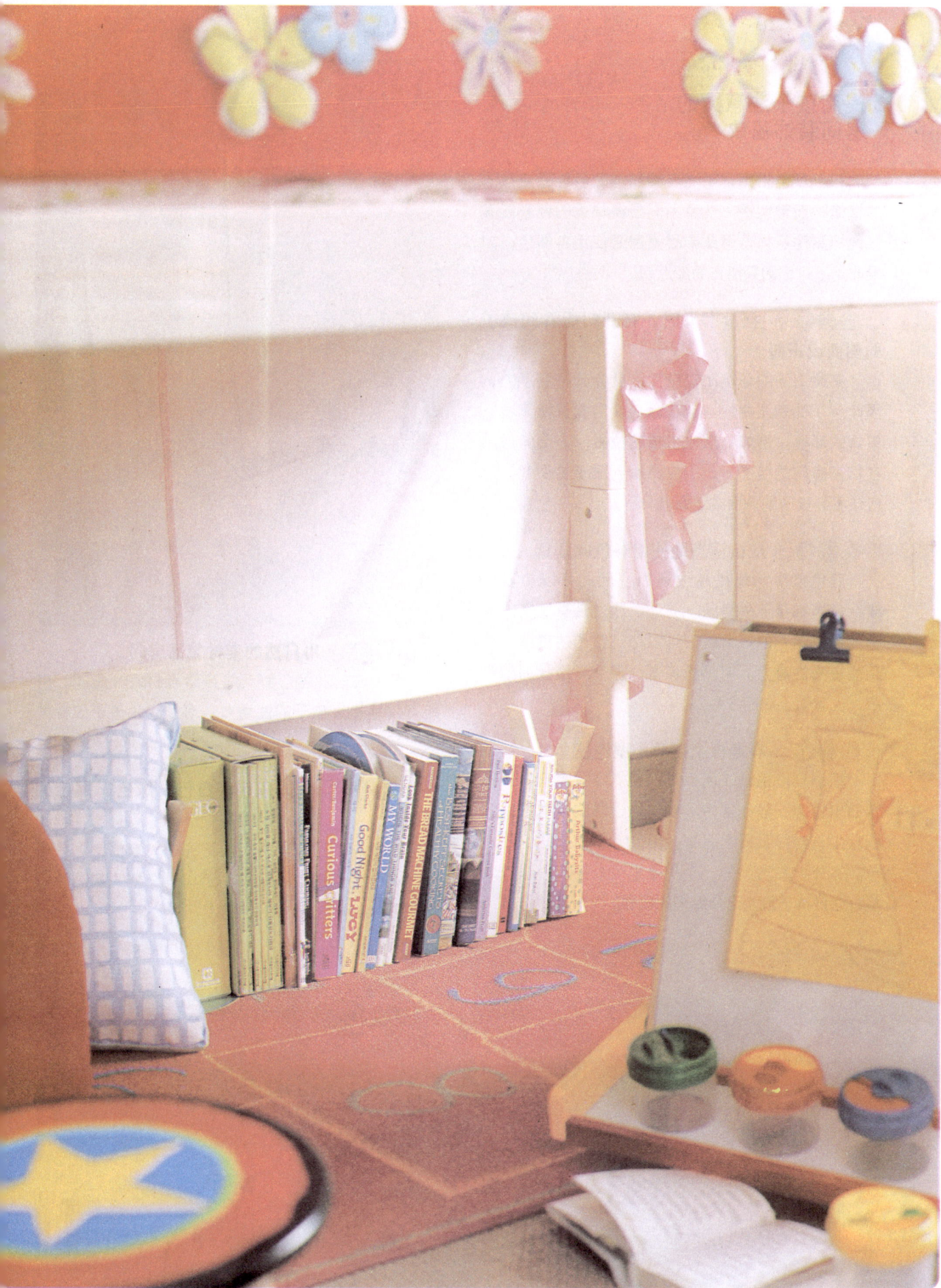

提高孩子注意力的
房间装饰秘诀

　　和自然色相比，明亮而柔和的颜色能稳定孩子的情绪，而且能提高注意力。显得稳重的色彩能有效地提高注意力，因此要尽量回避使用自然色，如果非用不可，则只能在局部点缀。

绝妙主意① **摆放书桌时，打开门能看到孩子的侧面或正面**

　　书桌周围的环境比较杂乱，就会分散注意力，因此为了提高注意力，应该让书桌周围保持干净、单调的环境。例如：摆放书桌的位置时，要考虑到在打开房门的状态下，不应该看到孩子的后背，而应该看到孩子的侧面或正面。

绝妙主意② **应该适当地使用绿色或蓝色**

　　蓝色或绿色能提高注意力，因此可以用蓝色或绿色装饰孩子的房间。另外，通过带有绿色的树林或蓝色湖水的风景画，可以稳定孩子的情绪，并且能提高注意力。能隔绝噪音、调节光线强弱的窗帘，也有助于提高注意力。

绝妙主意③ **在地板上摆放小型地毯**

　　把小型地毯铺在地板上，就能吸收噪音，更能营造出较为安静的室内环境；但过厚的地毯容易沉积灰尘，对呼吸器官有害，因此必须选择防尘的地毯。另外，在房间的一个角落里可以摆放白板或画板，这样孩子就能记录每天的日程。

绝妙主意④ **用自然的素材装饰房间**

　　用鱼缸、花盆、鲜花等自然素材装饰房间，就能有效地提高孩子的注意力，而且能让孩子改掉散慢的习惯。

绝妙主意⑤ **应该选用灰白色、绿色、褐色的壁纸**

　　与色彩华丽且带有大块花纹的壁纸相比，带有小型花纹的壁纸较为适用。尤其是稳重的灰白色等颜色更有助于注意力的提高。

提高学习效率的 选择&摆放秘诀

为了提高孩子的学习效率，应该把房间布置得更为实用，便于孩子寻找工具或书。根据以上原则，专家们建议选择"匚"字形书柜，以及附带有辅助桌子的书桌。不用花很多钱购买新的书柜，可以将附带有轮子的收藏箱改装成简易书柜。

绝妙主意① 利用两人用的书桌提高学习效率

能和兄弟姐妹或妈妈一起学习的两人用书桌，能为孩子提供适合学习的环境。由于桌面较宽，所以不会产生拥挤的感觉，而且当孩子读书时，妈妈也可以坐在孩子身边一起读。

绝妙主意② 附带轮子的迷你书箱

在附带有轮子的收藏家具内摆放孩子的书，然后放在房间的一个角落里。对于好动的孩子来说，带有轮子的移动式收藏箱子可当成迷你图书馆使用。

绝妙主意③ 可调节高度的多功能家具

要想延长书桌的使用寿命，就应该选择可以调节高度的书桌。在购买家具时，应该注意检查椅子能否调节高度、材料能否长时间不变形，以及吸汗性能是否良好等。如果孩子坐在椅子上时，脚无法接触地板，就会加重腰部的负担，因此要让孩子试坐后再购买。

绝妙主意④ 同时摆放书桌和收藏柜

为了便于孩子寻找学习工具和书，应该把书和工具整齐地摆放在房间的一个角落里。为了更有效地管理书桌周围的物品，应该把设计紧凑的收藏柜摆放在书桌侧面。

绝妙主意⑤ 应该充分利用床边的书桌

在床边摆放迷你书桌，然后摆放常用的书籍，这样就更容易让孩子亲近书本。

不需要任何特殊技巧
再利用玩具DIY

在日常生活中，不一定要花很多钱给孩子购买玩具。只要妈妈勤奋一点，就能帮孩子制作出更有趣、更有个性的玩具。用盛装冰淇淋或饼干的包装盒，制作火箭、兔子、公共汽车等孩子们喜欢的玩具吧！

咕噜！咕噜！潜水艇

需要准备的物品 | 水槽过滤网2个、纸杯3个、棉花棒、不容易折弯的吸管、黏着剂、彩色壁纸、布丁挖匙2个、彩色橡皮筋、泡绵球、装饰带、双面胶。

制作方法

❶将两个水槽过滤网粘贴起来，就制成了潜水艇的主体部分。然后在两侧系上彩色橡皮筋，最后在过滤网上面粘贴纸杯。

❷依照"+"字形粘贴2个布丁挖匙，然后用双面胶固定到步骤1的纸杯上，最后用泡绵球装饰螺旋桨部位。

❸在纸杯上粘贴较大的泡绵球，然后用棉花棒固定到步骤1中另一个水槽过滤网的顶部。

❹用彩色壁纸剪裁出倒三角形的形状，并粘贴到纸杯的侧面，然后在纸杯底部钻一个小孔，并插入吸管。

❺朝侧面稍微弯曲步骤4中的材料，然后粘贴到步骤3的中间部位，最后用装饰带点缀。

咻咻！火箭

需要准备的物品 | 纸杯、免洗盘、泡绵球、装饰带、衣服夹子4个、小夹子4个、棉花棒。

制作方法

❶在距离免洗盘的入口处约1厘米的地方，缠绕装饰带。

❷用贴纸装饰纸杯。

❸把较大的泡绵球粘贴到步骤2中的纸杯底部，然后插入棉花棒。最后在步骤1中的免洗盘上固定纸杯。

❹在免洗盘和纸杯之间，用小型泡绵球装饰。

❺在免洗盘的底部，用4个夹子保持平衡，然后在大夹子中间用小夹子收尾。

叭！叭！公共汽车

需要准备的物品 |

呈直角四边形的饼干盒，色纸（红色、粉红色、天蓝色），装饰带2个，泡绵球，壁纸，硬纸板。

制作方法

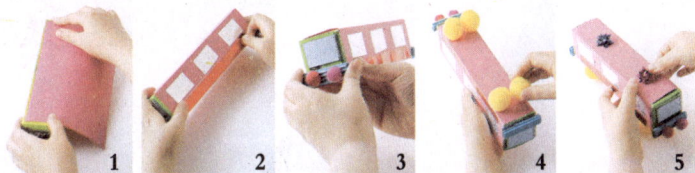

① 用粉红色色纸包住饼干盒。

② 将四边形壁纸粘贴到步骤1的饼干盒两侧，就制成了公共汽车的窗户，然后在下端粘贴较长的红色色纸。

③ 用天蓝色色纸粘贴粉红色色纸没有包住的部位，然后把硬纸板和泡绵球粘贴到天蓝色色纸的下方。

④ 在饼干盒的下方，粘贴4个较大的泡绵球，就制成了车轮。

⑤ 用两个装饰带装饰公车的顶部。

摇摇晃晃！电缆车

需要准备的物品 | 四边形携带式水杯、透明的塑料环2个、贴纸、色纸（橙色色纸，需大于水桶最大面积的3倍，天蓝色色纸）、泡绵球、装饰带、大夹子、细线、折叠纸鹤用的纸4张。

制作方法

① 用橙色色纸包裹水杯，然后用夹子夹住。

② 在水桶的侧面，用两张折叠纸鹤用的纸制作门窗，然后用贴纸装饰门窗的上方。在夹子正下方整齐地固定3个泡绵球。用同样的方法装饰另一面。

③ 用天蓝色色纸装饰橙色色纸没有包住的正面，就制成了电缆车前方的门窗，然后再用两个泡绵球和装饰带装饰。

④ 用细线连接两个透明的塑料环。

⑤ 把步骤4中的细线放进夹子的下方，然后用手指勾住透明塑料环，操控电缆车。

升空吧！火箭

需要准备的物品 | 水槽过滤网1个、纸杯1个、瓦楞纸、夹子3个、泡绵球、棉花棒、贴纸、壁纸、胶带。

制作方法

1 2 3 4 5

❶在水槽过滤网的底部，粘贴彩色壁纸。

❷用贴纸装饰纸杯，然后把较大的泡绵球固定在纸杯上面，并插入棉花棒，最后把纸杯粘贴到步骤1的过滤网上方。

❸用瓦楞纸剪裁出三角形，然后以顶点为中心对半剪裁，最后用胶带将其固定到过滤网的两侧。

❹在过滤网下方整齐地粘贴3个较小的泡绵球。

❺用3个夹子夹住过滤网下端，并保持平衡。

咕噜噜！滚筒

需要准备的物品 | 带盖子的圆形饼干盒、瓦楞纸、彩色橡皮筋、木制筷子、冰淇淋棒（扁形、圆形）、长橡皮筋、贴纸、塑料戒指。

制作方法

1 2 3 4 5

❶剪出长条形的瓦楞纸，然后贴到饼干盒的中间部位。

❷用贴纸装饰瓦楞纸包裹后剩下的部位。

❸在饼干盒底部，用小刀钻出小孔，然后穿上长橡皮筋，并拉紧从盖子上面穿出的橡皮筋。

❹用1/3长的冰淇淋棒穿上从饼干盒底部所串出的橡皮筋，然后拉紧橡皮筋。

❺将步骤4中的橡皮筋套上塑料戒指，然后再串上圆形的冰淇淋棒。握住木棒旋转20～30圈，然后将滚筒放在地板上。

长鼻子！大象

需要准备的物品 |

免洗盘、瓦楞纸（蓝色、银色）、奶酪专用小匙2个、玩具眼球、壁纸、贴纸、圆珠笔、泡绵球。

制作方法

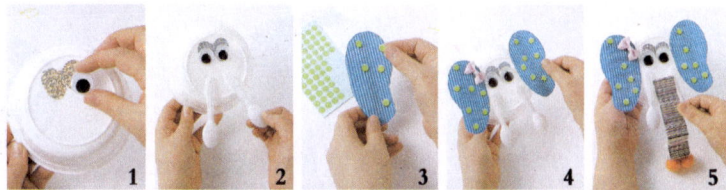

❶ 依照蝴蝶形状剪裁壁纸，然后粘贴到免洗盘的底部，最后在壁纸上面，用胶粘粘贴玩具眼球。

❷ 把奶酪专用小汤匙贴到免洗盘的底部。

❸ 依照大象的耳朵形状剪裁瓦楞纸，然后在瓦楞纸上面随意固定贴纸，最后用装饰带装饰耳朵的上方。

❹ 在免洗盘的两侧分别贴上大象的耳朵。

❺ 根据一定的大小折叠银色的瓦楞纸，然后在瓦楞纸末端贴两个泡绵球，最后把大象的鼻子贴到免洗盘上。

蹦蹦跳跳！兔子

需要准备的物品 | 汤匙、彩色画纸、圆珠笔、牙签、像月牙一样弯弯的玩具眼睛、装饰带、泡绵球、花瓣。

制作方法

❶ 在彩色画纸上画出兔子的耳朵形状，并剪裁出来，然后用圆珠笔沿着椭圆形的边缘涂抹耳朵的中间部位。

❷ 用胶带把上完色的兔子耳朵贴到汤匙背面的两侧。

❸ 在泡绵球两侧分别插上3根牙签，然后把泡绵球贴到汤匙的突出部位。

❹ 把弯弯的玩具眼睛贴到带有牙签的泡绵球上方，然后用装饰带装饰耳朵的下方。

❺ 在泡绵球下方贴上花瓣，就制成了兔子的嘴。

沙沙沙沙！小老鼠

需要准备的物品 ｜ 漏斗、瓦楞纸（银色）、不同颜色的画纸2张、装饰带、泡绵球、玩具眼睛、黏着剂、贴纸。

制作方法

❶依照蝴蝶形状剪裁瓦楞纸，然后整齐地粘贴到漏斗后面。

❷用装饰带装饰漏斗的上方，然后在泡绵球上面粘贴玩具眼球，最后分别粘贴到硬纸板的左、右两侧。

❸依照耳朵形状剪裁彩色画纸，然后再剪裁1/2张贴纸，并贴到耳朵上面。

❹用黏着剂把步骤3中的耳朵贴到漏斗的两侧。

❺用彩色画纸剪出胡须，然后贴到漏斗的突出部位，最后在中间部位贴上泡绵球。

五颜六色的小老鼠

需要准备的物品
｜ 纸杯、粘贴纸、彩色画纸、不同颜色的瓦楞纸2张、花瓣、眼球、泡绵球、棉花棒、双面胶带、圆珠笔。

制作方法

❶用贴纸剪裁出半椭圆形，然后粘贴到纸杯上面。

❷用不同颜色的瓦楞纸分别剪裁出三角形和圆形，然后在倒三角形上粘贴眼球和两个泡绵球，最后在圆形瓦楞纸上面贴花瓣，并贴到脸部的两侧。

❸把步骤2中的脸部贴到纸杯的上方。

❹在泡绵球上插入几根棉花棒，就制成了胡须。

❺用彩色画纸剪出老鼠尾巴的形状，然后贴到纸杯后面。

可爱的猫头鹰

需要准备的物品 | 可乐杯、贴纸、彩色画纸、壁纸、发泡板、装饰带、钮扣、泡绵球、夹子。

制作方法

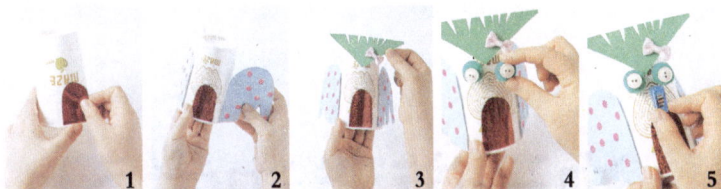

① 用壁纸剪裁出半椭圆形，然后贴到可乐杯的入口处。
② 用彩色画纸剪出猫头鹰翅膀的形状，然后用贴纸点缀，最后以贴到可乐杯上面的壁纸为中心，分别粘贴到两侧。
③ 用发泡板剪出三角形，然后随意剪裁成猫头鹰毛发的形状，最后粘贴到纸杯的上方。接着，用装饰带装饰发泡板。
④ 在两个泡绵球上面分别粘贴一个钮扣，制成眼睛，然后整齐地粘贴到发泡板的下方。
⑤ 在壁纸和泡绵球之间，用小夹子粘贴鼻子。

慢吞吞的小乌龟

需要准备的物品 | 免洗盘、免洗碗、纸杯、泡绵球、标签纸、鲜花形状的纸、可弯曲的吸管、装饰带、玩具眼睛、锥子、夹子、钮扣。

制作方法

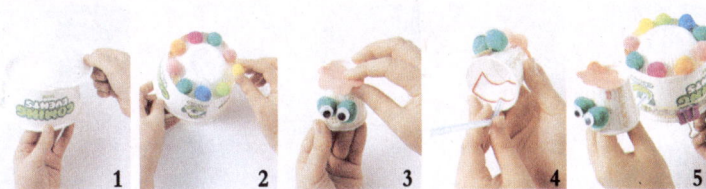

① 在免洗碗底部扣一个免洗盘。
② 用胶带把各种颜色的泡绵球粘贴到盘子和免洗碗之间。
③ 在泡绵球上面粘贴眼球，然后整齐地粘贴到纸杯侧面，随后在眼睛下方粘贴钮扣，就完成了乌龟的嘴。最后把鲜花形状的纸粘贴到纸杯上方。
④ 在纸杯内侧插入吸管，然后用标签纸固定。
⑤ 在免洗碗的前后钻小孔，然后钻进纸杯上的吸管。最后在免洗碗的底部，用4个小夹子保持平衡。

Part 5

边玩游戏边学习

跟妈妈一起进行的家庭教育（HOME SCHOOLING）

在孩子进入专业教育机构之前，和妈妈和爸爸一起开始的家庭教育非常重要。而且在家庭教育的过程中，培养孩子想象力的创造力画册和培养潜力的读书习惯，都是不可或缺的教育内容。不仅如此，在家庭教育中所学到的正确礼节和习惯，也是让孩子成为受欢迎的人所必修的课程！

除了想象力和创造力，还应该培养正确的生活习惯

宝宝的第一本教材——画册

在育儿的过程中，几乎所有的家庭都准备了画册。那么，妈妈们是否都了解画册的使用方法呢？调查结果显示，还有不少父母不知该怎样提高画册的使用效率。下面介绍适合宝宝看的画册，以及阅读画册的方法和妈妈的作用。

画册是宝宝的第一个玩具

一般情况下，宝宝处在胎儿期，妈妈就可以念画册给宝宝听了。宝宝听到妈妈的声音以后，可以感知外界，而且这种影响会一直延续到出生后。宝宝出生6个月后，就能独自坐稳，而且可以单独看画册，但对刚出生的孩子来说，画册仅仅是一种玩具而已，因此孩子经常会咬破或撕碎刚拿到手的画册。家长不用过于担心孩子的这种行为。通过咬、撕、摇晃、扔的过程，孩子能慢慢探索书的内容，而且会逐渐对画册产生浓厚的兴趣。

出生3个月以后，应该通过妈妈的声音让孩子接触画册

孩子出生2～3个月以后，就能注视特定的实物，因此妈妈必须在孩子身边经常翻看画册，吸引孩子的注意力；但不能完全用画册的图画代替妈妈的声音、歌声或和蔼的脸。在这个时期，妈妈应该不断地和孩子说话，这样才能和孩子交流情感，而且孩子通过妈妈的声音，可以更亲近画册。孩子出生6个月，就能熟悉妈妈和爸爸的声音，因此能通过妈妈和爸爸的声音让孩子接触书。

最好的创造力教材是妈妈念给孩子听的画册

孩子接受资讯的方式和多寡是培养创造力的关键，而培养创造力的最佳教材就是画册。在念画册给孩子听的过程中，可以刺激孩子扩大思考，让他们投入书中的世界，积累各种认知经验。

一般情况下，孩子积累的个人经验比较单调，但画册能丰富他们的体验，为孩子提供积累经验和发挥想象力的机会。例如：当妈妈给孩子面包和牛奶时，那些曾经体验过面包和牛奶味道的孩子，只会想到"哇，好好吃的面包啊，太好啦！"但曾经看过《丘利和丘拉的面包》（韩林出版社）的孩子就会说："啊，这就是丘利和丘拉在树林里所制作的面包吧！一定是用鸡蛋和栗子制作而成的哦！大象娃娃、小狗娃娃，我们一起吃吧！妈妈，这真的是丘利和丘拉所制作的面包吗？"

画册不仅能让孩子想象面包的味道，而且能联想到在树林里制作面包屋的面包、鸡蛋和栗子等材料，以及和朋友们一起享受美味的快乐时光。

由此可见，画册能丰富孩子在日常生活中所

累积的经验，而且能提高想象力和增加对情感的感受，以及锻炼连贯性思考。

能培养观察力和想象力

画册能培养孩子的独创性思维，提高对实物的关心程度和对生活的观察能力。在日常生活中，孩子很容易忽略路边的小草或野花，但有一天当孩子问："妈妈，这就是《狗屎》中所说的蒲公英吗？是不是狗屎里长出的花呢？"我们可以发现，孩子对小实物产生了浓厚的兴趣，并且开始注意观察周围的实物。

画册能给孩子获得间接经验，能为孩子提供自由想象的空间。有一本叫做《彩虹鱼》（Sikongsa）的画册，该画册中有一只总是自以为是的彩虹鱼，它的傲慢让它逐渐失去了周围的好朋友，最后它把自己的彩虹鱼鳞分给了好朋友，又再次得到了友谊，过着幸福的生活。

在这本画册中，彩虹鱼的鱼鳞闪闪发光，画面非常美丽。虽然孩子不能亲自到海里观察鱼，但能够在画册中看到海底世界的美丽风景，尽情地发挥想象力。

画册里的现实和虚幻、时间和空间都没有任何限制，因此能够让孩子自由地发挥想象力。消除了思维的限制，就是创造力诞生的开端。

画册对孩子有益的四大理由

1 画册是让孩子了解周围世界的玩具

即使是成人，也能从画册中感受快乐。因此，孩子在快乐的游戏中，能认识周围的世界，以及各种自然现象，逐渐获得各种经验和知识。对孩子来说，画册就是认识周围世界的最佳玩具；但好的玩具，并不一定就能满足孩子或让孩子开心。为了让孩子充分吸收画册里的知识，还需要妈妈的引导。孩子在认识文字之前，还不能独自看画册，因此应该由妈妈念画册的故事给孩子听。

2 画册有助于情绪发育

画册的教育目的和价值在哪里呢？首先，画册的内容要通过妈妈的声音传递给孩子，让孩子感受快乐和喜悦。妈妈为孩子念书的过程，可以增加母子之间的感情，而且有助于孩子的情绪发育。另外，孩子通过视觉和听觉接收画册的资讯，可以锻炼读、写、听、说的能力。经常接触画册的孩子能自然地学会文字，并提高听力。

3 想象力和创造力的宝库

画册是培养想象力和创造力的最佳教材。在日常生活中，除了没有文字的画册外，还应该让孩子接触其他各种形式的画册。孩子理解了画册中的故事情节，会用自己的语言表达出书中的人物、场景和内容。另外，孩子还可以虚构出不同于原书的故事。通过这个过程，就能激发出无穷无尽的想象力和创造力。

4 能培养解决问题的能力和艺术鉴赏力

书中的故事能让孩子间接地体验书中人物的感情变化，有助于孩子的成长发育。一般情况下，书中会出现孩子在日常生活中所常见的各种问题，以及因这些问题所导致的不安、恐惧、愤怒等丰富的感情变化。孩子在看书的过程中，能间接地接触这些问题，而且可以将这些经验运用到现实生活中，提高了解决问题的能力。

另外，画册本身的艺术性也能培养孩子的审美观。画册是通过文字和画面表达某种内容的艺术作品。孩子在鉴赏画册的过程中，还不能正确地评价主题、人物、结构、线条、颜色等艺术元素，但却能培养欣赏艺术作品的鉴赏力。

> **追加讯息**
>
> #### 适合出生0~6个月宝宝的黑白画册
>
> 画册是通过画面和短句表达故事情节的艺术作品，因此孩子在听故事的同时，能通过画面想象出更丰富的内容。
>
> 黑白画册摆脱了实物固有的形象，使孩子的想象力得到了自由的发挥，有利于提高想象力和创造力。
>
> 宝宝在出生0~6个月期间还不能分辨颜色，只认识黑白和明暗，因此黑白画册能刺激宝宝的视觉，并促进五感的发育。
>
> 有些妈妈喜欢帮孩子准备色彩绚丽的画册，但在开发想象力和创造力的初级阶段，黑白画册的效果更明显。

只要跟着学，就能成为100分的好妈妈!

挑选好画册的秘诀

只要牵着孩子的手逛一逛书店，或者上网搜索，就能搜集到各种资讯；但很多妈妈还不知道该给孩子买什么样的书。下面介绍正确挑选画册的秘诀和利用这些画册的方法：

正确挑选画册的秘诀

可以通过画面了解故事情节

孩子虽然可以看书中的图画，但由于思考能力还不健全，因此还不能正确把握书的含义。即使孩子无法理解文字，但只要书的图画比较精致且富有内涵，就能发挥想象力，编出各种故事。在挑选画册时，应该注意观察画面的内容是否丰富细致。

语言丰富有趣

念书给孩子听时，应该有一定的节奏感。如果书中的文字很有意思，就能刺激孩子的兴趣，使孩子自然地喜欢上阅读。在挑选画册时，应该检查其中的语言是否精彩，是否富有节奏感。

能从前一张画面想象下一页的内容

念书给孩子听时，最重要的就是激发想象力。如果场面的转换很自然，那么在翻页之前，孩子就能想象下一页的内容。为了刺激孩子的想象力，应该选择故事情节承接自然、场面转换有序的书。

以简短对话形式居多

一般情况下，年龄小的孩子集中力较差，因此在读书时容易出现厌烦的情绪。父母在说故事时，如果连续出现很难理解的句子，那么无论故事情节多么精彩，画面多么优美，都无法引起孩子的兴趣，因此应该选择对话居多的画册。

含有大量资讯

好的画册应该通过文字和画面，反映人类世界、自然界的有趣故事和现象。不仅如此，画册还要通过不同的艺术形式，培养孩子的各种感官能力；换句话说，画册应该可以培养孩子想象力和创造力，赋予他们丰富的经验和知识，让他们学会关心自己、关爱别人。另外，要选择可以提高孩子的语言能力和审美能力的画册。

> **追加讯息**
>
> **挑选好画册的秘诀**
> - 购买获得权威机构所颁发的奖项画册或专家所推荐的画册。
> - 念书给孩子听时，为了充分传递妈妈的爱，应该选择适合妈妈阅读的好书。
> - 应该选择具有文学性且画面优美的书。
> - 应该选择孩子感兴趣的画册。
> - 应该选择适合孩子的年龄和发育程度的书。
> - 为了下次购买更适合孩子的书，在念完书给孩子听以后，应该注意观察孩子的反应。
> - 原创童话、传统童话、科幻童话，以及写实童话，其知识的含量各有优劣，因此应该选择不同主题的书，让孩子接触不同的知识。

选择值得信赖的专业出版社

选购成套的画册时，最重要的就是出版社的可信度。一般情况下，成套的画册价格不菲，因此最好选购专业出版社所出版的书。专业出版社在编辑书时，会全面考虑书本内容的图画的比率，并且会投入大量的经费用于制作优良的画册。另外，专业出版社的客户服务和售后管理系统比较完善，便于退还或退换已购买的书。

事先确认退还的手续

只有通过送货上门的销售员购买的包含教具或需要老师讲授的画册，才能享受各种售后服务。在购买书时，应该记录和销售员咨询的内容，并仔细阅读合约的条款。另外，产生疑问时，应该及时确认。不仅如此，还应该事先确认退还的手续。拿到书以后，应该依照画册的目录仔细对照书的内容。

仔细挑选买了不后悔的画册方法

考虑孩子的年龄和感兴趣的领域

为了让画册可以长时间使用，有些父母会选择不符合孩子年龄的书。一般情况下，可以选择内容超过孩子年龄1～2岁的书。另外，孩子满2周岁以后，才能完全读懂画册，因此从这个时期开始，可以选购原创童话或传统童话。

名着童话或伟人传适合6～7周岁的孩子阅读，而百科全书适合上了国小的孩子阅读。孩子在2～4周岁期间，可以阅读由照片和简单的文字所组成的自然类书籍，详细地了解各种自然现象。

依照不同的主题确定选择范围

画册的主题非常丰富，有让孩子变聪明的画册，也有培养探索能力的画册。在挑选不同主题的书时，重点也各不相同。

挑选原创童话时，应该检查画面是否充分地表达了文字的内容、是否采用适合孩子的词汇或句子。另外，要选择语言简单且带有正确答案的数学类画册或科学类画册。挑选自然类书籍时，应该检查书中的内容是否丰富、照片或画面的大小是否适合。

使用培养创造力的画册的方法

用画画的方式写读后感

给孩子念完书以后，是让孩子像鹦鹉似地重复正确答案，还是让孩子自由发挥创造力，都取决于妈妈。前者会成为死板地继承妈妈和爸爸经验的人，而后者就会成为能具有创造力的人。虽然让孩子看画册能刺激创造力，但只要父母多费一点心思，就能让孩子的创造力发育突飞猛进。给孩子念完书以后，如果让孩子画出自己的想法，就能提高想象力，让孩子更进一步地理解书的内容。

用行动表达读完画册后的感受

可以让孩子跟书中的主角一样，用行动表达读完画册后的感受。可以找以各色汽球或是以彩虹为主题的绘本，让孩子熟悉颜色，发展视觉的观感。

通过画册可以让孩子比较红色、黄色、蓝色、草绿色、紫色等颜色的不同感觉，而通过气球最初的形状、膨胀后的形状，以及向空中飘浮的过程，都能发展孩子的各种感官。

扮演书中的主角

在日常生活中，可以让孩子扮演故事中的主角。为了模仿主角的行为，孩子会不断地回想主角的感受和动作，并努力模仿细微的情节。

如果孩子不喜欢洗澡，就可以让他读以小狗为主角的故事，像是《灵犬莱西》或《可鲁》等故事，然后和妈妈一起扮演小狗，用舌头舔饼干，或者在地上爬滚，然后再去洗澡，这样就可以把洗澡变成快乐的游戏。

让孩子亲近书籍的指导方法

营造出与画册中的世界类似的环境

在房间的一个角落里营造出与画册里的情景类似的环境，这样孩子就能自然地发挥想象力。由于自己生活的空间变成了故事中的美景，因此孩子的创造能力也会在不知不觉中得到提高。

例如：绘本《很大很大的故事》（mini汉湘）中，以波澜壮阔的海洋为背景，带小朋友一起翱翔在无边无际的广阔世界。可以制造一个以蓝色为基底色的小帐棚，在帐棚内贴上小船或小鱼的图片，把所有的玩具都放在帐篷里，让小朋友熟悉这样的场景。

即使是短短的10分钟，也应该固定念画册给孩子。

有些父母认为，帮孩子购买画册就算尽到了父母的职责。但重要的不仅仅是让孩子得到画册，还应该为孩子提供接触画册的环境。最重要的是，妈妈和爸爸每天都要持续地为孩子念10分钟的故事。虽然10分钟非常短暂，但只要每天坚持下去，就能增进孩子和父母之间的感情，而且通过这个方式，会让孩子对书产生更浓厚的兴趣。

爸爸也应该为孩子念画册

在孩子睡觉前，父母为孩子念书，有助于孩子的情绪发育。很多爸爸认为念书给孩子听是妈妈的义务，但爸爸也应该为孩子的成长投入一定的时间，亲自念一些简单的书给孩子听，这样一定会带来更不同的效果。

营造出独特的读书空间

很多妈妈喜欢把书摆放在孩子够不着的书柜里，但只要依照原创童话、自然类童话、生活童话等不同的种类，分门别类地将书籍摆放在孩子够得着的地方，将更有利于培养孩子读书的习惯。

孩子的床头、房间里的简易书柜、餐桌和汽车里都可以摆放几本书，让孩子有更多的机会接触书。另外，还可以帮孩子打造一个安心读书的小空间。可以根据孩子的喜好，利用简易书柜打造一个独立的读书空间。如果家里没有多余的空间，也可以在书柜旁挂一张塑料布，让孩子在塑料布后面，也能开心地读书。

提高创造力的画册

开发不同创造力的画册

未来的社会需要有创造力的人！通过画册可以提高孩子的创造力。对孩子来说，画册就是最好的玩具，也是独一无二的创造力教材。下面介绍为想象插上翅膀的创造力画册。

培养语言创造力的方法

语言创造力是指正确掌握、应用符合孩子理解水准的词汇能力。在具有语言创造力的孩子中，那些想象力丰富的孩子具有成为小说家或诗人的资质；而自我意识强烈，为达到目的而不惜一切手段表达自己想法的孩子，则具有成为人文学者的资质。

通过拟声词和拟态词感受语言的快乐

孩子开始学习语言的时候，妈妈应该有节奏地念画册中所出现的词汇给孩子听。多使用拟声词或拟态词，就能让孩子对语言产生兴趣，并能提高学习语言的能力和表达能力。在日常生活中，还可以改变书中的对白或故事情节。如果书中的内容是"沙沙地走过草地"，则可以改用"咚咚咚地踩过草地"或"啪嗒啪嗒地走过草地"等句子培养孩子的语感，而且不断地为孩子营造出可以提高语言能力的环境。

玩角色扮演游戏

孩子看完书以后，可以和妈妈一起做保留主角的姓名，但故事情节完全不同的游戏。借此让孩子产生自己的想法，养成做事前先计划的习惯。在学习语文的过程中，可以通过各种游戏锻炼语言的创造力，让孩子充分发挥自己的潜能。

经常阅读资讯含量大的书

在日常生活中，应该多给孩子看百科全书等含有大量资讯或有许多图画的书。另外，可以在客厅内摆放不同种类的书，然后经常改变摆放的顺序，让孩子随时阅读自己喜欢的书。如果购买附有玩具的画册，孩子就能边看书、边玩游戏，获得一石二鸟的效果。如果购买不成套的画册，那么每一册书的大小和画面都有所不同，可以借此消除阅读的单调感。

培养感性创造力的方法

感性创造力就是对实物和人物的观察能力，需要喜、怒、哀、乐等丰富的感情体验。产生过喜悦、悲伤等各种情绪的孩子，感性指数很高，可以很容易地理解他人的想法和情绪，对建立良好的人际关系大有裨益。另外，这类孩子在观察外界时不会产生偏见，想象力也非常丰富。

经常帮孩子准备彩色画册

在孩子不认识文字的时期，为了培养感性创造力，应该选择蜡笔风格或水彩风格的画册。虽然孩子还不能完全理解故事情节，但只要经常接触色彩丰富的画面，就能自然地提高感性指数。

通过间接经验插上想象的翅膀

孩子满2周岁以后，语言能力和想象力都有所提高，而且好奇心也越来越重。因此，从这个时期开始，应该让孩子看在现实生活中无法看到的科幻故事。通过各种间接经验，为孩子的想象力插上翅膀。即使孩子说出荒唐的话，也不要回答："哪有那种事情啊！"应该适当地赞同孩子的意见："当然，也有存在那种事情的可能啊！"借此帮助孩子尽情发挥想象力。

培养科学创造力的方法

晚上太阳会去哪里呢？动物为什么要冬眠呢？随着年龄的增长，孩子们会逐渐关心有关自然现象、生命体的诞生、物体的变化等领域的事情。即使是一只小虫，也能引起孩子们的浓厚兴趣，有时他们看到被风吹走的落叶也会感叹不已。

一般情况下，科学创造力是在孩子的好奇心和观察力的基础上所形成的。孩子感知周围实物的变化，为了了解其中包含的原理而不断探索的过程，就是提高科学创造力的关键。

认识自然现象

在日常生活中，应该通过画册让孩子体验自然界的各种有趣现象。孩子在通过画册认识自然界的过程中，会不断地发挥想象力，并用语言和行动表达自己的想法。如果孩子在画册中看到鸡蛋孵出小鸡的画面，那么也会产生自己孵小鸡的想法。在这种情况下，家长们应该像爱迪生的妈妈一样，鼓励孩子的行为。另外，为了让孩子亲身体验从书中所看到的实物，应该经常陪着孩子爬山或者去田野间玩耍。当孩子们通过实验和观察，有系统地接触了科学时，就能产生极具独创性的思维。

培养逻辑、数理创造力

寻找实物的共同点和不同点，并能独自解决所遇到的问题能力就是逻辑、数理创造力的核心。有系统地思考问题，找到某种现象的原因和结果，这种能力将成为孩子独立分析和解决各种问题的基础。

通过智力游戏提高解决问题的能力

可以让孩子在阅读画册的过程中，一边数书中的人物，一边掌握实物的概念。另外，为了培养推理能力或运用各种方法解决问题的能力，妈妈在念画册的过程中，应该经常向孩子提问。

"小朋友迷路了，如果是你的话，你会怎么办呢？""这些人为什么要打架呢？""如果主角很善良，那么结局会怎样？"在念书给孩子听的同时，应该让孩子独自寻找事情的原因和结果。

在这个时期，应该帮孩子准备可以一边玩游戏一边掌握数的概念的画册。另外，孩子满3周岁以后，应该选择可以预知故事的起因和结果，并提出解决方法的画册。

培养艺术创造力的方法

艺术创造力的基础就是丰富的感官刺激。一般情况下，通过触摸、听、看、感受等过程，就能培养孩子对实物的敏感性，培养艺术创造力。

给孩子提供可以锻炼听力和触觉的独特画册

能提高艺术创造力的画册，大多具有很强的娱乐性，例如：可以营造空间感的立体画册、可以刺激视觉的黑白画册，以及由独特的色彩和画面所构成的花卉画册。立体画册的制作材料和形态非常丰富，不管是用布料制作的画册、带有立体画面的画册、翻开后能发出声音的画册，都有助于孩子触觉和视觉的发育。让孩子在周围的实物中寻找画册中所看到过的颜色和形状，就可以提高孩子的艺术创造力。孩子在看画册时，不能只欣赏美丽的画面，还应该用在画册中所看到过的颜色亲手画出类似的图案。

比游戏更有趣的阅读方法

加强和妈妈的感情交流——画册的使用方法

画册只看一遍就扔掉，总会觉得很可惜。因此孩子看完画册后，只要合理利用，就更能有助于孩子创造的提高及智力的开发。下面介绍适合不同阶段孩子的画册使用方法。

0～24个月
有助于身体发育提高实物认知能力

孩子通过和妈妈的接触，能逐渐了解自己和妈妈的想法，以及周围的世界的特征。在这个时期，孩子还不能随意活动或调节自己的身体，因此必须得到妈妈的帮助。

另外，为了让孩子对游戏产生兴趣，还应该营造出能稳定孩子情绪的环境。此时，必须选择适合孩子发育程度的方法。

念童话故事给孩子听

1. 应该让孩子阅读由大量的画面和简单的故事所组成的画册。
2. 由妈妈亲自画出画册中的背景。
3. 妈妈和孩子分别扮演画册中的不同角色，并进行对话。

效果 有助于语言的发育，而且能稳定情绪。

五颜六色的气球

1. 让孩子独自挑选各种颜色的气球。
2. 让孩子观察空气进入气球时膨胀的状态，向空中弹起时的样子，分辨各种颜色的差异。
3. 由妈妈亲自帮孩子吹气球，同时讲出有关颜色的故事，孩子就会更有兴趣，而且能培养色感。
4. 做抛、接不同颜色气球的游戏。

效果 能提高触感和听觉，以及对颜色的认知能力。

有趣的广告

1. 首先确定一个主题，然后再确定孩子喜欢的实物。如果孩子喜欢汽车，就对孩子说："从现在开始，我们搜集一些关于汽车的资料吧！"
2. 在报纸、杂志和广告中寻找关于汽车的资讯。

3. 由妈妈剪裁孩子所寻找到的汽车图案，然后把图案粘贴到画图纸上。

效果 在收集图案的过程中，能培养孩子的注意力、认知能力和分类能力。

2～3周岁
能学习说话的正确的生活习惯

2～3周岁是语言能力急速提高的时期，因此应该反复地念有助于语言发育的画册给孩子听，而且要经常和孩子对话。另外，在这个时期，应该纠正错误的生活习惯，通过生活画册引导孩子养成正确的生活习惯。

奖励贴纸

1. 和孩子一起看画册。此时，最好选择有很多实物照片的画册。
2. 看完画册后，向孩子询问画册中的内容。"刚才看的画册中都有哪些动物呢？其中，老虎是怎么叫的啊？"
3. 如果孩子回答正确，就应该贴上一个贴纸，以示奖励。"回答得非常正确，妈妈奖励你一个贴纸吧！等到这里贴满贴纸，妈妈就买冰淇淋给你吃。"

效果 通过贴纸可以让孩子产生成就感，并能对读书产生兴趣。

替换句子游戏

1．一边想象画册中的对白、一边替换相对的句子。例如：书中有"大象咚咚咚地走过草地"，可以用其他说法替换"咚咚咚"。

2．看完书以后，让孩子和妈妈一起做保留主角的姓名，但故事情节完全不同的游戏。

效果 能培养语感和创造性思维。

通过身体来学习角色扮演的游戏

1．念完画册以后，由妈妈模仿书中的人物，然后让孩子跟着妈妈一起模仿。"书中的英姬和阿哲在山上做什么啦？他们是怎样喊万岁的呢？"

2．让孩子独自模仿动物或书中的人物。孩子看完关于动物的画册以后，可以让他们模仿动物的形态，例如："小兔子是怎样跳的啊？"

效果 有助于身体活动，并能提高表达能力。

猜谜的游戏

1．给孩子看印有很多实物的画册，然后确定一个主题，并跟孩子一起看画册。

2．看完画册后，遮住孩子的眼睛，由妈妈来描述实物的特征，让孩子想象气味、触感和形状的概念，然后猜出这是哪一种实物。如果猜对了就应该鼓励孩子。

效果 刺激孩子的想象力，培养对实物的认知能力。

3周岁以后
通过编故事培养孩子的社会适应能力

在这个时期，孩子可以建立属于自己的人际关系，并对自己的社会角色、跟朋友之间的关系、跟家人之间的关系形成基本的架构。在这个时期，孩子可以通过对话或画画的方式表达自己的感受，因此在读完画册以后，应该让孩子积极地表达自己的想法。

制作能培养创造力的画册

1．在画图纸上粘贴从杂志或广告单上剪裁下来的图片，或者由妈妈和孩子亲手画。例如：剪裁各种汽车照片，或亲手画出汽车

的模样。

2．首先告诉孩子图片或图画里实物的名称，然后再让孩子重复一遍，最后在照片下面用彩色笔写上相关的名称。

3．看着图片或图画模仿不同汽车所发出的声音。

4．如果曾和孩子一起坐过汽车，就可以和孩子谈论当时的感受。

效果 能提高想象力和创造力。

逛市场游戏

1．用塑料布或购物袋制作菜篮。

2．依照颜色、种类将各种物品分类。

3．妈妈和孩子分别扮演商店的主人和顾客。顾客要说出自己想购买的物品，同时要说明选择该物品的理由，以及它们的用途。

效果 能培养实物认知能力和算术能力。

筷子娃娃

1．准备一本孩子喜欢的画册。

2．剪下画册中的主角，或者让孩子独自画出自己喜欢的图形，然后粘贴到筷子上。

3．和孩子讲述家庭成员的日常生活，例如：爸爸每天上班，妈妈做家务。

4．依照画册所描述的故事情节或独自编出的故事情节，做娃娃游戏。

效果 可以提高孩子理解他人想法或感情的能力，并能尽情发挥想象力。

听童话故事录音带

1．准备一本有趣的画册。

2．妈妈和孩子一起看童话书，可以录下妈妈说故事给孩子听的声音，也可以用录像机录制说故事的整个过程。

3．重新听录音带或看一遍录制的画面。让孩子听到自己的声音或看到自己的画面，想读书的兴趣就会越来越浓。如果采用录像的方式，孩子可以看到自己的行为、表情和口形，将更容易激起孩子的兴趣。

效果 让孩子学会说话的节奏，掌握正确的发音。

解答妈妈们的疑问Q&A

怎样才能让孩子喜欢读书呢

念画册给孩子听看似简单却有一定难度。只要认真地念画册就可以了吗？应该选择什么样的画册呢？当我们接触画册的那一刻开始，就会有很多疑问接踵而来。现在我们根据妈妈们的疑问，详细地解答关于念画册的所有问题。

关于念画册的时期

Q 应该从什么时候开始念画册给孩子听呢？

A 关于第一次念画册给孩子听的时机，有很多不同的观点，但孩子出生3个月以后，就可以逐渐亲近画册了。在这个时期，孩子能控制颈部力量，因此可以抬头看自己感兴趣的实物，而且能区分颜色。跟看书相比，给孩子看旋转音乐铃或小铃铛更为有效。一般情况下，孩子出生8个月，就可以正式接触画册。在这个时期，孩子能集中注意力做一件事情，而且具备一定理解画面的能力。

Q 孩子只喜欢看简单的画册，应该怎样提高画册的难度呢？

A 正如妈妈所想，如果孩子喜欢不同类型的书那该多好，但孩子不知道哪些书适合自己。因此，考虑这些问题之前，应该先让孩子喜欢上看书。只要孩子喜欢看书，即使父母不强迫，他们也能自觉地阅读各种书。

一本书简单与否，通常都是依据父母的标准来判断，因此必须了解孩子喜欢某种书的理由，以及他们最近感兴趣的事情，然后再挑选与此相关的书。最后，要逐渐选择文字较多的书，就能消除如何提高难度的烦恼。

Q 听说早点学习文字，那么孩子就只看文字而不看画面，要不要刻意拖延学习文字的时间呢？

A 没有必要，因为这些理由故意拖延学习文字的时机。如果希望通过画册培养孩子的想象力，就应该由妈妈和爸爸念书给孩子听，这样孩子就会自然地关注画面。让孩子学习文字，只要不刻意地让孩子关注文字，就不会出现上述问题，因为只顾着看文字，就无法体验丰富的画面。孩子不能用一只眼看文字，而用另一只眼看画面，所以需要别人的帮助。如果由妈妈念画册给孩子听，孩子就能通过耳朵听故事，同时用眼睛看画面。

挑选画册的要领

Q 应该选择什么样的画册呢？

A 事实上，并不存在衡量画册好坏的统一标准。一般情况下，要选择颜色鲜明、画面整洁、构图合理的画册；相反地，缺乏创意、过于单调或太过复杂的画册则不适合孩子。另外，也应该回避那些原封不动地模仿电视卡通的画册。

有些人认为，自然的色彩能培养孩子的色感，或者带有黑色边框的画面更有利于孩子，但这些观点并没有任何科学依据。一般情况下，作者会根据画册的内容选择最适合的画风和色彩，有时会采用黑白技法、有时能运用素描的手法，让孩子感受到更多的东西。由此可见，与画风和色彩相比，画册的内容才是挑选画册的主要依据。

Q 听说《灰姑娘》、《白雪公主》等著名童话都落伍了，这是真的吗？

A 有些人认为，世界名著的童话故事具有帝国主义思想或男尊女卑等不健康的内容，但我们不能因为这些理由而排斥名著童话。其实，名著童话里也有很多充满趣味、教育意义和文学性的故事。很多为孩子准备的名著童话只是简单地介绍了故事情节，因此还不能完全表达原著的感人内容。

名著童话不一定都是最好的书，因此妈妈应该正确地判断名著童话的内容。如果童话的价值观与目前的现状有很大的差异，或者容易误导孩子，就应该慎重选择。

Q 应该给孩子看不同的画册，还是反复地看几本画册？

成年人中有涉猎广泛的人，也有只对一两个领域感兴趣的人，孩子也有类似的特点。随着孩子年龄的增长，他们的个性和价值观都在发生变化，因此挑选画册的类型也不同。读多少书、读哪一种书其实并不重要，重要的是在读书的过程中，孩子和妈妈的沟通和感情的交流。因此，即使孩子读一本书，也应该和妈妈沟通。

Q 我认为获奖的画册应该是好书，但是孩子却不感兴趣。

A 一天之中会出版几十本画册，挑选一本好书并不容易，所以很多父母特别看重获奖的画册，但是获奖与否只能做为一种参考，不能做为绝对的选书标准。一般情况下，孩子们比较喜欢能让他们产生"我也是这样"、"我以前也这样做过"、"我也想这样做"等感受的画册。在挑选画册时，请不要忘记，孩子喜欢的书才是最好的书。

Q 当孩子反复地看自己喜欢的书，而不关心其他书时，应该怎么办？

A 大部分孩子喜欢反复地阅读特定的书。例如：只喜欢看关于汽车的画册，对其他书不感兴趣。在这种情况下，应该帮孩子购买介绍各种汽车的画册，以汽车或火车为主题的书，以及关于汽车构造的书。经过这个过程，孩子们的思想会慢慢地成熟，一段时间后，就会自然地关心其他领域。

念画册的秘诀

Q 一旦画册的内容偏多，孩子就只看画面。如果家长念完所有文字，是否有利于孩子学习语文呢？

A 想培养孩子的创造力、想象力和语言表达能力，就不要受文字的限制，应该让孩子根据自己的想象独自编故事。如果孩子正在学习文字，可以让孩子看完文字后，再把故事和文字结合起来，用自己的话语讲述；但这种方法不适合未满4周岁的孩子。

Q 在念书的过程中，如果妈妈提问，孩子就会说出荒唐的答案。是否要反复地念一本书，直到孩子完全理解书中的内容为止呢？

A 大部分妈妈最大的失误就是念完书以后，急着确认孩子是否理解了书中的内容。念书给孩子听的主要目的并不只是为了提供知识和资讯，孩子在听故事的过程中，会不断地思考、会感受到各种情感。在这个时期，不用太在意孩子是否理解书中的内容。如果孩子无法理解书中的内容，就应该更换适合孩子发育程度的书。

Q 在念书的过程中，孩子提出了很多问题，应该回答所有问题呢？还是适当地回避好呢？

A 简单的问题可以马上回答，但如果孩子的问题很古怪，就可以让他们听完故事后再提问。只要认真地听孩子所提的问题，就能判断出他们是因为真正好奇而提问，还是为了提问而提问。如果是因为好奇而提问，就应该马上回答。

Q 念完书以后，怎样才能在让孩子从书中得到启发呢？

A 一般情况下，大部分孩子都想成为书中的主角，因此家长要利用孩子的这种心理，例如：讲述描写生活的画册给孩子听，可以让孩子养成正确的生活习惯；但大部分孩子在上小学之前，还不能通过画册的内容总结出实用的经验，并运用到现实生活中。在这个时期，家长念完书以后，没必要再次确认书中的内容，或者让孩子总结，而应该让孩子充分表达自己的感受。念完书以后，首先由妈妈说出自己的读后感，然后自然地询问孩子的想法，引导孩子把自己的感受应用到现实生活中。

让孩子和书进行对话
利用图书馆的教育秘诀

在家也可以读书，为什么还要去图书馆呢？下面介绍需要带孩子去图书馆的理由和不花一分钱也能利用图书馆的方法。

孩子的第一所学校——图书馆

只在家看书的孩子很容易成为"书虫"，他们不了解与别人分享读书的快乐，也没有机会接触外界的人和实物，不懂得自己是社会的一员，要对自己的行为负责。如果孩子经常跟妈妈一起到图书馆看书，就能很自然地学会这些道理。另外，在孩子接触各种书的过程中，就能了解孩子感兴趣的领域。

看书时不能单纯地关注书中的内容。图书馆里的每一本书上都有编号，因此在看书之前，应该详细地介绍封面上的书名和作者，这样孩子才能更全面地掌握书中的内容，而且能学会与书对话的方法。在小学、初中、高中，甚至大学，图书馆里丰富的知识都可以锻炼表达能力和思考能力。

尽量利用上午的时间

和孩子一起去图书馆并不是一件容易的事情。如果孩子在图书馆里乱跑或淘气，就会影响别人学习，但很多图书馆逐渐开设了幼儿阅览室，因此也不用过于担心。但有时家长还是需要和孩子一起待在儿童阅览室，因此最好利用上午的时间去图书馆。一般情况下，上午9时到中午，儿童阅览室的人很少，家长可以安心地念书给孩子听。

去图书馆前应该先列出需要借阅的书

在去图书馆前，应该和孩子一起到图书馆的相关网站，搜索需要借阅的书。例如：只要输入"大海"这个关键字，就能搜索出有关大海的很多书，然后根据书名就能挑选出孩子最想看的书。这样到了图书馆，孩子就可以和妈妈一起寻找书，在无意中提高了孩子去图书馆的积极性。另外，还可以把孩子不喜欢看的书捐赠给图书馆。一般情况下，捐赠书的第一页会印上"捐赠"的印章，然后写上捐赠人的姓名。这样，孩子就可以把图书馆当成"有自己的书"的地方，而更喜欢去图书馆。

正确地利用图书馆的6种方法

1 让孩子坐在妈妈的膝盖上听妈妈念书

念书时，如果妈妈和孩子面对面地坐着，孩子的注意力就容易分散，不能集中精力听妈妈念书。因此即使孩子比较重，也应该让孩子坐在妈妈的膝盖上，跟妈妈一起看书。

2 和妈妈一起挑选书

去图书馆前，应该确定妈妈和孩子各自需要的书。如果孩子有特别关心的领域，就应该适当地提高该领域书籍的难度。在这个时期，不用太在意孩子的年龄，而应该注重孩子读书的兴趣。

场面。如果孩子对自己的画加以说明，也应该详细记录下来。最后仔细地分析读书笔记的内容，并总结出孩子喜欢的画册类型和最感兴趣的问题。

6 一本书要重复念3次

刚开始，由妈妈念书给孩子听，然后让孩子独自看书，并复诵书中的内容。此时，即使孩子讲得语无伦次，也应该耐心听完。最后，妈妈再从头到尾讲述一遍，加深孩子对书的理解。

把图书馆的利用率提高2倍的方法

及时购买孩子想要的书

有些妈妈喜欢一次性购买大量的书，但最重要的不是购买的数量，而是能否买到孩子真正想要的书。经常和孩子一起到图书馆看书，就会发现孩子百看不厌的书，这时应该及时地购买同类型的书。孩子在成长过程中，阅读的内容和自己的感受会永远留在他们的记忆里。

学会100%活用读书笔记

根据孩子的读书笔记，挑选出孩子最喜欢的书，然后及时地购买新书。如果偶尔念一些孩子不感兴趣的书，只要重复两三次，孩子也会喜欢。

另外，还要注意观察孩子在左页所留下的画。通过孩子的画，还能发现父母不易察觉的自闭症或忧郁症。如果孩子只在固定的位置画画，或者画出不堪入目的残忍画面，或者反复画出和书的内容毫不相关的画面，就应该向专家咨询。

要相信图书馆

图书馆并不是学校，但对已经厌倦了课堂和才艺班的孩子来说，图书馆不过是被迫无奈才去的、环境相对轻松的教室。在这种情况下，应该相信图书馆的功效，不要让孩子再参加别的才艺班。如果一定要去才艺班，就不要再去图书馆。对孩子来说，最重要的就是"读书"，读自己喜欢的书。

3 适当地调节书的难易程度

孩子们看的画册大部分都很短，在图书馆里待2小时，就可以消化大约20本书。为了提高孩子读书的欲望，要让孩子阅读自己喜欢的书，并适当地增加难度。刚开始孩子也许不太适应，但只要重复几次，孩子很快就能熟悉。

4 从封面开始介绍

很多妈妈念书给孩子听时，习惯从第一页开始念。但应该培养从封面开始和孩子一起读书的习惯。首先，给孩子介绍封面上的书名和作者，然后以封面上的画面为主题，和孩子进行对话，并让孩子想象书中的内容。

5 应该做读书笔记

读书时应该做读书笔记。一般情况下，要在笔记本的左页留白，然后在右页记录到图书馆的时间，孩子挑选的书和出版社名称，以及孩子读书的反应、所提出的问题及看完书的感受。

在右页记完了一天内所看的书，再让孩子在笔记本的左页，用蜡笔、彩色笔描绘出印象最深刻的

学习的第一颗宝石

利用练习本的游戏方法

练习本的价格低廉，家家户户都买得起；但如何利用练习本，充分发挥孩子的学习兴趣则不是一件容易的事。要知道，只要好好利用，那么练习本就能成为教育孩子的第一颗宝石。下面介绍选择练习本的要领和使用练习本时所存在的问题和解决方法。

另一种玩具——练习本

练习本是以开发智力、学习知识为目标的一种教学工具。练习本可以检验一段时期内的学习成果，并能查缺补漏，还可以根据孩子的成长特点，适当地提高学习难度。总而言之，练习本是孩子进入学校前的教学玩具。

和学习文字、学习数学的普通教具或智力开发玩具相比，练习本的教育目的更加明确，但孩子的年龄和理解能力不同，学习的效果也差别很大。

为什么会出现差异呢？关键的问题并不是使用练习本的孩子，而是教孩子学习的妈妈。在孩子还没有做好准备的状态下，如果强迫孩子接触高难度的问题，并期望获得某种成果，或者过于依赖练习本而不关心孩子的感受，将会使孩子越来越远离练习本。

对孩子来说，幼儿练习本只是另一种玩具，因此在期望孩子通过练习本获得某种成果之前，应该把练习本当成玩具，并和孩子一起开心地玩游戏。

最适合3周岁的孩子

一般情况下，使用练习本的平均年龄是3周岁。3周岁的孩子可以和父母进行日常对话，而且能形成自我的改变，具备基础的思考能力，因此适合使用练习本；但是，只要孩子的语言能力很强，而且特别关心周围的实物，那么从2周岁开始也能使用练习本。

虽然孩子关心的领域各不相同，但刚开始应该选用以智力开发为目的的综合练习本，等孩子熟悉了练习本的教育方式后，再逐渐接触不同科目的专业练习本。

▌选择练习本的要领

应该选择适合孩子发育程度的练习本

目前，畅销的练习本有很多种，而且内容也大同小异，因此很多妈妈为练习本的选择而烦恼。好的练习本，首先应该要适合孩子的发育程度。大部分练习本都会依照不同的年龄分类，但也有很多不适合该阶段孩子的内容。不能给没有数量概念的孩子准备标满加、减符号的练习本，也不能给尚未认识文字的孩子准备单字练习本。在挑选练习本时，应该注意检查是否符合孩子的智力发育程度。

应该选择能让孩子积极思考的练习本

一般情况下，不应该选择只有一个正确答案的教条式练习本，而要选择能让孩子积极思考的练习本。例如："假如在百货店里，妈妈和孩子分开了，应该怎么办呢？"这样的问题等，能让孩子思考，并引导孩子寻找解决问题的方法。如果练习本的问题大都只有单一的答案，就应该由妈妈提出其他问题，不断地扩大孩子的思考范围。

应该选择以游戏为中心的练习本

　　幼儿期的教育目的，并不是让孩子获得知识，而是让孩子保持学习的兴趣。因此在挑选练习本时，应该站在孩子的角度，尽量选择可以玩游戏的练习本。另外，父母在和孩子玩游戏的过程中，要发现孩子的兴趣，挑选适合孩子的练习本。

练习本必须以全面开发智力为目的

　　好的练习本能使孩子的思维能力不断成长，因此除了让孩子掌握死背硬记的学习方法外，还可以在扎实的学习基础上，通过推理和想象掌握解决问题的办法。

　　孩子的年龄越小，越应该挑选全面开发智力的练习本，而不能以知识含量为重点。例如：跟单纯的"叔叔"这个词汇比起来，更应该选择"现在有12个橘子，怎样才能平均地分配给所有的家人呢？"等，可以自然引导孩子思考的练习本。

利用练习本的5个原则

1 像玩游戏一样使用练习本

　　在使用练习本时，应该让孩子知道这不仅仅是学习，也是一种游戏。和成套的教具相比，练习本的构成相对单调，因此孩子们很容易失去兴趣。在这种情况下，千万不能强迫孩子，而应该以"今天要不要跟妈妈一起玩画线的游戏？"等方式，自然地引导孩子。

2 每天让孩子在规定时间内持续学习

　　每天必须让孩子在规定时间内，有规律地利用练习本，这样才能获得一定的效果。因此，每天的学习时间可以定为吃午饭以后，或者下午吃零食之前。

3 学习时间最好保持15～30分钟

　　一般情况下，孩子能集中精力学习的时间为15～30分钟，因此一定要让孩子依照规定的时间学习；但学习的时间也存在个人差异，只要孩子产生了厌倦的情绪，就应该把学习时间缩短为10分钟。学习结束后，应该以"今天是不是学习"小狗"这个词汇啦？那明天学习"苹果"好不好？"等方式，提示明天的学习内容。

4 必须跟妈妈一起学习

　　无论学习的内容多么简单，都应该养成和孩子一起学习的习惯。在这个时期，孩子还不能独自学习，因此需要妈妈在一旁引导。另外，孩子集中注意力的时间也很短，因此只有和妈妈一起学习，才能防止产生厌倦的情绪，获得更好的教育效果。

5 适当地给予鼓励

　　在学习的过程中，不能只注重解题的正确与否。即使孩子回答错误，也不能责骂或惩罚。不管孩子的表现多么不如意，也应该积极地寻找孩子的优点，适当地给予鼓励，这样才能激起孩子的学习欲望。当孩子的想法跟妈妈的观点存在分歧时，应该询问孩子这样想的理由，并认可孩子的想法。

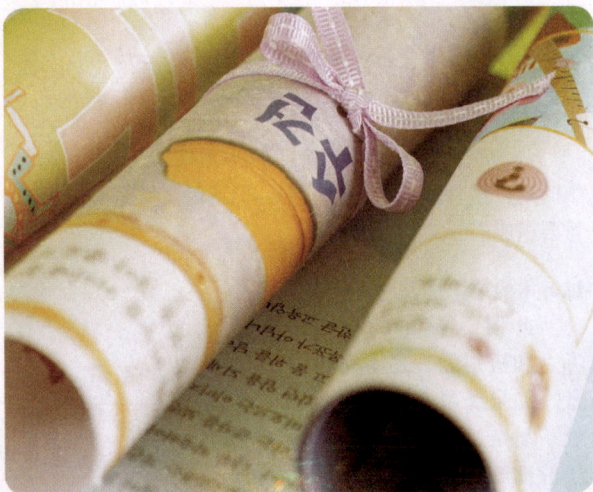

使用练习本时会遇到的问题 Q&A

Q 总想一口气做完

A 家长不用过于担心这种情况，这只是因孩子的好奇心太旺盛所导致的现象。在这种情况下，千万不要盲目地责骂孩子。如果用"明天继续做好吗？"等方式劝告也无效，就再给孩子做一部分练习，然后约定下次继续做。

Q 虽然坐在书桌前，但注意力不集中

A 未满3周岁的孩子，注意力集中的时间平均只有5～10分钟，因此只要学习时间超过这个标准，孩子就会产生厌倦的情绪。如果学习时间经常超过注意力集中的时间，还会影响孩子的学习积极性。在这种情况下，如果强迫孩子学习，只会适得其反，因此，每次的学习时间不能超过5～10分钟。另外，可以将每周学习1次调整为每周学习2次。

Q 刚开始很喜欢，但很快就会厌倦

A 首先，应该收起容易分散注意力的物品，为了营造出学习气氛，还可以适当地改变壁纸的颜色。如果孩子很容易厌倦学习，那么在学习过程中就应该不断地给予鼓励和夸奖。

Q 妈妈要参与学习时，孩子就会生气，坚持一定要独自学习

A 该类型的孩子具有强烈的自尊心。在这种情况下，如果妈妈过分干预，孩子就容易生气。在日常生活中，没有必要让孩子完全依照学习计划来学习，应该耐心地观察孩子是如何使用练习本的，在必要时再给予帮助。

Q 总想重复做过的事情

A 一般情况下，孩子们特别喜欢做曾经做过的事，但很多妈妈都希望自己的孩子能做好所有的事。如果孩子重复地做同一件事情，应该耐心地等待孩子产生厌倦的情绪，然后再改变学习内容。在学习过程中，妈妈应该观察孩子的学习兴趣，然后再提出学习建议。

Q 不能每天持续地学习，只能隔3天学习一次

A 应该让孩子每天有规律地使用练习本，把几天的内容集中起来学习，虽然和分散学习的时间相同，但效果明显不佳。为了获得更好的学习效果，每天都要持续地学习5分钟。

Q 对练习本不感兴趣

A 在这种情况下，孩子已经将摆在自己面前的练习本视为无聊的学习教材，因此必须通过各种游戏，激起孩子的学习兴趣。在日常生活中，不要一开始就给孩子练习本，而应该以"今天我们来做剪裁色纸的游戏好不好？俊浩去拿剪刀和纸过来，好吗？"的方式，和孩子一起玩他喜欢的游戏，然后自然地将重点转移到学习中。选择教材时，也应该检查练习本能否做贴纸游戏、涂色游戏和裁纸游戏。

Q 有点怕老师

A 孩子的性格差别很大，有些孩子特别警惕或害怕陌生人，甚至在老师家访时，会躲进房间里不敢出来。此时，如果过分地责怪孩子，只会加重孩子的心理负担，甚至让孩子讨厌老师。

在日常生活中，应该以"你认识上次见过的阿姨吗？阿姨讲的故事特别好听哦！"等方式，给孩子介绍老师。如果孩子特别讨厌老师，则可以暂停学习，然后让老师和孩子一起玩游戏，或者一起看电影，逐渐培养亲密感。

培养读书习惯的7个关键

孩子的大脑犹如空荡荡的容器，充满着无穷无尽的潜力。为了正确地挖掘孩子的潜力，应该经常念书给孩子听。下面介绍挖掘孩子潜力的读书秘诀吧！

关键 1　让孩子喜欢上诗词

无论是童诗还是文学诗，都可以像唱歌一样吟诵。幼儿期的孩子对富有节奏感的声音有强烈的反应，因此特别喜欢听妈妈念有节奏的诗。念到"漂亮"、"幸福"、"悲伤"等词时，应该让孩子尽力感受这些词汇的内涵。听着诗词长大的孩子，容易变得感性而且喜欢读书。

关键 2　应该选择尺寸适合孩子的书

外出、睡觉、在家玩耍时，随手都能接触到的书，就是孩子最好的朋友。为了便于随身携带，应该选择尺寸适合孩子的书。太大的书本会影响孩子的阅读积极性，由于书本过于笨重，导致孩子无法尽情阅读。

关键 3　尽量让孩子看图画

在念画册时，不能只念书中的内容，还应该详细介绍书中的图画，借此引导孩子产生更多的疑问，激发好奇心。即使看到一幅画，孩子也能发挥出惊人的想象力。试着用各种方法说明书中的图画，则有利于让孩子理解书的内容。另外，必须给孩子提供能独自想象的时间，这样才能提高孩子的阅读兴趣。让孩子不断地想象所看到的内容，并用自己的方式表达出来，这才是有效的读书技巧。

关键 4　替生病的孩子念书

幼儿期是容易生病的时期，但千万别在这个时期让孩子错过亲近书本的机会。孩子生病时，妈妈在一旁念书，不仅可以增进母子感情，而且能让孩子对书本产生兴趣。念书给生病的孩子听，不但能减轻病痛，而且能传递妈妈心中的喜悦。这样既有利于恢复孩子的健康，也能让孩子对书本产生特殊的感情。

关键 5　正确把握书本的用途

通常当孩子睡觉和白天玩耍时，都是念书给他们听的好时机。此时，应该选择适合当时情况的书本。当孩子睡觉时，应该选择能够让孩子不断发挥想象力的故事书。例如：传统的童话书。当然，与恐怖、悲伤的故事比起来，以快乐和幸福为主题的故事为佳。在白天，当妈妈和孩子充分交流时，可以选用画册。想象力和表达能力出色的孩子，只看一张图片，也能编出许多故事。这样，孩子会在不知不觉中喜欢上阅读。

关键 6　让孩子对书留有美好的回忆

让孩子对书留有美好的回忆，他们就会更喜欢阅读。如果经常和妈妈一起在书店里快乐地挑选书本，或者爸爸经常抱着孩子看书，孩子就会认为书是让人快乐的东西，因此会自然地亲近书本。在日常生活中，应该经常和孩子一起逛书店，或者在附近的游乐园和公园里读书。

关键 7　经常使用拟声词和拟态词

如果遇到"花园里开满了鲜花，引来了蜜蜂"和"小马在奔跑"等句子，就可以有意识地添加拟声词，如"花园里盛开了鲜花，引来了嗡嗡叫的蜜蜂"或"白色小马在草原上喀嗒喀嗒地奔跑"。通过拟声词和拟态词，能让孩子在不知不觉中掌握书中的内容，提高阅读的乐趣。

应该根据孩子的发育程度和性格特质选择适合的教育机构
孩子的第一个教育机构

1周岁孩子的身体活动比较活跃，而且可以跟妈妈沟通，因此大部分妈妈会迫不及待地给孩子灌输大量的知识。在这个时期，妈妈们会关注"要不要到文化中心去看看啊？""应该选择哪些早期教育机构呢？"等各种资讯。下面介绍根据孩子的性格特质，挑选适合教育机构的要领。

1周岁之前的孩子——<推荐>音乐游戏教育机构

一周岁之前的孩子听觉非常敏锐，能对声音做出强烈反应，因此可以选择音乐游戏教育机构。在这个时期，应该让孩子度过快乐的时光，因此必须选择能让孩子开心的游戏机构。

2周岁以后的孩子——<推荐>美术游戏教育机构

出生24个月以后，孩子就能灵活地活动手指了，因此可以做美术游戏。美术游戏除了揉纸团外，还需学会如何使用剪刀或涂抹胶水的方法。另外，美术游戏都有相关的规画，因此即使是出生24个月的孩子，也应该具备一定的独立能力，才能适应授课环境。

第一次挑选教育机构——<推荐>身体游戏教育机构

孩子满3周岁以前，大肌肉和小肌肉都开始发育，因此应该进行大量的身体活动；但是，该时期的孩子具有活动量大、注意力不集中的特点，所以要慎重考虑以上几点，挑选出一所既能让孩子快乐，也能刺激身体发育的身体游戏教育机构。

性格比较敏感——<推荐>音乐游戏教育机构

音乐能促进新陈代谢和荷尔蒙的分泌，经常听音乐的孩子情绪都比较稳定。尤其是性格比较敏感的孩子，可以通过音乐消除紧张感。

胆小、缺乏表达能力——<推荐>美术游戏教育机构

美术游戏中有很多需要动手的事情，或尽情表达自己感情的活动，因此平时缺乏表达能力，或者过于胆小的孩子，就可以选择美术游戏教育机构。

刚开始，孩子也许会讨厌在手脚上染颜料或涂抹胶水，而且不会表达自己的想法，但通过玩游戏，这些问题都会慢慢地得到改善。

只要听到音乐就特别开心——<推荐>音乐游戏教育机构

最好的教育方法就是让孩子做自己喜欢或好奇的事情。一听到音乐就忍不住晃动全身的孩子，具有很强的节奏感，对音乐比较敏感，因此可以有系统地进行音乐教育。

害怕陌生人——<推荐>身体游戏教育机构

有些孩子平时只跟妈妈一起玩耍，比较害怕陌生人。该类型的孩子就可以选择身体游戏机构。孩子在尽情玩耍的过程中，逐渐亲近小朋友和周围的成年人。

喜欢独自玩耍——<推荐>美术游戏教育机构

大部分美术游戏教育机构都会把小朋友分成几个小组，然后让同组的小朋友共同完成一件美术作品。通过共同协作的过程，可以改变独自玩耍的行为，让孩子学会和同龄小朋友交往。

游戏方法有局限性——<推荐>身体游戏教育机构

每天重复同样的活动，孩子和妈妈都会感到无聊。在这种情况下，就可以选择身体游戏教育机构，然后充分利用在教育机构里所学到的游戏方法。除了掌握游戏方法，还可以了解游戏对孩子产生了哪些影响。

应该根据孩子的发育程度和性格特质，选择适合培养创造力的音乐欣赏游戏教育机构

阿玛迪斯(Amadeus)式音乐欣赏游戏

所有的孩子在出生时，都具有音乐的潜能。一般情况下，通过音乐欣赏和身体活动，可以挖掘这些潜力，而且听觉刺激和音乐欣赏与年龄无关，适合任何阶段的人。下面介绍阿玛迪斯推荐的8种游戏。

在地板上弹球的游戏

效果

在随着音乐拍打或摇晃球的过程中，可以掌握节奏感。

PLAY

❶首先准备适当大小的球。

❷用球拍打地板，同时感受球和地板碰撞的声音和感觉。另外，还可以摇晃球。

❸一边听简单的儿歌，依照节拍有节奏地拍打球。

欣赏莫扎特的音乐

效果

在熟悉节奏感的同时，可以培养乐感。尤其是莫扎特的"Divertimento K.136"（嬉游曲 K.136）具有促进大脑活动的功效。

PLAY

❶播放莫扎特的"Divertimento K.136"，然后让孩子用双手抓住气球。如果没有莫扎特的音乐，也可以播放孩子喜欢的音乐。

❷让孩子随着节奏反复地做抛接气球的练习。

🌱 感受妈妈的声音

效果

妈妈的声音能刺激孩子的乐感。听妈妈的声音，孩子能自然地掌握声音的强弱和高低。

PLAY

❶ 把孩子放在妈妈的膝盖上，然后让孩子听亲嘴的声音、呼吸的声音、吹口哨的声音。

❷ 在孩子的耳边用高音和低音、大声或小声地喊出孩子的名字。

🌱 在妈妈的怀抱里欣赏音乐

效果

妈妈的怀抱能让孩子静心聆听又能稳定孩子的情绪。

PLAY

❶ 播放《催眠曲》等节奏舒缓的音乐，然后随着节拍按摩孩子的身体。

❷ 紧紧地抱着孩子，随着节拍拍打孩子的后背或抚摸全身。

🌱 荡秋千

效果

自然地熟悉音域的高低，同时能刺激全身。

PLAY

❶ 把孩子放在膝盖上。

❷ 给孩子听音乐或唱歌，在高音时抬起膝盖，在低音时放下膝盖。

🌱 探索乐器的声音

效果

用一种乐器发出各种声音的过程中，可以让孩子体验乐器的音色，熟悉节奏感。

PLAY

❶ 准备铃鼓（Tambourine）、三角铁（Triangle）、大鼓、小鼓等各种乐器。

❷ 孩子在听音乐的同时，根据声音的强弱和音乐的快慢，用各种方法敲击乐器。

🌱 这是什么声音呢

效果

在日常生活中，如果孩子特别关心周围的声音，就应该培养孩子独自探索周围声音的习惯。通过这种游戏，孩子可以区分各种声音。

PLAY

❶ 制作电话机、水龙头、房门等日常生活中能发出声音的卡片。如果家中有卡片，也可以直接利用。

❷ 给孩子听声音的同时，让孩子挑选出相对应的卡片，也可以让孩子选择卡片，并发出相对应的声音。

🌱 是谁的声音呢

效果

通过模仿各种声音的游戏，可以提高想象力、创造力和表达能力。

PLAY

❶ 先由妈妈模仿各种动物的声音，然后介绍相对应动物的名称。

❷ 利用画有动物图案的画册或实物卡片，表演各种动物的动作，或者玩戴假面具的游戏。此时，如果听圣桑（Saint-Saens）的《动物狂欢节》，将更有助于表演。

应该根据孩子的发育程度和性格特质，选择适合妈妈和孩子感情交流的游戏教育机构

金宝贝(Gymboree)式身体活动游戏

一般来说，游戏能促进孩子的五感发育和身体发育，而且能稳定情绪，培养自信心。在独自理解游戏方法的过程中，还可以培养创造力。下面介绍金宝贝所推荐的8种游戏方法。

🌱 肥皂泡游戏

效果

在追赶肥皂泡的过程中，可以促进视觉发育，通过用手抓、用眼看的过程，可以提高眼睛和双手的协调能力。

PLAY

❶以2：1的比例混合洗手乳和厨房清洁剂，如果再加入水和食用色素，就会成为带颜色的肥皂泡。

❷让孩子抓住由妈妈吹出的肥皂泡。

❸让孩子用手抓住飘浮在空中的肥皂泡，用脚踩破落在地板上的肥皂泡，还可以蹦跳着抓住空中的肥皂泡。

🌱 自由地粘贴

效果

在触摸、粘贴各种材料的过程中，可以提高语言表达能力和对各种材料的认知能力。另外，还可以提高触感。

PLAY

❶事先准备彩色画纸、胶水、剪刀、棉花、布条、大豆、钮扣和塑料瓶。

❷用彩色画纸剪裁出四边形、圆形、三角形、心形。

❸在彩色画纸上面，自由地粘贴棉花、大豆、布条、钮扣、塑料瓶。

🌱 只属于我的乐器

效果

可以独自掌握节奏，而且能体验各种声音。

PLAY

1️⃣ 准备孩子的玩具或厨房用具。

2️⃣ 在小桶内放入积木或珠子，然后盖上盖子，并用力摇晃。另外，依照钹（Cymbals）的演奏法击打2个锅盖。

3️⃣ 用空瓶子敲打地板，或者用汤匙刮塑料洗衣板，发出各种声音。

🌱 沙滩球游戏

效果

可以提供视觉、触觉的体验，而且能提高身体的调节能力。

PLAY

1️⃣ 准备五颜六色的沙滩球。

2️⃣ 旋转沙滩球，让孩子观察沙滩球的各种颜色。

3️⃣ 和孩子面对面地滚、抛、踢沙滩球。

4️⃣ 放出沙滩球内的空气，让孩子聆听放气的声音。把出气孔对准孩子的身体，使孩子体验风的感觉。

🌱 摇摇晃晃荡秋千

效果

摇晃运动能刺激身体的平衡器官，因此能培养平衡感。由于孩子的年龄小，所以摇晃不能过于激烈。

PLAY

1️⃣ 把孩子放在膝盖上。

2️⃣ 扶着孩子的腋窝，帮助孩子保持平衡。

3️⃣ 慢慢地摇晃妈妈的膝盖。此时，可以一边听着音乐、一边有节奏地摇晃。

🌱 复印身体的游戏

效果

可以体验各种颜色，能促进眼睛和手、以及眼睛和脚的协调能力。

PLAY

1️⃣ 准备各种颜色的颜料和白纸。

2️⃣ 把颜料涂抹在孩子的手和脚上，然后印在白纸上。

3️⃣ 就像毛笔一样，用手指画画，或者按压出很多点。另外，还可以用脚画出各种曲线。在固定脚后跟的情况下，转动脚底，就可以画出蝴蝶。

🌱 过石墩桥的游戏

效果

除了认识颜色和形状外，还可以培养衡量距离的能力。

PLAY

1️⃣ 间隔一定的距离，摆放各种形状和颜色的纸。

2️⃣ 让孩子走过用纸所制作的石墩桥。既可以走过去，也可以蹦跳着过去。

3️⃣ 刚开始，可以缩短石墩之间的距离，但要逐渐扩大距离，使孩子充分体验各种距离的差异。

🌱 毛毯游戏

效果

摇晃运动可以提高平衡感，而且母子对视，可以形成信赖感。

PLAY

1️⃣ 把卷起的毛毯放在孩子身上，然后一边唱着歌谣、一边从孩子的脚部向肩部滚动毛毯。

2️⃣ 把孩子放在毛毯上面，然后爸爸和妈妈分别抓住两端，慢慢地左右摇晃。此时，应该看着孩子摇晃毛毯，借此稳定孩子的情绪。

3️⃣ 一边唱孩子喜欢的歌、一边摇晃毛毯。

快乐的想象表演，展现美术游戏

"美术想象"式游戏

用日常生活中常见的材料和主题，和孩子一起快乐地玩游戏，这样可以培养孩子探索实物、独立思考的能力。尤其是沟通能力较差的孩子，可以通过美术游戏，提高表达自己想法和感受的能力。下面介绍"美术想象"的8种游戏方法。

🌸 下雨啦

效果

在撕碎纸片的过程中，能够培养眼睛和双手的协调能力，而且能锻炼手部的力量。另外，通过各种联想活动，可以培养想象力和表达能力。

PLAY

❶ 准备报纸、彩色纸等各种纸。

❷ 将准备的纸撕成碎片。此时，妈妈也可以帮孩子撕纸片。

❸ 让孩子向空中撒撕碎的纸片，同时跟妈妈一起联想下雨和下雪的情景。

❹ 一边唱着和雨、雪有关的歌一边撒纸片。

🌸 画泡泡的游戏

效果

在用画表达想法的过程中，能提高想象力、思考能力和表达能力。

PLAY

❶ 准备肥皂泡、画纸、蜡笔和颜料。

❷ 把肥皂泡放在画纸上，或者用不同形状画纸蘸肥皂泡，印出各种形状，然后让孩子联想出其他实物。

❸ 让孩子在肥皂泡画纸上，自由地画出联想到的实物。

🌷 开满漂亮的鲜花

效果

通过玩颜料的游戏，能培养自信心和语言表达能力。

PLAY

❶ 在颜料盘内挤出孩子喜欢的颜料，然后再倒入少量水。

❷ 在墙壁或地板上粘贴白纸，然后用纸团蘸上颜料，印在白纸上面。纸的质感和形状不同，印出的图案和大小也不同。

❸ 可以画树枝或树叶，也可以用彩色纸剪裁出树叶的形状。

🌷 颜料泡泡游戏

效果

在掌握颜色特征的同时，还可以培养色感。在表达肥皂泡的形状、颜色、气味的过程中，培养观察能力。

PLAY

❶ 准备颜料、大盆（洗脸盆）、泡泡沐浴露（或者厨房洗涤剂）、画纸、蜡笔。

❷ 用画纸剪裁出不同的形状。

❸ 在大盆里制作泡泡的同时，可以和孩子一起谈论泡泡的颜色、形状和气味。

❹ 让孩子说出想要做的泡泡颜色，然后选择相关的颜料。此时，要让孩子注意观察泡泡颜色的变化。

🌷 亲手制作的衣服

效果

让孩子介绍自己衣服上的花纹和颜色，培养观察力。孩子在亲手制作喜欢的衣服过程中，还可以提高自己的表达能力。

PLAY

❶ 将白纸或报纸对半折叠，然后剪裁出各种衣服的形状。

❷ 先说明孩子所穿衣服的颜色和图案，然后再讨论要制作衣服的颜色和图案。

❸ 利用撕、剪裁、揉、折叠等方法，制作出漂亮的衣服，最后帮孩子穿上亲手制作的衣服。

🌷 要制作什么呢

效果

用撕碎的纸片制作球或其他实物。孩子在制作自己喜欢的实物过程中，能获得成就感。

PLAY

❶ 把撕碎的纸片揉成纸团，然后用胶带固定做成纸球。用纸球可以玩滚、抛、接、踢等游戏。

❷ 让孩子提出自己想制作的实物，然后亲手制作。为了让孩子充分表达自己的想法，应该不断地提问，并鼓励孩子独自完成作品。

🌷 会发出什么声音呢

效果

在探索实物的过程中，可以提高注意力，而且能掌握不同实物的特性。另外，在用语言表达感受的过程中，能提高语言能力。

PLAY

❶ 准备报纸或彩色纸，然后用手指弹、摇晃、揉或将其撕碎。

❷ 让孩子一边听纸所发出的声音、一边用语言表达自己的感受。

🌷 粉刷游戏

效果

在亲手挤刮胡泡沫的过程中，可以增强手部力量，而用手指画画的游戏，能提高触感和表达能力。

PLAY

❶ 准备镜子或透明玻璃纸，及刮胡泡沫。

❷ 在地板上摆放镜子，或者粘贴透明玻璃纸。

❸ 在镜子或透明玻璃纸上面挤出刮胡泡沫，然后讲出泡沫的颜色、气味和触感，同时用手指在上面画画。

挖掘孩子的潜力

福禄贝尔(Frobel)式大众智力游戏

孩子们天生就具有各种潜力，早一点接受各种刺激，这些潜力就能发展成各种能力。通过游戏，可以开发孩子天生的智力。下面介绍福禄贝尔所推荐的8种大众智力游戏。

🌱 寻宝游戏

效果

探索房间里的每个角落，寻找隐藏实物，能刺激视觉，提高智力。

PLAY

❶ 准备常见物品和孩子喜欢的玩具。

❷ 先给孩子看物品的局部，然后再看整体。在看整体的过程中，又突然隐藏局部，最后只露出一小部分，并将物品藏起来，让孩子寻找。

🌱 寻找相同形状的游戏

效果

这种游戏能让孩子关注房间内的实物，而且能让孩子明白随着视线的不同，所看到物的形状也不同的道理。

PLAY

❶ 准备纸和圆形、四边形、三角形的物品。

❷ 在白纸上分别画出圆形、三角形和四边形。

❸ 让孩子找出和白纸上的实物形状相同的物品。例如：圆形炒锅、三角形比萨、四边形座垫等。

🌱 我喜欢的是什么

效果

让孩子想一想自己喜欢的实物，然后让孩子画出相关的实物，借此加深对这些实物的印象。

PLAY

❶ 准备画纸和蜡笔，先由妈妈画出自己喜欢的东西，再让孩子画出自己喜欢的实物。

❷ 让孩子看着画出的实物，说出自己的想法。即使实物的形状不完整，也应该让孩子独自表达。

🌱 语言传递游戏

效果

通过互相传递语言的游戏，可以提高听力和记忆力，而且能促进语言能力的发育。

PLAY

❶ 在彩色纸上写出短句，然后将其折叠起来。

❷ 在折叠的彩色纸中挑选一张，然后念出写在上面的短句。

❸ 孩子把听到的短句复诵给另一间房里的爸爸听，然后再比较彩色纸上的短句和爸爸所听到的短句。

🌱 揉面团游戏

效果

孩子在搓揉面团的过程中，能掌握面团的特性。和面时加上带颜色的水，能让孩子明白不同颜色的水混合在一起可以变成另一种颜色的道理。

PLAY

❶ 分别准备面团、黄瓜（绿色）、胡萝卜（黄色）、蛋黄（黄色）等不同颜色的物品。

❷ 用步骤1中的面团分别捏出圆形、三角形和四边形。

❸ 在面团内加入颜色，然后让孩子仔细观察颜色的变化过程。

🌱 小孔游戏

效果

让孩子从环状实物联想出不同种类的小孔，并编出故事，借此提高创造力。

PLAY

❶ 准备几个环状物品。

❷ 把环状物品放在地板上，然后寻找它们的相同点，并编出故事。

❸ 用具体的实物来举例，例如：小熊住的洞穴、青蛙住的水池、孩子喜欢的汉堡。

🌱 制作家族谱的游戏

效果

利用家庭照片能掌握亲戚之间的关系，而且能让孩子感受家人的爱。

PLAY

❶ 准备外婆和奶奶家的家庭照片、画纸和彩色笔。

❷ 从家庭照片中剪出每个人的照片，然后把照片依照家族成员的顺序粘贴到画纸上。

❸ 把画纸粘贴到相框旁边，然后介绍家人之间的关系。

🌱 制作社区的游戏

效果

孩子在搭建生活社区的建筑模型过程中，能掌握具体实物的作用和相对应的名称。

PLAY

❶ 准备积木、彩色纸和彩色笔。

❷ 和孩子一起调查社区内的商店和建筑物的配置情况。

❸ 向孩子说明商店和建筑物的用途及重要性。

❹ 用积木制作孩子生活的社区模型，然后给不同的积木粘贴名称。

通过各种刺激和体验，培养良好的学习习惯

蒙特梭利(Montessori)式五感刺激游戏

在人的一生中，0～3周岁是发育最旺盛的时期。在这个时期，只有小肌肉和大肌肉正常发育，孩子们才能自由地调节身体，并形成良好的自我意识。下面介绍蒙特梭利所推荐的8种游戏方法。

🌱 瓶子里装珠子的游戏

效果

通过瓶子里装珠子的游戏，能促进小肌肉的发育，而且通过瓶子和珠子的碰撞声音，能锻炼听觉。

PLAY

① 准备果汁瓶等透明的瓶子和珠子。此时应该准备能装进珠子的瓶子。

② 把准备好的瓶子装入珠子。

③ 装入一定数量的珠子后，盖上瓶盖，然后让孩子一边摇晃瓶子、一边聆听珠子和瓶子碰撞出的声音。

④ 将瓶子中的珠子倒出来，用同样的方法重复几次。

🌱 拉绳游戏

效果

能培养眼睛和双手的协调能力，以及手部的力量。

PLAY

① 准备可以用双手握住的3根木条和长绳。

② 把长绳3等分，然后分别系在3根木条上，最后把木条另一端的绳子系在一起。

③ 让孩子抓住一根木条，然后由妈妈拉住剩下的2根木条。

④ 让孩子抓住2根木条，然后由妈妈拉住剩下的1根木条。

🌷 撕纸片和扫纸片的游戏

效果

撕纸片的游戏能锻炼手腕和手部的小肌肉。

PLAY

❶ 让孩子摇晃彩色纸，然后用左手抓住彩色纸，用右手将其撕碎。

❷ 让孩子吹散撕碎的纸片，模拟下雪的情景。

❸ 在地板上，将彩色纸带做成四边形，然后把撕碎的纸片扫进纸袋内。

❹ 用画纸剪裁出金鱼的形状，然后把纸片粘贴到画纸上。还可以利用画纸玩钓鱼游戏。

🌷 数字游戏

效果

将数字记号化，能让孩子掌握数和量的概念。

PLAY

❶ 用画纸制作0～9的数字卡片，然后装进口袋里。

❷ 依照顺序读一遍卡片上的数字。

❸ 从口袋里拿出一张数字卡片，然后依照相对的数字拍掌，例如：拿到2，就拍两下。

❹ 等孩子熟悉了数字，再让其依照相对的数字堆砌积木。

🌷 用粘贴锤转移豆子的游戏

效果

在数豆子的过程中，能培养眼睛和手部的协调能力，而且能掌握数的概念。另外，还能熟悉左、右的方向。

PLAY

❶ 准备优格瓶1个、盘子2个、双面胶带和豆子。

❷ 在优格瓶底部粘贴双面胶带，制作粘贴锤。

❸ 让孩子一边数豆子、一边把豆子装在盘子里。

❹ 用粘贴锤粘贴豆子，然后转移到另一个盘子内，最后用手将豆子拿下来。

❺ 一边数豆子、一边把豆子转移到原来的盘子里。

🌷 触感游戏

效果

皮肤的触觉对大脑发育具有非常重要的作用。让孩子了解不同实物的触感，能加深对实物的记忆，也有助于认知能力的发育，并能稳定情绪。

PLAY

❶ 让孩子触摸家里的镜子、餐桌、塑料等光滑的实物。

❷ 再触摸墙壁、刷子、浴巾等粗糙的实物。

❸ 抚摸脚、脸、手肘等身体各部位，感受不同的触感。

🌷 动物卡片捉迷藏游戏

效果

在介绍动物名字的过程中，可以刺激语言能力和认知能力。

PLAY

❶ 准备动物卡片和手帕。如果准备有质感或立体感的动物卡片，其效果更佳。

❷ 在给孩子看动物卡片的同时，让孩子用手触摸，同时介绍动物的名称。

❸ 用手帕遮住卡片的一部分，然后对孩子说："汪汪，小狗不见啦！"

❹ 让孩子拿掉手帕，说："哇！原来小狗在这里哦！"

🌷 纸钹游戏

效果

通过拼贴游戏，能提高视觉分辨能力，而且能刺激语言能力。

PLAY

❶ 准备厚纸板、彩色纸、胶水、剪刀和塑料带。

❷ 在厚纸板上面粘贴彩色纸，然后分别剪裁出2张圆形、三角形和四边形。

❸ 拼贴相同形状的彩色纸。

❹ 在图形后面的厚纸板上粘贴能插入手指的手把。

❺ 用不同形状的纸做钹，一边拍掌、一边唱歌。

简单的劳动也能成为很好的教育

生活中的现场体验教育——简单劳动

"能帮妈妈拿一张面纸吗？"简单的劳动中，也隐藏着惊人的教育效果。经常让孩子做简单的劳动，能培养责任感和解决问题的能力，而且能让孩子养成关心别人的习惯。下面介绍让孩子从事简单劳动的方法。

从2周岁开始，可以做真正的简单劳动

只有当孩子具备基本的沟通能力，而且具有一定的自律性时，才能做简单劳动。一般情况下，孩子满2周岁以后，就具有做简单劳动的各种能力，因此从这个时期开始，可以让孩子做简单劳动。孩子在4~5周岁时，可以帮父母去附近的超市购物或去邻居家串门子。但是每个孩子的发育程度各不相同，因此应该适当地调整劳动的内容。

如果让孩子做太难的劳动，孩子就会觉得劳动是非常痛苦的事情，而且在做错事情时，很容易感到挫折或愤怒。

应该用商量的口吻嘱咐孩子从事简单劳动

严格地说，让孩子做简单劳动并不是一种命令而是一种委托；但很多父母让孩子做劳动时，经常使用"拿面纸给我"等命令的口气。在这种情况下，即使孩子服从命令，也会对劳动产生厌恶的情绪。

因此，让孩子做简单劳动时，应该以"能帮我拿面纸吗？"等商量的口吻，委婉地嘱咐孩子。另外，当孩子求父母做事情时，也应该诚心诚意地满足孩子的请求，这样才能让孩子养成互相帮助、互相协助的习惯。

当孩子玩游戏时，不能让孩子做劳动

当孩子玩游戏时，如果让孩子做其他劳动，孩子就会认为父母在剥夺自己的快乐，会因此产生叛逆心理。

这样一来，本来很听话的孩子就会逐渐厌烦劳动，而且会做出"妈妈为什么老让我做这做那啊？"等反应。让孩子做劳动时，如果孩子经常生气，就应该认真地反省，是不是自己妨碍了孩子享受快乐的时光。

事情做得好应该积极夸奖，做错时也应该给予鼓励

当孩子很好地完成了任务时，应该积极地夸奖；但过分的夸奖会让孩子自以为是，因此要注意观察孩子的反应。而当孩子做错事情时，则应该给予鼓励；如果盲目地责骂或贬低孩子的能力，就会伤害孩子的自尊心，甚至让孩子产生自卑感。

因此，当孩子做错事情时，应该聆听孩子的理由，然后再寻找相关的对策，最后还应该鼓励孩子"以后你一定能做好。"

隐藏在简单劳动中的5种教育效果

1 能培养责任感和成就感
经常帮父母做简单劳动的孩子，会产生责任感和做事负责的态度。安排给孩子的劳动是需要孩子独自解决的课题，因此孩子会独立思考各种方法。通过这个过程，孩子能学到解决问题的方法，而且还能通过自己的劳动得到成就感。

2 能培养关心别人的习惯
简单劳动需要孩子跟他人接触，这个过程能让孩子学会如何协调人与人之间的关系。另外，还能培养关心别人的习惯。很多孩子具有自我观念强、自私等特点，因此简单劳动是让孩子学会关心他人的最好教育方法。

3 能学到数字的概念
如果在完成任务的过程中能形成数字的概念，那么就能一举两得。因此要尽量给孩子安排能运用数字概念的简单劳动。例如：尽量确定 "1张面巾纸"、"3本书"的数量，或者让孩子做一些整理零钱的事情，借此自然地让孩子亲近数字。

4 能培养独立性和自信感
当孩子把事情做好时，如果得到夸奖，就会感觉自己的能力得到了认可，因此能建立自信心。尤其是过于依赖于父母的孩子，如果经常做简单劳动，就能培养自信，而且在完成任务的过程中，还能培养独立性。

5 能培养语言能力和注意力
要想完成一个任务，就必须正确地理解任务的内容，牢记注意事项，而且在执行任务的过程中，还应该懂得使用符合具体情况的语言。

简单劳动能培养孩子的语言能力、注意力和记忆力，因此只要孩子学会了说话，就应该通过简单劳动，学会实物的名称，促进语言能力的发育。

第一次劳动该怎样安排

从孩子喜欢的事情入手

一般情况下，孩子满2周岁，就可以从事简单劳动了。但考虑到孩子的年龄，应该尽量安排在家中

常见的、比较容易的事情。为了激起孩子对劳动的兴趣，应该让孩子去拿一些自己喜欢的物品或在生活中与孩子亲近的物品。刚开始，应该让孩子帮妈妈拿玩具、娃娃、牛奶、零食等熟悉的实物，然后逐渐提高劳动的难度，可以让孩子接触水、面纸、报纸等在生活中常见的实物。

由父母先做示范

嘱咐孩子做简单劳动之前，应该由父母先帮孩子做一些事。孩子还不知道从事简单劳动就是帮助别人，因此在父母帮孩子做事的过程中，可以让孩子自然地了解劳动的意义。

如果孩子跟妈妈要杯水喝，妈妈就要在给孩子倒水的同时，说："哦，尤珍口渴啦？妈妈帮你倒水。妈妈是不是听了你的要求啊？尤珍也帮妈妈倒一杯水好吗？"用这种方式自然地引导孩子做简单劳动。

应该让孩子做父母需要的简单劳动

如果孩子做好了自己喜欢的事，就可以做父母需要的简单劳动。劳动就是给别人提供帮助，因此当孩子在跟别人接触的过程中，应该适当地提高劳动难度。

在不同阶段培养饮食习惯的秘诀

在不同阶段培养良好饮食习惯的训练

俗话说：3岁的习惯能保持到80岁。由此可见，培养正确的习惯是非常重要的事。另外，良好的饮食习惯不仅仅是基本的礼节，而且也是摄取人体所需营养成分的自然行为，有利于人的健康。在日常生活中，应该通过夸奖和鼓励，让孩子养成正确的饮食习惯。

在不同阶段培养良好饮食习惯的秘诀

5～12个月　应该让孩子体验各种味道

离乳食品的味道可以决定一生的口味，而这个时期的孩子能记住各种味道，因此必须让孩子均匀地摄取各种食品。当孩子不吃离乳食品而只喝母乳时，如果不进行咀嚼固态食物的训练，孩子长大后就会不爱吃饭。通过咀嚼食物的练习，能刺激大脑发育，提高语言能力，因此必须让孩子吃离乳食品。

小秘诀❶　多食用以蔬菜为原料的离乳食品

大部分孩子都不喜欢吃蔬菜，因此应该经常给孩子喂食菠菜、花椰菜、南瓜等蔬菜所制作的离乳食品，借此让孩子改掉偏食的毛病。

小秘诀❷　尽量施延接触甜食的时机

在这个时期，孩子会形成自己喜欢的口味，因此不能盲目地给孩子喂他们喜欢吃的食物。孩子未满1周岁，就开始喂甜食，往后就很难控制偏食的现象，因此最好在孩子满1周岁以后再喂甜食。一般情况下，可以用地瓜、栗子、南瓜等食品，让孩子感受天然的甜味。

小秘诀❸　养成饭后说几句话的习惯

给孩子喂辅食前，要养成食用后与其说几句话的习惯。可以唱着说，也可以直接用言语来表达。反复进行的话孩子就会习以为常的。

1～2周岁　培养基本的饮食礼节

孩子满1周岁以后，身体活动比较活跃，而且好奇心也越来越强，因此往往不能安静地坐在餐桌前吃饭。在这个时期，孩子还没有产生严重的抵抗情绪，因此可以在指定的地方安静地吃饭。另外，此时还可以培养基本的饮食礼节。

小秘诀❶　应该考虑食欲不佳的时期

和1周岁前的状况相比，该时期的孩子食欲有所下降，因此体重增加缓慢，只有身高在增长；但不用过于担心，也不要强迫孩子吃过多的食物。如果强迫孩子吃饭，反而会让孩子对食物产生厌恶感。

小秘诀❷　必须按时用餐

必须规定一日三餐的时间，然后让孩子按时吃饭。一般情况下，上午10点钟和下午3点钟，要给孩子喂两次零食。应该给孩子吃少量、容易消化的零食，这样才不会影响正常的饮食。此时，应该根据孩子的喜好，由妈妈亲手帮孩子准备栗子、煮熟的地瓜或时令水果。

小秘诀 ③ 应该让孩子在指定的地方吃饭

用餐时，应该让孩子在指定的地方吃饭。首先要收起会转移孩子注意力的玩具，关闭电视，使孩子集中注意力吃饭。即使孩子不听话，也不要放弃，应该果断地纠正孩子的错误习惯。如果孩子听话，则可以给予夸奖。

小秘诀 ④ 应该培养独自吃饭的习惯

孩子满2周岁以后，不应该由妈妈给孩子喂食物。即使孩子会弄脏衣服或地板，也应该让孩子养成独自用汤匙吃饭的习惯。一般情况下，从孩子出生9~10个月开始，可以进行使用汤匙的训练。使用汤匙的训练还有助于小肌肉的发育。

小秘诀 ⑤ 应该及时地治疗食欲不振的症状

如果孩子出生18个月以后，还是不喜欢吃饭，就有可能患有食欲不振症。当然，孩子有可能生病了，也有可能在反抗父母的命令，还有可能在模仿同龄的小朋友，但父母必须及早地找出真正的原因，并及时地治疗，这样才不会影响孩子的正常发育。

2周岁以后 应该及时地纠正偏食的习惯

在这个时期，孩子开始形成自我意识，因此在饮食习惯方面，总会坚持自己的喜好。大部分妈妈都在为孩子的偏食问题而烦恼。之前没有尽早地纠正孩子边玩边吃饭的习惯，那么在这个时期会表现得更加明显，让吃饭变成妈妈和孩子的一场战争。在这个时期，妈妈应该坚持自己的态度，防止孩子偏食。

小秘诀 ① 应该同时食用喜欢的和不喜欢的食物

在这个时期，孩子能听懂家长的话，因此家长可以提出各种条件。例如：如果孩子吃不喜欢的食物，就会给予奖励。为了防止孩子在该时期养成偏食的习惯，应该从离乳初期开始，就让孩子接触各

追加讯息

筷子和铅笔有助于大脑发育

经常使用手和手指，有助于大脑发育。经常用手握筷子或用铅笔写字，就能活动30个关节和50块肌肉，能给大脑神经提供各种刺激。如果使用叉子，那么手部的活动量还不到筷子的一半，对大脑的发育没有任何好处。为了促进大脑的发育，必须让孩子在3~6周岁期间学会使用筷子的方法。

种食物，而且经常进行咀嚼固态食物的练习。

小秘诀 ② 应该培养独自整理用过餐具的习惯

大部分孩子满2周岁以后，都能把自己用过的餐具拿到厨房里。在日常生活中，可以在孩子吃完饭以后，让孩子独自整理用过的餐具，借此培养正确的饮食习惯。

小秘诀 ③ 应该让孩子多使用筷子

在这个时期，孩子喜欢抓父母所使用的筷子。刚开始，孩子很难握住筷子，因此父母不用过分干预，先让孩子用筷子夹容易夹住的食物。如果孩子始终不会用筷子，就可以购买市面上有售的辅助筷子。

小秘诀 ④ 吃饭时间超过30分钟就应该果断地中止

在这个时期，大部分孩子都喜欢边玩边吃饭，因此要尽量把吃饭时间控制在30分钟以内。如果时间过长，就应该果断地中止吃饭。在这个时期，应该让孩子知道如果不按时吃饭，就没有饭吃的事实。培养这种习惯时，也应该禁止孩子吃零食，让孩子体验饥饿感。如果孩子在饭后还要到游戏房里做激烈的身体活动，就有可能会影响身体发育，因此只能在周末使用这种方法。

把孩子培养成伟人的18种法则
孩子们必须掌握的礼节

无论遇到什么情况，正确地掌握了礼节的孩子都能表现得很自然。在让孩子学会关心他人的过程中，可以养成沉着的应变能力，提高智力，让孩子养成良好的思考习惯。从幼儿期开始，就应该制定出培养礼节的规则，然后不断地实践。

培养尊敬长辈的习惯

法则 1　恭敬地回答长辈的提问

应该让孩子养成恭敬地回答长辈提问的习惯。当长辈提问时，不能只点头，或者用不恭敬的语言回答。在日常生活中，应该经常做回答问题时加上尊称的练习。例如："是的，妈妈。""是的，老师。"

法则 2　对话时必须看着对方的眼睛

在对话时看对方的眼睛，不仅能体现出自信，而且还表示了对别人的尊重。因此跟别人对话时，不能看别的地方，最好看着对方的眼睛说话。

法则 3　互相夸奖、互相祝贺

如果小朋友或家人遇到值得庆祝的事情，就应该真诚地给予祝贺。在日常生活中，应该让孩子养成祝福别人的习惯。例如："为了祝贺这件事，大家一起鼓掌3秒钟！"

法则 4　尊重他人的意见

不同意他人的意见或想法是很正常的事情，但必须说明持有不同意见的理由，而且要让孩子养成尊重别人的习惯。

在日常生活中，应该通过"原来你是这么想的啊！妈妈是这样认为的……""原来你的想法是这样啊！可是你问过其他小朋友的意见吗？""如果你跟小朋友的意见不同，你会怎么做呢？"等对话告诉孩子，其实还有很多人的看法和自己不一样。

法则 5　回答问题后再次提问

当别人关心自己时，也应该让别人知道自己也关心对方；当对方问候自己时，应该回敬同样的问候。其实对别人表示关切，也是有很多技巧。在日常生活中，应该让孩子自然地学会关心别人的方法。

"我回来啦！""哦！今天在幼儿园做了什么呢？""跟小朋友一起制作了饼干，妈妈今天做了什么呢？"关心别人是最基本的礼仪。当别人给予问候或提问时，也应该关心对方。

法则 6　不要做出无视别人的行为

如果孩子做出无视别人或瞪大眼睛看别人的行为，就应该及时地纠正。年龄很小的孩子，无法认识自己的行为是否正确，因此经常出现失误。在这种情况下，应该指出孩子的表情或行为的不足之处。"你这样斜眼看人好恐怖哦！如果别人也这样

看你，会不会很可怕啊？"在日常生活中，应该以这种方式提示孩子的错误。

法则 7　教孩子说"谢谢"的方法

当得到礼物或别人的帮助时，应该在3秒钟内对别人说"谢谢"。向别人表达感激之情，是任何人都必须遵守的人生法则。

法则 8　不能对得到的礼物表示不满

收到礼物时，不能直接表示不满，也不能随便挑毛病，以免伤害送礼人的心。在日常生活中，应该让孩子明白，无论自己有多不喜欢这件礼物，也应该衷心地表示感谢。

遵守家庭礼节的法则

法则 9　偶尔给家人带来惊喜

至少每月要做1件意外的好事，给大家带来惊喜。当然这些好事不一定是礼物，只是能让对方高兴就行。例如：当妈妈摆餐桌时，帮妈妈拿碗筷，或者帮妈妈洗衣服，或者在妈妈催促之前自觉地刷牙等。在日常生活中，应该让孩子知道，一些琐碎的小事情也能让周围的人得到幸福。

法则 10　不能随意要求获得报酬

当孩子做完一件有意义的事情时，应该适当地奖励或夸奖；但是，如果孩子以做好了事为借口索要报酬，就应该及时地纠正孩子的错误行为。在日常生活中，一个人虚伪的面目无论如何都无法隐藏，所以必须让孩子养成遵守礼节、以诚待人的习惯。

法则 11　培养整理东西的习惯

在日常生活中，应该让孩子养成整理个人物品的习惯。当然，最重要的并不是整理的方法，而是要让孩子充分理解整理物品的意义。懂得整理物品的孩子，无论做什么事情，都有始有终，而且不会随便动别人的物品，因为他们会像爱惜自己的东西一样珍惜别人的物品。学会整理物品具有很重要的意义。

法则 12　高兴地迎接客人

当客人来访时，应该带孩子到走廊上去迎接客人，并恭敬地问候客人。迎接客人、熟悉陌生人、尊重别人是最基本的礼节。

法则 13　必须遵守饮食礼节

从小时候开始，就应该培养正确的饮食礼节。在日常生活中，应该经常教孩子掌握饮食礼节。例如：吃饭时手肘不能放在餐桌上，要用面纸将脏手擦干净，不能玩食物、汤匙和叉子，咀嚼食物时不能张嘴，嘴里有食物时不要说话，跟大家一起吃饭时，要等所有人都到齐了才能动筷子等。

遵守公共道德的法则

法则 14　乘坐公共汽车时应该端正坐姿

在乘坐公共汽车或地铁时，应该端正坐姿，以免妨碍周围的人。孩子第一次乘坐公共汽车时，就应该特别强调乘车的礼仪，这样既能维持公共秩序，又能减少危险。

法则 15　碰撞到别人时应该说声"对不起"

一般人最常见的毛病之一就是碰到别人后，从来都不说"对不起"。如果不小心碰到别人，即使自己没有任何错误，也应该主动向对方说声"对不起"。

法则 16　打喷嚏或咳嗽时应该遮住嘴

在咳嗽、打喷嚏或打嗝时，应该用手遮挡嘴或脸，然后将头转向别的地方。最后，还要向周围的人表示歉意。

法则 17　在公共场所应该保持肃静

在教室里或跟爸爸妈妈一起参观图书馆时，应该嘱咐孩子保持肃静。除了图书馆外，在电影院、教会、剧场等公共场所，都应该保持肃静。

法则 18　不能随便插队

不懂得排队是非常可耻的事情。这种行为不需要别人来教，只要观察别人的行为就能自觉掌握。为了让孩子养成自觉排队的习惯，父母首先要做好榜样。

感受艺术性和创造力的源泉
艺术欣赏技巧

接受艺术的薰陶是培养创造力的生活教育方法。不能因为孩子的年龄小，就将艺术教育往后施延，但也不能盲目地让孩子欣赏艺术作品。下面介绍艺术的欣赏技巧。

文化生活也是一种习惯

和读书一样，观看表演或艺术展览也是一种习惯。就像从小就爱读书的孩子长大以后也离不开书一样，文化生活将永远陪伴着孩子的成长，因此应该让孩子接收丰富的艺术薰陶。但是，也不能操之过急、揠苗助长。为了给孩子提供接触艺术的机会，我们特地介绍了挑选剧场或展览会时应该注意的事项。

在观看艺术表演之前必须确认的事项

要点1 事先了解艺术表演针对的年龄层

可以观看表演的年龄和适合观看表演的年龄是两个完全不同的概念，因此必须选择适合孩子观看的表演，而且要根据孩子的状态和意愿做出决定。在欣赏幼儿音乐剧时，如果出现老虎或狮子等动物，有些孩子容易受到惊吓，因此在观看表演之前，还应该考虑表演的内容和孩子的心理。

要点2 选择孩子喜欢的内容

一般情况下，以图片为主的艺术作品和以音乐和曲子为主的表演会各有各的特点，因此必须了解孩子喜欢的领域，然后再选择适合的表演。

参加展览会时也应该注意以上几点。如果孩子平时喜欢恐龙，就应该选择能欣赏恐龙的展览馆；如果喜欢画画，就应该选择能欣赏不同画家作品的美术馆。只有挑选孩子感兴趣的领域，才能激起孩子的兴趣，达到预期的效果。

要点3 应该确认表演场地的安全性

跟孩子一起观看表演时，首先要考虑安全问题。如果参加展览会，应该考虑是否限制参观人员或者会场是否过于混乱等问题。即使孩子跟父母一起去，也应该确认有没有预防突发状况的安全措施。另外，还要检查取暖或冷气的设施是否完备。

要点4 要事先了解将要观看的表演或参加的展览

观看表演和参加展览，并不需要收集大量的资料，但当欣赏由名著改编的表演时，最好事先阅读原著，才能更容易地理解表演的内容。参加展览时，也应该跟孩子一起事先搜集相关资讯。

观看表演和参加展览的方法

要点1 跟父母一起欣赏

最好让孩子和妈妈一起观看表演，借此掌握孩子感兴趣的内容，以及喜欢哪个部分，对什么怀有

疑问等。而且在表演结束后，妈妈和孩子之间会有很多话题，此时可以一起查阅相关的资料，并一起唱歌，增强母子的感情。另外，如果孩子和妈妈一起观看表演，即使突然熄灯，也能减轻孩子的不安感。只要不限制父母的入场，请跟孩子一起观看表演。

要点② 事先教孩子观看表演时的礼节

在观看表演时，为了不妨碍别人，不要带食物进场。遵守这些细微的礼节是打造文化生活的第一步。在开始表演之前，应该告诉孩子事先上洗手间，不能大声喧哗，不能摸展览品等观看表演或展览时的注意事项。

要点③ 让孩子看不同种类的表演和展览

除了音乐会或歌舞剧外，还应该选择芭蕾舞、传统歌剧等不同类型的表演，防止孩子对文化产生偏见。一般情况下，孩子最好和爷爷、奶奶一起观看传统歌剧。

要点④ 必须在开始表演之前入场

最好提前入场，然后根据售票处的节目单确认将要欣赏的节目。参加展览会时，应该根据展览会布局

《实用小百科》　**表演和展览会的欣赏Q&A**

Q. 什么时期可以带孩子观看表演?
A. 每个表演可入场年龄各不相同，但是也有很多允许2周岁以上孩子入场观看的表演。另外，2周岁以下的孩子也能参观美术馆等展览会；但大部分音乐会只允许4～5周岁以上的孩子入场。

Q. 在表演中，如果孩子吵闹该怎么办?
A. 只要是为小朋友举办的表演，在一定程度上不会限制噪音。另外，也不会限制家长边看表演、边和孩子对话。孩子如果妨碍了表演，工作人员会提醒父母，但不会赶他们出场。

Q. 害怕表演前关灯
A. 妈妈跟孩子一起观看表演时，应该告诉孩子会暂时关闭剧场里的灯光，但很快就会开灯，以免孩子受到惊吓。只要体验过一次，那么下一次就不会再害怕，反而会期待下一个场面。

Q. 在展览会上孩子到处乱跑
A. 在参观展览品时，应该牵着孩子的手，以免孩子到处乱跑。如果和孩子一起讨论作品，就能把孩子的注意力集中到作品上。

Q. 总想吃饼干或饮料
A. 在展览会上不能吃食物，因此事先必须告诉孩子参观展览会的注意事项，最好在入场前吃完手中的食物。如果中途想吃食物，就应该到会场外面吃。

图确定参观路线，然后要确定洗手间、休息室、医务室的位置。这样孩子就更容易集中注意力。

要点⑤ 积极地鼓掌

看完有趣的表演后，应该让孩子积极地鼓掌。只要孩子能独自表达观看表演后的感受，那么孩子就已经开始适应文化生活了。

要点⑥ 应该注重孩子的兴趣

在观看表演时，没必要刻意地为孩子说明节目安排和资料。即使花费很长的时间，也要等孩子观看完以后，再参观其他展览品。在欣赏展览品时，应该注重孩子的兴趣所在。

要点⑦ 跟孩子一起谈论展示品

把画或展览品的主题和日常生活中孩子能理解的内容结合起来进行对话。通过"那幅画画的是早晨，还是晚上呢?""在画里面寻找好朋友吧！"等对话方式，培养孩子独自理解作品的能力。

在家先培养团体生活观念

上幼儿园之前的适应性训练

幼儿园是孩子离开妈妈的怀抱第一次过团体生活的地方。即使不是双薪家庭，如果计划生第二胎，或者因各种原因需要把孩子送进幼儿园，就应该让孩子在入学之前接受适应性训练。下面介绍在家培养团体生活习惯的方法。

STEP 1
培养基本习惯的方法

培养早起的习惯

平时爱睡懒觉的孩子不太适应早起，甚至会非常抵制。让孩子在想睡的状态下上幼儿园，会对陌生的地方和陌生人更容易产生排斥心理。可以根据上学的时间，逐渐地进行早起的训练，让孩子熟悉新的生活节奏。为此，妈妈和爸爸也应该提前睡觉，让孩子早睡早起。

一定要吃早餐

每个幼儿园都有规定的用餐时间，孩子即使肚子饿了也只能忍耐。因此不吃早餐的孩子一上午都会处于饥饿状态。

孩子在适应幼儿园生活的期间，由于不习惯在陌生的地方吃饭，饭量会明显地下降。早餐对大脑的发育也具有非常重要的作用，因此必须培养吃早餐的习惯。

培养自理大小便的能力

在团体生活中，自理大小便是非常重要的课题。如果不带尿布的孩子频繁地大小便，就会让老师和其他孩子都感到筋疲力渴。

如果决定送孩子上幼儿园，就应该进行自理大小便的训练。即使孩子还不能完全自理，至少要求他们能向老师表达上洗手间的欲望。

进行独自吃饭的训练

孩子不会独自吃饭时，老师也会帮忙孩子喂食物，但最好事先培养孩子独自吃饭的习惯。不会使

用汤匙的孩子，吃饭的速度总是比其他孩子慢，因此不要迁就孩子，而应该在孩子上幼儿园之前，就进行使用汤匙吃饭的训练。即使孩子到处掉饭粒，也不要随意责骂，而应该耐心地引导孩子在指定的地方认真地吃饭。

培养清洁卫生的习惯

常言道："上幼儿园的孩子很容易生病。"可见孩子在一个团体中生活，罹患疾病的几率比较高；但妈妈也不可能到幼儿园帮孩子洗手，因此在日常生活中，必须培养孩子在外出回来后洗手的习惯。

进行穿、脱衣服的训练

在幼儿园里，老师不可能每次都帮孩子穿衣服或脱衣服，因此必须培养独自穿衣服、穿鞋的能力。一般情况下，2周岁的孩子都能独自穿、脱衣服，所以应该给孩子穿有松紧带的裤子或吊带裤。

STEP 2
培养与外界沟通的能力

进行离开妈妈的训练

　　大部分孩子不适应幼儿园的主要原因之一，就是不能离开妈妈。为了减轻孩子离开妈妈而产生的恐惧感，必须进行离开妈妈的训练。此时，妈妈不应该偷偷地躲藏或消失，而应该和孩子说明理由，例如："妈妈去帮你买好吃的面包。"如果孩子知道妈妈离开了自己但还会再回来，就不会感到害怕。

教孩子表达自己的想法

　　大部分孩子不喜欢沉闷的孩子，甚至不愿意和这样的孩子一起玩游戏。为了让孩子正常地接触小朋友，并积极地参加各种游戏和活动，应该让孩子学会表达自己想法的方法。如果孩子平时不喜欢说话，就应该通过能表达自己想法的游戏，自然地引导孩子说话。跟孩子一起看画册时，应该经常问孩子的想法"这时候应该怎么做呢？"或者利用孩子喜欢的卡通人物做角色扮演游戏，借此自然地引导孩子表达自己的想法。

产生对幼儿园的好奇心

　　如果孩子一直跟妈妈一起生活，就不会喜欢与老师和其他小朋友相处。为了让孩子亲近陌生人，必须刺激孩子的好奇心，使孩子对幼儿园产生期

待。"幼儿园里会不会有溜滑梯呢？"在日常生活中，应该用这种方式激发出孩子对老师和小朋友的好奇心，然后再送孩子上幼儿园。

STEP 3
适应团体生活的训练

培养有规律的生活习惯

　　在幼儿园里，孩子只能在规定的时间吃饭或吃零食，而且只能在规定的时间内进行美术或音乐等有趣的活动，因此不受约束的孩子也会形成有规律的生活习惯。如果事先在家培养有规律的生活习惯，孩子将很容易适应幼儿园的团体生活。在日常生活中，应该给孩子设定起床、睡觉时间，以及用餐和游戏的时间，然后指导孩子按时完成所规定的事情。

经常提供能跟小朋友接触的机会

　　和独生子女相比，有兄弟姐妹的孩子和经常跟同龄小朋友接触的孩子，具有较强的社会适应能力。当妈妈不在身边时，孩子在跟小朋友一起玩耍，就能互相学习。在日常生活中，应该给孩子提供经常接触同龄小朋友的机会。

让孩子感受到分享的快乐

　　父母太过宠爱的孩子和自己的要求随时都能得到满足的孩子，就不懂得与别人分享，而且从来都没有被别人抢过玩具的孩子，会形成强烈的贪欲，但幼儿园是团体生活的地方，是熟悉社会生活的地方，因此孩子会受到老师的管教。在出现各种问题之前，应该让孩子感受到分享的快乐。利用画册玩游戏是让孩子感受分享的好办法。

教会孩子基本的礼节

　　孩子在幼儿园生活的过程中，经常会遇到排队等待的情况。例如："吃饭或吃零食时"、"洗手时"、"上车时"。此时，老师通常不会强行制止为所欲为的孩子。在日常生活中，妈妈应该以身作则，慢慢地引导孩子培养成排队、遵守秩序的习惯。孩子在上幼儿园之前，也应该学会尊重老师和用双手接东西等基本的礼节。

Part 6

健康聪明地长大

聪明妈妈的
早期教育计划

当孩子在墙壁上胡乱地涂鸦，而作品显得很有艺术性时，很多妈妈会以为自己的孩子是天才。但盲目地把孩子送进特长班并不能提高孩子的能力，早期教育是需要有详细计划的。在育儿之前，应该事先了解早期教育的基本准则，然后跟孩子一起实践。为了培养出聪明的孩子，那么妈妈要变得更加聪明。

0～3周岁早期教育计划

0～1个月

运动能力 在这个时期，孩子可以躺在床上，偶尔活动身体，而且可以稍微抬起头来。如果把玩具放到孩子的手上，还能做出握玩具的动作，但明显缺乏手部力量。虽然孩子还不能平衡头部，但在俯卧状态下还可以抬头，而且可以朝有声音的方向转头。

感觉、情绪发育 当孩子哭闹时，如果把孩子抱起来，就会安静下来。在这个时期，孩子可以看到20～30厘米以内的实物，而且容易被巨大的声音所惊吓。另外，孩子还可以注视妈妈的眼睛或乳头。

认知发育 孩子还不能专注地看一个实物或寻找玩具。在这个时期，孩子只能单纯地认知眼前的实物，即使眼前的实物消失，也不会做出强烈的反应。孩子出生1～2个月时，能注视活动的物体，而且高兴时还能发出声音，但很快就会对周围的实物失去兴趣。
熟悉同样的刺激后产生厌倦情绪的现象被称为习惯化。

语言发育 孩子喜欢听妈妈的声音，而且听到妈妈的声音，就会做出兴奋的反应。在这个时期，孩子对声音有明显的反应，而且可以大声哭闹。

2～4个月

运动能力 孩子在俯卧状态下，可以稍微抬起头，还可以用手摸到嘴。在仰卧状态下，如果拉起孩子的双手，孩子就能抬头。孩子在侧卧状态下可以翻身，而且开始玩自己的手指。另外，孩子可以握住较小的玩具。在这个时期，孩子还可以贴着地板爬行，而且能独自挥动手臂。

感觉、情绪发育 孩子能区分别人和妈妈的模样及声音。此时，孩子经常做出生气的表情，但更多的是高兴的表情。在这个时期，孩子可以看到60厘米以外的实物，而且可以活动握成拳头的小手。孩子出生3～4个月以后，可以独自翻身，而且能抬头。

认知发育 孩子已经形成了一定的注意力，因此懂得寻找自己喜欢的玩具。当孩子对偶然的动作产生兴趣时，会反复地做同样的动作。在这个时期，孩子能依照自己的想法行动。孩子出生4个月之前，只局限于握、吸吮等活动身体的运动；但出生4个月以后，就开始关心周围的实物了，而且能做出有意识的行为。

语言发育 孩子能发出含有各种意思的哭声。听到妈妈的声音，孩子会转头看妈妈。在这个时期，孩子能明确地辨别妈妈的声音，而且能做出相对应的反应。高兴时还能微笑，而且能发出"噗噗、咕咕"等含糊的声音。另外，孩子还经常集中注意力聆听周围的声音。

运动能力 孩子在俯卧状态下可以抬起胸部，而且能熟练地翻身、滚动。出生6个月以后，可以独自坐起来；而且出生8个月时，就能贴在地板上用手脚爬行。如果拉住孩子的手臂，孩子还能站起来。在这个时期，孩子的手部活动也非常频繁，因此出生6个月时，就能用双手抓住玩具。

感觉、情绪发育 孩子能区分实物的形态和颜色，偶尔还能凝视远方，并且开始区分认识的人和陌生人。只要看不到妈妈，孩子就会伸出脖子寻找妈妈。如果听到自己的名字，或者别的声音，就会转过头张望。

认知发育 孩子的眼睛和双手的协调能力比较发达，可以伸手抓住自己喜欢的玩具。孩子看不到眼前的玩具时，就知道玩具在别的地方，因此会主动去找。在这个时期，孩子睡觉的时间会缩短，而且独自玩耍的时间逐渐增多。另外，孩子还可以做摇头、握拳、拍手等比较复杂的动作。

语言发育 虽然此时孩子的语言没有任何意思，但是会从单纯的发声变成"妈妈"、"哦哦"、"呀呀"等声音。不仅如此，孩子还能重复同样的声音。另外，孩子可以区分妈妈和别人的声音，而且能向对方大喊大叫。

5～8个月

运动能力 孩子在伸直手臂和双腿的状态下，能抬起腰部爬行，而且能依照自己的意愿改变爬行的方向。孩子出生10个月时，能长时间坐起来，而且还能短时间站立。孩子出生12个月以后，就能独自站立，而且发育较快的孩子还能学会走路。另外，孩子还可以利用拇指和食指抓住东西。

感觉、情绪发育 在这个时期，孩子的记忆力比较强，因此能记住曾经玩过的游戏。另外，孩子喜欢看实物或画册，心情不好时还会生气。如果孩子听到音乐，还能学会拍掌，或者跟着哼唱。

认知发育 孩子开始懂得利用别人的力量完成自己想做的事情。如果孩子无法打开苹果箱子，就会把妈妈的手放在苹果箱子上面。孩子从1周岁开始，就产生了逻辑思维能力。孩子在沐浴过程中，如果看到浮在水面上的玩具，就会感到很好奇，并反复地做将水面上的玩具按下去的动作。

语言发育 虽然孩子的语言能力发育有限，但发音会更准确。孩子1周岁时，可以准确地说出"妈妈"、"爸爸"、"再见"等3个左右的幼儿词汇。在这个时期，孩子能听懂简单的句子，而且能记住说过的话。

9～12个月

	0～1个月	2～4个月	5～8个月	9～12个月
运动		跟妈妈一起训练大肌肉的时期		通过小肌肉培养手部操作能力的时期
语言		培养听觉能力，通过"咿呀"等声音进行发声训练的时期		
社会适应能力				
数理能力				
音乐				
美术				

不同领域的开始时期

13~18个月

运动能力 在这个时期，孩子可以独自走路，而且能牵着妈妈的手上下楼梯。不仅如此，孩子还能向后倒退走路，能坐在小椅子上，但孩子的活动能力还不成熟，因此走路或坐在椅子上时都会有点摇晃。另外，孩子手指的活动更加细腻，而且能用拇指和食指抓住较小的东西。在这个时期，孩子能握住铅笔，而且能画出歪歪斜斜的线条。

感觉、情绪发育 孩子能模仿妈妈做出伸舌头、拍手掌、搓手、竖拇指等动作。在这个时期，孩子对颜色和声音比较敏感，因此能集中注意力聆听陌生的声音。另外，孩子可以通过语言和行动表达自己的感受，但集中注意力的时间比较短，因此独自玩一会儿就生气或哭闹。

认知发育 孩子可以利用积木拼出不同的实物，不但具备了一定的逻辑思维能力，而且还会有意识地改变自己行为，因此孩子会探索实物发展的不同结果，甚至做出选择。在这个时期，孩子的好奇心日趋强烈，因此能玩捉藏宝或寻宝的游戏。孩子出生13~18个月时，探索周围实物的欲望非常强烈。

语言发育 虽然孩子还不会说话，能理解10~20个词汇的意思，而且能说出5个以上的词汇。在这个时期，孩子只能使用幼儿语言，而且能用1个词汇表达出自己的要求。另外，孩子还能区分"1个"和"很多"的意思，而且能理解简单的命令性词汇，并依照指令行动。

运动能力 在这个时期，孩子能自由地走路，而且可以独自爬上楼梯。发育较快的孩子还能学会跑步。由于手部活动灵活，因此孩子能握住蜡笔画出直线或圆圈。在这个时期，孩子的身体调节能力比较稳定，因此可以利用双手能做出握、旋转、敲打等探索性的动作。

感觉、情绪发育 孩子能区分不同的声音，而且能拼贴图形，或者能堆砌3块左右的积木。另外，孩子能意识到别人的存在，因此喜欢模仿妈妈、爸爸和老师的言行。当妈妈的爱转移到别人身上时，孩子还会表现出强烈的嫉妒心。孩子满2周岁以后，即使不能依自己的意愿做事或者产生了恐惧和不安，也不会轻易地哭闹。

认知发育 孩子的探索能力和思考能力逐渐成熟。孩子出生19~24个月，能形成预测各种状况和解决问题的能力。过去，孩子只能靠行动才会知道结果，但从现在开始，孩子能够用大脑想象后果，并思考解决问题的方法。另外，即使眼前的模仿对象消失了，孩子也能模仿对方的行为，因此孩子可以用洋娃娃等玩具模仿妈妈的行为。在这个时期，孩子形成了自我的概念，而且开始关注自己和别人的关系。

语言发育 此时孩子能理解30~50个词汇，但满2周岁后，就能理解200个词汇。在这个时期，孩子能说出自己的名字和"给我水"等由几个词汇所组成的短句。另外，孩子能区分"1"和"2"的差异，逐渐形成数目的概念。

19~24个月

25~36个月

运动能力 在这个时期，孩子能跑步，还能抓住栏杆、爬楼梯、用左右脚踢球，而且身体调节能力也越来越强，因此孩子能用脚尖走路，甚至可以蹦蹦跳跳。另外，孩子能骑三轮脚踏车，而且大肌肉和小肌肉的活动比较灵活，因此能玩石头、剪子、布等游戏。不仅如此，孩子还能利用筷子夹住自己喜欢的食物，而且能独自系钮扣或鞋带。

感觉、情绪发育 在这个时期，孩子的嫉妒心比较强，因此经常嫉妒弟弟、妹妹或其他小朋友。另外，孩子害怕陌生的地方和黑暗的地方，对雷声、动物的叫声非常敏感。在这个时期，孩子的情绪比较复杂，因此听到悲伤的童话故事，会伤心地哭泣，而且能使用"谢谢"等礼貌用语。不仅如此，孩子能理解交通号志灯的含义，明白遵守秩序和规则的必要性。

认知发育 在这个时期，孩子产生了一定的判断能力，而且能进行简单的思考。例如：当孩子听到妈妈的声音或脚步声，即使看不到妈妈，也会做出兴奋的表情。另外，孩子还能从头到尾唱完一首歌，而且能背诵短故事，甚至可以理解简单的数字和顺序。

语言发育 孩子可以掌握300~400个词汇，而且能利用"因为……所以……"等表示因果关系的词汇描述某件事情。在这个时期，孩子在饭前和饭后懂得向父母问候。如果自己爱听的故事忽然中止，孩子就会催促妈妈继续讲。另外，孩子可以阅读简单的文章，而且能区分红色、蓝色、绿色、黄色等4种颜色，还能依照顺序描述自己体验的事情。

13~18个月	19~23个月	2~3周岁
	由于身体活动比较活跃，可以做简单的游戏体操	
开始学幼儿语言的时期	通过认知实物提高语言能力的时期	开发说话、阅读能力的时期
单独游戏，培养社会适应能力的时期	培养正确生活习惯的时期	开发社会适应能力的时期
	训练数字的概念时期	
	熟悉音调的节奏感，培养音感的时期	
	通过黏土游戏、画线游戏培养手部力量的时期	进行上色、画画等美术教育的时期

妈妈是孩子的最好老师
成功早期教育的10个法则

很多妈妈不知道什么时候该给孩子教什么内容，而且很容易错过最佳的早期教育时机。为了让孩子正确地接受早期教育，下面介绍早期教育的10条法则。

与其培养英才，不如培养综合素质高的孩子

大部分妈妈都希望自己的孩子能成为英才，但应该先认真观察孩子的兴趣和爱好。即使孩子学习文字的速度较慢，或者不关心科学或数学，也不用过于失望，更不能因此责备孩子。孩子天生都具有超越别人的潜力，因此父母应该寻找和挖掘孩子的潜力。

通过各种刺激挖掘孩子的潜力

在我们的身边，经常能看到强迫孩子学习的妈妈，但强迫孩子并不能让其具备卓越的才能。一般情况下，要通过各种刺激，让孩子对周围的事情感兴趣，循序渐近地学习。因此必须营造出能让孩子充分发挥潜力的环境。

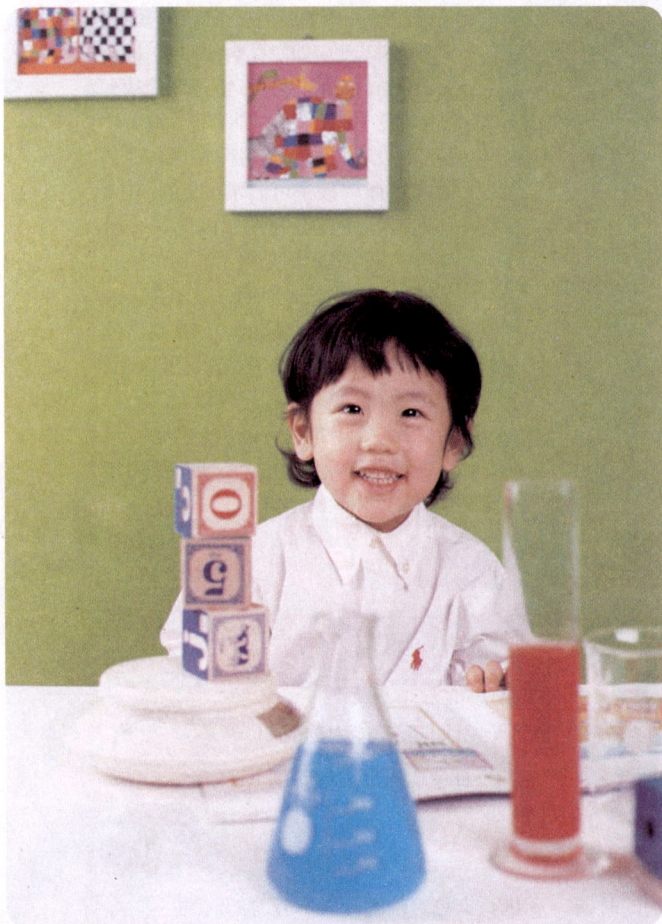

值得注意的是，即使孩子对某些事情特别感兴趣，也不一定代表了孩子所有的才能，因为孩子们的兴趣随时随地都可能发生变化。在日常生活中，不能因为孩子对音乐感兴趣，就只让孩子接受音乐的薰陶，而应该同时让孩子接触体育锻炼和美术教育，这样才能打下坚实的基础。

进课外班之前最好先让孩子旅行

很多家长在孩子满1周岁后，就送孩子去各种游戏课外班。此时，不要奢望通过这些育儿机构能得到良好的教育效果。

在国外，除了正规授课外，家长很少送孩子去各种课外班；但是在国内，孩子一上小学，家长就会把孩子送进英语补习班、电脑补习班等教育机构。如果利用这些时间陪孩子出去旅行怎么样呢？家长应该尽量让孩子看更多的东西、让孩子体验更丰富的生活，这才是最好的教育方式。

把日常生活变成学习

很多妈妈认为，在学校学点知识总比在家玩要强，因此只要孩子满了3周岁，就把孩子送进游戏学校或宝宝屋等教育机构。

我们试想一下，让孩子跟妈妈一起快乐的学习，或者每天面对陌生的环境和沉重的压力而战战兢兢，到底哪一种更好呢？事实上，能给孩子最好教育的人只有妈妈一个人。只要考虑以上的问题，很快就会发现与其将孩子送进教育机构，不如让孩子和妈妈一起玩游戏，这样教育效果更加明显。另外，日常生活中隐藏着很多能培养孩子潜力的机会，而且孩子在日常生活中独立领悟人生道理。

孩子的好奇心。即使孩子的提问非常荒唐，也应该认真地听完提问，然后再诚心诚意地回答问题。

虽然孩子不能区分对与错，但家长不能无视孩子的问题，更不能随便编造答案，而必须运用所有的条件，认真地回答问题。这样才能刺激孩子的好奇心，让孩子有兴趣继续探索周围的世界。

通过夸奖和鼓励等方式培养自信心

很多孩子对陌生的实物或新的刺激心存恐惧，那些缺乏自信心的孩子会畏首畏尾，不能正常地发挥出自己的能力。因此即使孩子做对了一件小事，家长也应该积极地夸奖或鼓励。夸奖和鼓励能使孩子感受到某种成就感，有利于培养自信心。

跟文字相比，学会思考的方法更重要

学知识除了学会读、写以外，还包括说、听等语言能力。只有均衡地提高这4个方面的能力，才能称得上正确的语言教育。在孩子的房间里粘贴各种文字帖之前，应该经常和孩子进行对话。在日常生活中，应该培养孩子的逻辑思考能力和自由表达自己想法的能力，这是比学习文字更重要的教育方式。

耐心地等待孩子想学的时机

一提到早期教育，最让人头痛的就是时机的选择，即"应该从什么时候开始施行早期教育呢？"正确的答案是，当孩子想学的时候就可以进行早期教育了。随着好奇心的形成，孩子就会不断地提问。为了不错过最佳的学习时机，需要父母持续的努力。很多妈妈想早点教育孩子，所以揠苗助长；而有的孩子产生了兴趣或爱好时，却迟迟得不到满足，因此，不要操之过急，应该耐心地等待。另外，当孩子特别想学知识的时候，应该及时地进行早期教育。

当孩子集中注意力做一件事情时，不应该干预

有时孩子会集中注意力做特定的游戏，此时不能干预孩子的活动，因为孩子在独立思考、尽情地发挥想象力和创造力。随着玩游戏的时间逐渐增多，孩子独自学习的时间也慢慢地增多。此时妈妈应注意观察孩子喜欢的游戏、关心的实物或动作。

认真地听孩子提问，然后马上回答问题

当孩子想学新知识时，提问的次数也会急剧增多。此时，如果厌烦或忽视孩子的提问，就会打击

寻找孩子喜欢的方法

每个孩子的性格和兴趣都不相同，因此即使学习的主题相同，也应该采用不同的教育方法。例如：教孩子数字的概念时，如果孩子喜欢画画，就应该一边画画、一边学习数字；如果孩子喜欢积木，就应该利用积木学习数字。只有通过孩子最喜欢的方法来学习，才能获得最佳的教育效果。

喜欢说话的孩子更聪明

思考能力、逻辑能力、表达能力的基础

喜欢说话不仅仅是简单意义上的语言表达，还包括了对语言的理解能力和对自己想法的表达能力，以及一定的词汇能力。研究结果显示，早学说话孩子的智商也比较高。下面介绍让孩子学会早说话的方法。

现在开始 语言教育

开发接受性语言

对孩子的表达方式做出相对应的反应

孩子出生5周左右，就开始关心周围的声音，因此只要听到了声音，就会转过头看声音传来的方向，而且能区分妈妈的声音、钟声、厨房里传出来的声音等各种声音。不仅如此，还能理解不同的声音对自己有何意义。

在这个时期，孩子的脑神经比较发达，因此能集中注意力聆听各种声音，而且可以知道不同的声音所包含的意思。尤其是，这些接受性语言（receptive language，即语言理解能力）和智力有密切的关系，因此家长必须学会刺激智力发育的方法和营造舒适生活环境的方法。在开发接受性语言时，妈妈应该对孩子的表达方式做出相对应的反应，而且要使用正确的语言和句子，不要模仿孩子含糊不清的语言，这样才有助于孩子的语言发育。

同时刺激听觉和视觉

孩子在1周岁以前，只靠听的方式了解外界，很难理解或记忆周围的实物，因此应该同时刺激孩子的听觉和视觉，这样才能留下更深刻的记忆。

在这个时期，应该采用大图片来教育孩子，彩色图片比黑白图片更有效。此时，不一定要使用卡片，但当介绍"苹果"这个词汇时，应该让孩子触摸到真实的苹果，这样才能加深记忆。

反复地说同样的话

重复几遍相同的句子，将有助于记忆，因此幼儿专用图书中经常反复出现类似的词汇。在正常情况下，应该重复几遍同样的词汇呢？每个孩子的学习能力都不同，但通常需要重复5~10次。

应该适当地放慢说话速度

孩子们的大脑功能还未成熟，因此和孩子说话时必须放慢语速。另外，家长必须清楚地发音，而且要注意停顿，留给孩子足够的思考时间。跟孩子说话时，应该把语速放慢三分之一。不仅如此，上一句和下一句之间应该停顿5秒钟。

给孩子听各种声音

语言发育的基础就是记忆和储存各种声音的特点，因此必须让孩子体验各种声音。在日常生活中，应该给孩子听火车、轮船、飞机、雷声等日常的噪音，以及各种动物的声音。试着营造出丰富的环境，就有利于孩子的情绪发育，而且能培养孩子聆听声音的习惯。

如果孩子从小即接受了听觉训练，就能仔细聆听别人说话，有利于今后的学习；如果孩子不聆听别人说话，或者随意打断别人的话，只顾着自己说话，家长就应该及时地纠正这种错误行为。

培养良好的语言习惯

孩子在学会说话之前，应该先学会听懂妈妈、爸爸的话。在听懂父母话的过程中，孩子就能发出"咿呀"等声音，逐渐学会说话，并掌握文字。因此，在教孩子学习母语或英文之前，应该先进行正确的语言教育，这样才能打下扎实的听、说、读、写的基础。

营造出安静、舒适的环境

孩子暂时还不能从噪音中分辨出自己想听的声音，因此应该营造出安静、舒适的环境。如果经常打开电视，让孩子听到嘈杂的声音，或者家长不陪孩子玩，只顾着自己打电话，孩子的听力就会逐渐下降。最好在安静的环境下跟孩子对话，并传递正确的语言资讯。

用语言开发表达能力

模仿孩子的语言同时培养语言能力

纠正孩子的错误发音或错误语法，或者由妈妈补充孩子不会表达的意思，这样都能满足孩子的说话欲望。例如：当孩子说"帽子"时，就应该告诉孩子"给我帽子吧"，当孩子说"刚才给"时，应该告诉孩子"这是妈妈昨天给的"。在教孩子说话时，应该注意防止影响孩子说话的欲望。

给孩子充分思考的时间

在和孩子说话的过程中，父母最容易犯的失误之一，就是不给孩子回答的机会。有些父母向孩子提问以后，就催促着孩子回答问题，或者替孩子回答。例如："你今天早上玩什么呢？"然后不给孩子思考的机会，马上催促孩子："还不快回答？到底玩什么？"或者"是玩玩具？还是看电视呢？"家长向孩子提问后，只要给予充分的思考时间，孩子的回答就会更全面，而且使用的词汇也会更多。

通过游戏学习表达方法

很多孩子们都是通过游戏来学习说话的。和妈妈一起去过牙科医院的孩子，一回家就会穿上白衣服，然后拿起汤匙，对爸爸说："啊！快张大嘴！"孩子天生就有把生活变成游戏的能力，而且通过各种游戏会接触更多的知识，再通过这些游戏来提高表达能力，增加词汇量。

在睡觉前为孩子念画册

在一天的生活中，孩子和妈妈一起读书并互相提问的时间是最幸福的。通过看画册，能提高孩子的词汇量，而且能学会新的表达方式。在这个时期，应该反复地、有节奏地为孩子念画册。

在和孩子对话的过程中，反复的学习方法是最重要的技巧。即使反复地念同样的画册，孩子也不会厌倦，反而记忆越来越深刻。念画册给孩子听时，应该注意节奏，多运用肢体语言，借此激发孩子的学习兴趣，而且能记牢所学到的知识。在说故事的过程中，也应该问孩子的想法，这样将有助于孩子的语言发育。例如："从农夫种的南瓜里会钻出什么宝物呢？我们一起想想看吧！"通过这种方式能刺激孩子的想象力，引导孩子用语言表达自己的想法。

经常使用符合发育程度的词汇和句子

有些父母习惯教孩子敬语，而有些父母习惯教孩子很难的词汇。当孩子充分理解了每个词汇的含义时，如果还不会对长辈使用敬语，就应该及时地纠正这种错误，但如果强迫刚学会一两个词汇的孩子掌握敬语，反而会影响孩子学习语言的欲望。一般情况下，孩子上幼儿园以后可以学习敬语了。

应该培养用语言表达的能力和思考能力

语言教育可分为"听"、"说"、"读"、"写"等几个部分。在"听"的教育中，应该培养孩子理解别人说的话，看懂童话故事和儿歌的能力。在"说"的教育中，应该培养孩子用语言表达生活中的体验或自己想法的能力。在"读"、"写"的教育中，应该让孩子掌握语言和文字之间的关系，使孩子关心周围的文字或书本。在语言教育中，不仅仅要培养单纯的文字解读能力，还要培养用语言表达的能力和思考能力，最后养成正确的语言习惯。

阶段性 适合孩子的教育秘诀

▌ 0~6个月

经常给孩子听妈妈的声音

在新生儿时期，孩子只能通过哭声表达自己的感受；但出生3个月以后，就可以通过"咿呀"等声音和父母对话。在孩子通过哭声表达感受的时期，妈妈也很难分辨出孩子到底是肚子饿，还是弄湿了尿布；但孩子出生1个月以后，需求产生了变化，哭声也有所不同，因此父母听到哭声，也能知道孩子的要求。在这个时期，妈妈就可以通过"饿了吗？""原来宝宝尿尿啦！""洗澡的感觉好吗？"等方式跟孩子对话。经常重复这些话，孩子就能逐渐听懂妈妈的话。

说话时应该看对方的眼睛，而且用"咿呀"的声音来对话

孩子出生3个月以后，就能发出"咿呀"的声音，还能说出简单的字。在重复"咿呀"声音的过程中，孩子还能发出"妈——妈——妈"等单纯的声音，而这个过程就是基本的发声训练。

虽然孩子还听不懂妈妈的话，也不会说出正确

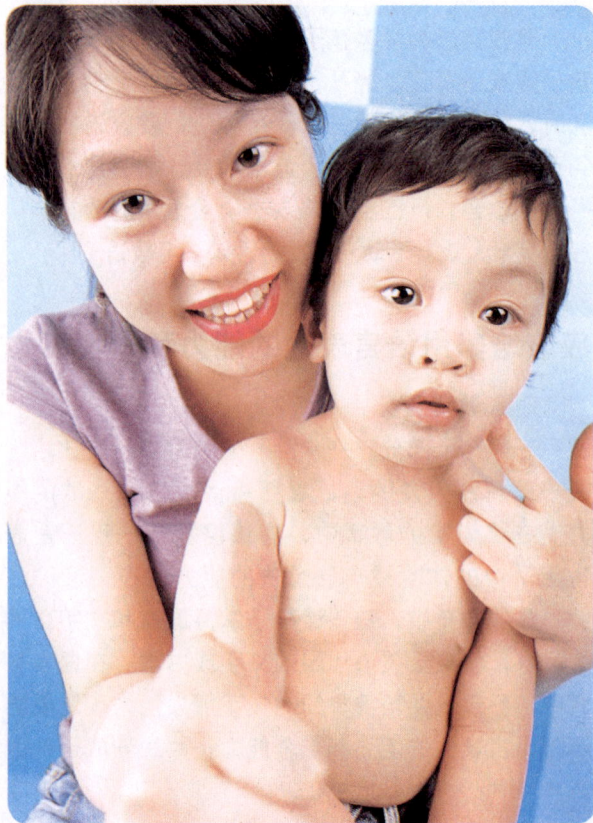

的语言，但在和孩子对话的过程中，应该注意观察孩子的反应。虽然孩子听不懂，但是能记住妈妈的话。孩子出生6个月以后，就能发出较长的"咿呀"声。妈妈跟孩子对话时，应该看着孩子的眼睛，而且要模仿孩子的"咿呀"声音，或者编故事。

▌ 6~12个月

用正确的发音说出完整的句子

孩子在1周岁左右，就能说出别人可以理解的语言了。当然，刚开始只能说出非常简单的语言，例如："妈妈"或"爸爸"等简单的词汇，但逐渐就能学会用词汇造句。在这个时期，孩子可以模仿父母常用的词汇和语调，因此父母必须用正确的发音说出完整的句子。

另外，父母应该帮助孩子掌握由简单的词汇所组成的句子，例如：只要孩子说"水"，就应该教孩子"你想喝水吗？"等完整的句子。除此之外，还可以利用孩子掌握的词汇，提出适当的问题。"门在哪里？""宝宝的嘴在哪里？"等问题，孩子就会在不知不觉中听懂父母的话，而且能培养语言和认知能力。

让孩子亲身体验

通常，孩子在体验具体实物的过程中，可以提高语言能力，因此在教孩子学新词汇或句子之前，最好让孩子亲身体验实际的实物。在日常生活中，应该给孩子提供能接触周围具体情况的机会。例如：教"苹果"这个词汇时，应该给孩子看看真实的苹果，而且让孩子触摸，借此加深印象。

父母应该成为孩子学习的语言榜样，而且要帮助孩子通过触摸、看、听、动手、提问、寻找等行为，不断地提高语言能力。

应该培养慢慢地说话的习惯

如果请孩子帮忙拿蜡笔，即使孩子不会说"妈妈，我帮你拿蜡笔来了"，但也能做出相对应的动作，这就说明孩子能理解妈妈的意思，这种反应又称为"身体运动智慧"（bodily-kinesthetic intelligence）。即是能理解语言的意思，而且能

做出相对应动作的反应。要想让孩子达到这种"身体运动智慧"的水准，必须培养孩子的语言能力，因此即使孩子不会说话，也应该用正确、完整的句子，帮助孩子学会正确的语言。

12~24个月

认可孩子的话，并做出积极的反应

此时，孩子对周围的实物产生了强烈的好奇心，因此会不断地提问。孩子在提问的过程中，可以掌握更多的词汇和句子。当孩子提问时，父母应该适当地解释词汇的意思。此时，应该看着孩子的双眼，用亲切的声音和孩子对话。一般情况下，孩子能通过对话感受到妈妈对自己的关心。

培养语感

如果孩子学会了1个词汇，很快就能用两三个词汇造简单的句子。在这个时期，孩子就能通过"妈妈，我要尿尿。"或者"爸爸，上班。"等简单的句子表达自己的想法。孩子满2周岁以后，就能说出大约50个词汇。此时，父母也应该用正确的句子不断地引导孩子学习语言。例如：经常对孩子说："妈妈，我要喝果汁。"等正确的句子。另外，如果经常念童话书、儿歌和童诗给孩子听，孩子就能掌握优美的句子，而且能培养丰富的语感，有助于语言的发育。

不应该模仿孩子的语言

孩子刚学会说话时，词汇的选择和说话的方式都不太准确，此时千万不能模仿孩子的语言。在这个时期，父母应该用正确、完整的句子跟孩子对话，这样才能帮助孩子掌握语言的特点。

24~36个月

对孩子的话应该做出积极的反应

只要孩子能说出简单的词汇，就应该充分表达出妈妈的喜悦之情。另外，可以利用孩子常用的词汇，以各种方式回答孩子。

念童话书给孩子听或者一起外出时，应该认真地回答孩子的提问。即使孩子的提问非常荒唐，也应该以积极的态度接受，并诚心诚意地回答，这样才能逐渐提高孩子对实物的观察力和语言能力。

不应该模仿孩子不正确的语言

等到孩子学会说话时，很多父母都会感到既惊讶又好奇，因此经常模仿孩子不正确的表达方式。为了让孩子尽快学会正确的语言，父母应该用正确的发音指导孩子。只有妈妈使用正确的语言，孩子才能纠正错误的语言习惯。

在对话的过程中，即使孩子听不懂妈妈的话，或者一时想不出合适的词汇，也不要催促或嘲笑孩子，而应该耐心地给予指导，这样才能提高孩子的自信心。这样一来，孩子就会自然地学会说话和正确表达自己的感受或想法的方法。

及时纠正不良的说话习惯

孩子不良的语言习惯主要包括说脏话，模仿错误的流行词汇，以及对"性"的错误理解。通常，孩子通过接触电视节目和周围的人，容易形成不良的语言习惯。孩子们往往想通过这种表达方式吸引周围人的注意力，想得到成年人的认同。另外，由于孩子具有一定的叛逆心理，也会养成这种语言习惯。

如果孩子完全是为了吸引父母的注意力，就应该无视或假装没听见，这样孩子就会自然地明白，这种习惯无法吸引别人的注意力，因此可以自觉地纠正错误。如果孩子有叛逆心理，那么就应该坚决地制止不良的语言习惯，而且要让孩子明白，妈妈和周围的所有人都不喜欢不良的语言习惯。虽然孩子听不懂妈妈的话，但通过妈妈明确的态度，也能感受到妈妈只喜欢懂礼貌的孩子，因此能自觉地纠正不良的语言习惯。

适合成长阶段的游戏
提高语言能力的生活游戏

孩子能说出简单的词汇时，还不算是真正的语言。在这个时期，如果听到"不行"、"你好"等声音，孩子就能摇头，而且能发出"爸、妈、不不"等"咿呀"声，还能用"哦，啊"等感叹词表达自己的感情。

6～12个月 能对语言做出反应的阶段

培养声乐感觉的游戏

效果

让孩子经常听小铃铛的声音，就能对声音产生感觉，而且能学会说话的方法。

PLAY

① 沿着上下左右的顺序，也就是圆圈的轨迹摇晃小铃铛，使孩子随着铃铛移动视线。

② 一边摇晃铃铛、一边和孩子对话，然后让孩子独自摇晃小铃铛

培养沟通能力的游戏

效果

让孩子反复地学习各种实物的名称，既能增加可用的词汇量，也有助于语言的发育。

PLAY

① 在被窝里面隐藏孩子喜欢的玩具，然后引导孩子寻找玩具。

② 等到孩子找到了玩具，就说："原来小铃铛在这里啊！"

能说出3~5个词汇的阶段

能用几个词汇造句的阶段

🌱 堆砌积木的游戏

效果

通过堆砌积木的游戏，孩子能掌握"概念性的词汇"。

PLAY

❶ 准备3~4块积木，然后让孩子跟妈妈一起堆积木。"哇，你堆得好高啊！"通过这种说明，孩子就能形成关于高度的概念。

❷ 沿着一条线排列积木，然后告诉孩子："这些积木好长哦！"在游戏过程中，孩子可以通过眼睛认识长度的概念。

🌱 模仿游戏

效果

通过模仿游戏，孩子能掌握不同实物发出来的声音，而且能造出简单的句子。

PLAY

❶ "小熊是怎么叫的啊？""你能不能模仿青蛙的叫声呢？"在日常生活中，应该经常让孩子模仿汽车、货车的声音，然后一边搬衣服或花盆，一边和孩子说："从客厅搬到阳台上吧！"

❷ 孩子跟洋娃娃玩游戏时，也应该用语言表达。此时，应该让孩子知道每个动作和场所都有自己的名称。

🌱 递玩具的游戏

效果

孩子在玩递玩具游戏的过程中，能学到组合词汇和语言的方法。

PLAY

❶ 准备球、玩具、书等物品，然后一样一样地递给孩子，再从孩子手中接过来。

❷ 在递球的同时，应该对动作进行说明"妈妈给你红色的球"。这样一来，孩子能学会动作与语言的协调。

❸ 应该详细地说明孩子的动作。

🌱 寻宝游戏

效果

通过寻宝游戏能提高表达能力。

PLAY

❶ 一边看着画册，一边引导孩子寻宝，并说："这是什么？原来是小熊，我们一起找找小熊吧！"

❷ 应该引导孩子独自寻宝。

❸ "这里是山顶，那里是山脚。这个是不是比那个大呢？"通过这种方式，孩子能学会用语言辨别实物的差异。

🌱 捉迷藏游戏

效果

通过捉迷藏游戏，能提高孩子对实物的理解能力和记忆力。

PLAY

❶ 在水杯内隐藏小的东西，或者在椅子或桌子底下隐藏球或书包，然后问孩子："球在哪里呢？"并告诉孩子"原来球在桌子底下哦！"

❷ 通过捉迷藏游戏，孩子可以学会用语言理解实物与场所的改变，以及实物与实物之间的关系。

(24~36个月) 能表达自己体验的阶段

🌱 整理衣柜的游戏

效果

在日常生活中，通过整理衣服的游戏，孩子能掌握关于方向的概念。

PLAY

❶ 在整理衣服的同时，对孩子说："另一个蓝色袜子在哪里呢？用左手拿袜子吧！"

❷ 刚开始，孩子可能听不太懂，但只要父母先做示范，那么孩子很快就能掌握关于方向的语言。

🌱 遮眼猜物的游戏

效果

通过猜实物的游戏，能提高语言表达能力。

PLAY

❶ 用篮子盛装袜子、腰带、球等各种物品。

❷ 把孩子的眼睛遮上，然后让孩子用手抓篮子里的物品，并说出不同实物的触感。

❸ 柔软、粗糙、光滑……在游戏过程中，孩子可以用各种词汇表达触感。如果猜对了，孩子就可以睁开眼睛，并看着实物再次说出触感。

🌱 录音游戏

效果

听声音的过程，既能满足孩子的好奇心，又能纠正错误的语言。

PLAY

❶ 先录下全家人的声音。一般情况下，要录下妈妈说故事的声音、唱歌的声音等日常生活中常听到的声音。

❷ 妈妈亲自录下孩子喜欢的故事，然后反复地给孩子听录音。

🌱 角色扮演游戏

效果

通过玩角色扮演游戏，孩子能学会在不同状况下使用不同的语言和表达方式，并培养正确的语言表达能力。

PLAY

❶ 在日常生活中，可以经常和孩子一起玩打电话的游戏、扮演医生的游戏或扮演司机的游戏。

❷ 经常玩模仿游戏，孩子就能掌握不同职业的名称和适用于该领域的语言。刚开始，孩子只能掌握职业的名称，因此不要过于着急。

🌱 穿线游戏

效果

在制作各种玩具的过程中，孩子能形成顺序、大小和颜色的概念。

PLAY

❶ 准备玩穿线游戏用的玩具，并告诉孩子游戏的规则和顺序。"交替地连接小兔子和小熊图案，然后制作长长的项链"。

❷ 观察孩子穿线的过程，同时告诉孩子："对啦！刚才你穿上了小熊，下面就该穿上小兔子啦！"这样，孩子就能自然地学会顺序或规则的概念。

不同阶段的语言能力检查表（7~24个月）

别的孩子都开始说话了，但我们的孩子都快满2周岁，却还是只会说"妈妈"。下面介绍语言能力的测试方法。

※首先测试接受性语言，然后再测试相对应的项目。

测试方法

❶首先测试与孩子实际年龄相对应的接受性语言项目。

❷如果孩子能做出与测试项目相对应的动作就画0，如果做不出相对应的动作就画X。

❸如果都能画0，就可以继续下一阶段的测试，直到出现X为止。

❹如果在实际年龄项目中出现X，就应该测试比孩子实际年龄小的题目，直到出现0为止。

❺依照3、4步骤测试的结果，相对应到孩子"接受性语言能力"的月份。

❻语言表达能力的测试并不是从实际阶段开始的，所以应该从测试所相对应的"接受性语言能力"月份开始。语言表达能力的测试方法与接受性语言能力的测试方法相同。

❼测试时应该注意观察孩子的行为，并准确地记录。

测试结果

即使孩子不会说话，也能测试出接受性语言能力（例如：语言理解能力），如果孩子会说话，就能测试出孩子的表达性语言（expressive language）能力（例如：词汇）。依照以上的测试方法测试，孩子的实际年龄和接受性语言能力所相对应的月份和语言表达能力所相对应的月份会有所不同。

如果接受性语言能力所相对应的月份比实际年龄晚6个月以上，或者接受性语言能力所相对应的月份和语言表达能力所相对应的月份相差6个月以上，那么孩子就有可能患有语言迟钝症或语言障碍，因此最好带孩子到语言检测机构进行进一步的测试。另外，测试的每个项目的内容都和该年龄段孩子的语言能力相对应，因此必须依照相对应的月份进行测试。

例如：孩子出生8~9个月时，就可以集中注意力，看1分钟画册，因此经常为孩子念画册就有助于语言能力的提高。

年龄	接受性语言（能听懂多少语言？）	表达性语言（表达想法的能力如何？）
7~8个月	●听到家人、玩具、衣服、食物等熟悉的词汇，就能注视相对应的实物。 ●听到"不行"等词汇，就能停止行为。	●虽然发音不准确，但是能发出类似于句子的"咿呀"声。 ●能跟妈妈一起玩拍掌游戏。
8~9个月	●当孩子看画面时，如果说出画面的名字，就会表现出浓厚的兴趣。 ●听到自己的名字就能转头。 ●听到"不要摸"等命令，就能停止行为。	●为了表达"不喜欢"、"不行"等语言，能摇晃头部。 ●能模仿别人的声音。
9~10个月	●喜欢听新的词汇。 ●即使周围比较吵闹，也能聆听妈妈的话。 ●如果听到"爸爸在哪里？"，就会到处寻找爸爸。	●能说出"食物、再见"等词汇。 ●开始使用"啊"等感叹词。 ●虽然发音不准确，但是能说出由几个音节所组成的短句。
10~11个月	●能听懂"放下那个"等命令，并做出相对应的动作。 ●一听到音乐，就能跟上节拍，而且可以有节奏地晃动身体或手臂。	●在独自玩游戏时，能反复地说出没有具体含义的句子。 ●能正确地使用"妈妈"等一两个词汇。
11~12个月	●能长时间集中注意力聆听别人的话。 ●听到自己的名字能做出明确的反应。 ●对悄悄话或微小的动作，也能做出强烈的反应。	●听音乐时，能发出类似于歌词的声音。 ●能使用3个以上词汇。 ●能发出较长的"咿呀"声，而且喜欢跟周围的人或玩具说话。
12~18个月	●在不同的状态下，能理解自己和家人的名字，以及食物、再见、水杯、球、汪汪等词汇。 ●能听懂3个左右比较熟悉的实物名称。 ●能指出4个左右比较熟悉的实物或家人。 ●对简单的提问能做出肯定或否定的反应。	●开始模仿别人唱歌。 ●能使用7个以上有具体意义的词汇。 ●通过容易识别的词汇和手势进行沟通。 ●能说出"能吃吗？"等问题。
18~24个月	●能指出钮扣、袜子、水杯、汤匙、椅子、裤子等实物。 ●能理解"不要爬上饭桌"等命令。 ●能理解"上、下、外面"等词汇的意思，并做出相对应的反应。 ●能回答"你叫什么名字？""小猫是怎么叫的啊？"等简单的问题。	●可以长时间自言自语地玩耍。 ●虽然比较困难，但还是能用语言表达自己的想法。 ●根据不同的情况，能说出"开门"、"妈妈给我水"等由多词汇所组成的短句。 ●能说出"球、狗、鞋、杯子、袜子"等5种实物。

从"妈妈"开始，逐渐学会注音符号

培养想象力的语文教育

"较早地学习文字，就会影响创造力和想象力的发展"，"一旦学会文字，就更能容易接受新知识"。目前，对语文教育的最佳时机有各式各样的观点，但大部分人都赞同"应该像玩游戏一样开心地学习"。下面介绍快乐地进行语文教育的秘诀和游戏方法。

这样开始 语文教育

只要关心文字，就可开始语文教育

所有的孩子天生就有学习的能力，而且对环境充满好奇心。尤其是在出生0~6个月时，天生的语言学习能力很强。美国语言学家乔姆斯基（Noam Chomsky）认为2周岁前后，是学习语言的最重要时期。

但是，开始语文教育的最佳时期是孩子开始关心文字的时期。任何孩子在成长过程中都会关心文字，但也有所差异。如果孩子较早地开始关心文字，就可以进行语文教育。相反地，当孩子不关心文字时，如果强迫孩子学习，就会影响孩子的积极性，因此必须选择适当的时机进行语文教育。

应该营造出能亲近文字的环境

孩子关心文字的时期并不完全是由先天发育决定的。在日常生活中，也有很多可提高孩子关心文字的机会，或者容易接触文字的环境，让孩子改变对文字的关心程度。因此，每个孩子适合进行语文教育的时期也大不相同。为了提高孩子对文字的关心程度，应该营造出能让孩子亲近文字的环境。

一提到中文，很多人认为应该从"b、p、m"等发音开始学习，因此会给孩子增加压力。为了提高孩子的学习积极性，不能强迫孩子，而应该营造出自然的环境，使孩子自然地熟悉文字。

文字学得早并不都是好事情

教孩子语文的目的，并不仅仅是为了让孩子读懂文字，而是为了开发智力、为了提高表达能力和理解能力、为了把孩子培养成喜欢书的孩子、为了培养出感情丰富的孩子……这些都是进行语文教育的理由。孩子在学习语文时，不能机械地反复学习，而应该培养独立思考的能力。

语文并不是可以感受到的具体实物，而是一种符号，也是一种有规律的抽象实物，因此孩子很难一下子接受。要想把听觉语言转化成抽象文字，需要孩子独自理解和消化。

应该从熟悉的词汇开始反复地学习

一般情况下，孩子并不是通过逻辑思维来记忆文字，而是通过直觉来认识文字。因此，刚开始不用急着教孩子学b、p、m、f，而应该用孩子喜欢的火车、大象等玩具反复地学习词汇。另外，说、

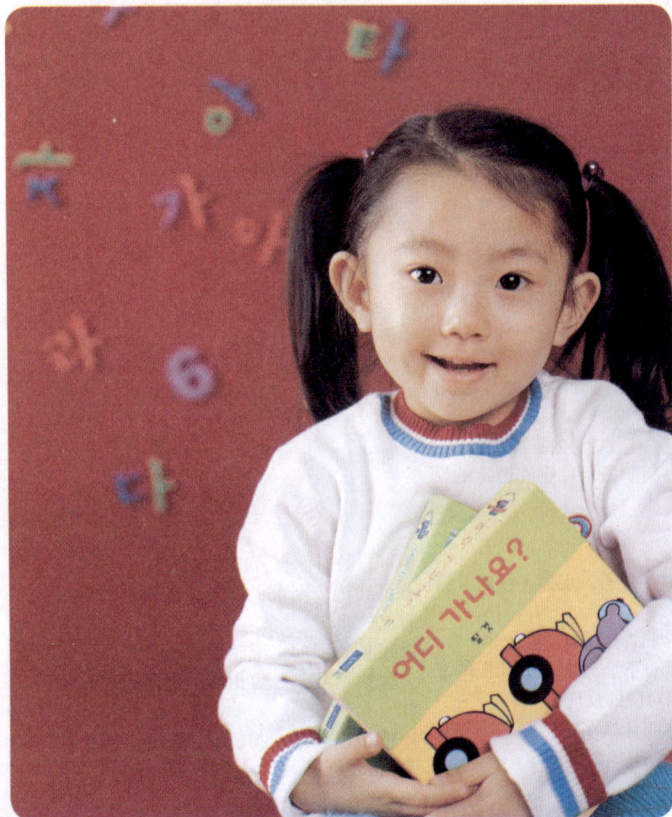

读、写等过程也不是经过某一阶段而自然形成的，而是通过外部刺激形成的，因此不能强迫孩子读、写单字，这样反而会降低孩子学习文字的兴趣。

在这个时期，最首要的任务就是让孩子对文字产生兴趣，因此必须通过小兔子、电话、妈妈、爸爸、牛奶等孩子喜欢的实物名称，让孩子逐渐亲近文字。

如果孩子关心或注视某个实物，就应该反复地介绍和说明，使孩子熟悉相关的实物。通过这种方法，让孩子熟悉几个或几十个词汇以后，再让孩子用这些词汇造句。

进行快乐的语文教育

在这个时期，应该营造出能让孩子接近、靠近文字的环境。单方面强迫孩子学习，只会加重孩子的负担，甚至产生叛逆心理。在游戏过程中，应该自然地增加一些文字量，借此让孩子自然地亲近文字。

例如：在玩逛超级市场游戏的时候，很多孩子只是拎着篮子选购各种食物和玩具，但是从这个时期开始，应该用食物图片和相对应的卡片代替玩具。让孩子在游戏过程中自然地接触了文字，就能提高学习的积极性。

要成为唠叨的妈妈

学习文字的第一阶段就是认知实物，因此能说会道的孩子不一定关心文字；相反地，特别关心实物的孩子，一般都比较关心该实物的名称和文字。在日常生活中，妈妈应该经常说故事给孩子听，借此培养孩子了解实物的兴趣。

从孩子喜欢的实物名称开始学习

大部分孩子首先学会的文字就是自己的名字。2~3周岁的孩子总想独自解决问题，而且逐渐形成独立性。在这个时期，大部分孩子已经开始学习文字，因此对自己的名字特别好奇，经常要求妈妈写自己的名字。

孩子们对自己关心的实物抱有强烈的好奇心，因此喜欢看自己感兴趣的实物和图片，以及相关的文字。可以把孩子喜欢的苹果图片和单字贴到冰箱上面，然后问孩子："苹果在哪里？"那么孩子就很容易接受这种教育方式。

在房间内到处粘贴有趣的句子

除了图片或词汇卡片外，还可以粘贴孩子常用的语言，借此提高孩子对文字的兴趣。例如：走廊里可以粘贴"我要出门了"、"我回来了"等语言，在浴室里可以粘贴"请节约用水"、"刷牙后再洗脸"等标语。

即使孩子还不会读文字，但只要到处粘贴文字卡片，就能自然地吸引孩子的注意力，因此每隔一两周就应该替换一次房间内的文字卡片。

阶段性 适合孩子的教育秘诀

▋6~12个月

不停地跟孩子说话

孩子一出生，就会感受到周围的环境所带来的刺激，因此在给孩子喂奶、换尿布、洗澡时，应该经常和孩子对话。在换尿布的过程中，应该轻轻地握住孩子的手脚，反复地对孩子说："这就是手，胖胖的小手！手！手！"或者给孩子看洋娃娃或球，然后告诉孩子："这是宝宝的朋友洋娃娃，柔软而可爱的洋娃娃"。

在日常生活中，应该把孩子当作能听懂说话的孩子，经常和孩子对话。孩子通过妈妈的声音，就能逐渐认识周围的世界。

在墙壁上粘贴大型图片或照片

在日常生活中，应该把各种漂亮的装饰品放在孩子看得到的地方，营造出色彩丰富的环境。另外，从杂志上剪下来的大型图片或照片也能刺激孩子的视觉。和单一的颜色相比，对比强烈的颜色具有更好的刺激效果。

如果孩子产生厌烦的情绪，就应该更换新的图片。通过照片或画面所得到的感觉，能给孩子留下深刻的印象，而且会逐渐在孩子的内心形成具体的形象。在学习文字时，孩子们会重新想起过去所体验的实物和印象。

用图形卡片装饰房间

在房间内粘贴电话机、电视机、花、蝴蝶、兔子、香蕉等平时常见的实物图片。孩子出生的3个月内，只能偶尔让孩子看图片，但孩子出生4个月时，就应该全面地进行幼儿教育。在日常生活中，应该经常和孩子介绍粘贴在墙上的图片。当孩子哭闹时，可以抱着孩子看图片，并对孩子说："哇，好漂亮的香蕉啊！真让人流口水，一定很好吃吧！"

▋12~24个月

带着名牌玩捉迷藏游戏

在屋内大约10个物品上粘贴相对应的名牌，然后经常给孩子看不同的名牌。在日常生活中，如果经常用实物的名牌玩捉迷藏游戏，就能激发出孩子了解实物的兴趣。"电话机在哪里呢？""衣柜在哪里呢？""衣架在哪里呢？"通过这种游戏，孩子在不知不觉中就能接受文字，而且能消除文字学习所带来的压力。1个月以后，应该通过"叮铃铃，电话机在哪里呢？"等方式引导孩子去寻找实物。

经常唱儿歌给孩子听

在日常生活中，应该经常和孩子一起听儿歌。刚开始，只需要陪孩子听儿歌，但最后要由妈妈唱儿歌给孩子听。"一闪一闪亮晶晶，满天都是小星星……"如果用夸张的声音，有节奏地唱儿歌给孩子听，就能吸引孩子的注意力。一般情况下，每天要唱10首儿歌。

另外，还可以抱着孩子到贴有图片的墙壁前面，一边看图片、一边唱歌。"大象，大象，你的鼻子怎么那么长……"经常有节奏地给孩子唱儿歌，就能培养让孩子亲近实物的习惯。

念各种新闻和广告看板给孩子听

在日常生活中，应该经常和孩子一起念新闻或广告看板。大部分广告看板的字体都比较大，而且色彩丰富，因此能吸引孩子的注意力。如果孩子喜欢看广告画册，也可以用手指指着较大的文字慢慢地念。

此时，不能单纯地念文字，还应该在看图片或照片的同时，编出生动的故事。"咳咳，咳咳，看来这就是鼻子和喉咙痛的时候吃的药吧！"另外，还应该反复地念经常出现的句子给孩子听，借此提高孩子的注意力。最后，应该引导孩子寻找相对应的实物"咳咳，咳咳，感冒时常吃的感冒药在哪里呢？"

▌24～36个月

让孩子认识熟悉的商标

孩子们具有记忆完整词汇的能力，因此不懂得文字的孩子，也能记住店铺的名字或电视广告的内容。利用孩子的这种特性，应该经常念商标的名称给孩子听。

可以在孩子看得到的地方粘贴孩子喜欢吃的饼干或特定的商标，然后经常念商标的名称给孩子听。此时，应该用正确的发音逐字逐句地念。

寻找隐藏图片的游戏

如果孩子能区分不同的实物，能记住不同的场所，就可以用白纸遮住相关实物的图片，然后跟孩子一起做寻找图片的游戏。例如：说"小兔子，你在哪里啊？小兔子，快出来吧！"然后引导孩子从白纸下找出小兔子的图片。

另外，还可以在白纸上面写出实物的名称，然后用同样的方法玩游戏。用各种颜色的彩色笔写出实物的名称，然后引导孩子寻找指定的实物卡片。"草莓是躲在哪里呢？"如果孩子找到了，就应该给予鼓励，然后用更生动的语言重复同样的游戏。当孩子找出草莓时，就应该让孩子看到真实的草莓，借此加深记忆。

亲手制作的文字形状

如果孩子喜欢粘贴、涂色等游戏，就应该让孩子独自在文字卡片上涂色。等孩子涂完颜色后，再让孩子用剪刀剪裁文字，这样孩子就能自然地掌握文字。另外，还可以用拼图的方式代替涂颜色的游戏。即是在文字卡片上粘贴彩色纸或者杂志、报纸的碎片。

寻找相对应的名字卡片

在纸上写出家用电器、玩具或生活用品的名字，然后让孩子把纸片粘贴到相对应的实物上面。在日常生活中，根据孩子的理解程度，可以逐渐地增加词汇量。等孩子掌握了一些文字后，再在电视机上粘贴其他实物的标牌，然后引导孩子找出错误。此时，如果一次粘贴太多的标牌，就容易让孩子失去兴趣。另外，千万不要强迫孩子学习。

给孩子写卡通主题曲的歌词

在较大的画图纸上写几段孩子最近喜欢的儿歌或卡通主题曲的歌词，然后粘贴到孩子看得见的地方。在日常生活中，应该经常看着画图纸上的歌词唱歌给孩子听。当妈妈唱歌时，孩子也会自然地熟悉歌词中的文字。

学习文字的实战PLAY

跟妈妈一起做的文字游戏

只要每天和孩子一起玩30分钟文字游戏，就能快速提升孩子的中文实力。此时，应该忘掉教孩子学习文字的想法，用能吸引孩子兴趣的游戏，营造出自然的学习环境，然后再通过亲近文字的游戏，引导孩子学习。

学习词汇　认识相对应的实物，就容易掌握词汇

🌱 火车游戏

效果

把词汇卡片放在火车玩具上面，然后引导孩子熟悉卡片相对应的实物名称。另外，通过询问孩子坐在最前面的小朋友或坐在最后面的小朋友的方式，可以提高空间感。

PLAY

❶ 在长方形的牛奶盒上安装轮子，借此制成火车玩具，然后在火车两侧开几个口，以便插上词汇卡片。

❷ 准备孩子喜欢的动物或玩具的词汇卡片。

❸ 制作停车场，然后把词汇卡片摆在一边等候，依照顺序上车或下车。

❹ 让孩子说出上车或下车的卡片名字。

🌱 拼图游戏

效果

在拼图过程中，可以掌握实物的名称和词汇。

PLAY

❶ 在彩色纸或画图纸上分别画出 ○△□☆等图形。

❷ 用剪刀剪裁步骤1中的图形，然后把彩色纸粘贴到白色画图纸上面。

❸ 在剪裁图形后的空白处粘贴图片，然后在剪裁出的图形上面写上相对应的词汇。

❹ 根据形状拼贴图形，然后让孩子反复地看词汇和实物。

🌱 扑克牌游戏

效果

由于这是很常见的游戏，因此能让孩子产生成就感，而且可以通过图形掌握苹果的外形和文字。

PLAY

❶ 实物卡片的图案朝上，然后让孩子说出实物的名称，最后翻过来在背面写实物的名称。

❷ "草莓在哪里？苹果呢？"询问孩子以后，再引导孩子找出相对应的卡片。

❸ 跟孩子一起玩猜卡片的游戏。

🌱 捉迷藏游戏

效果

遮挡实物图片后，让孩子找出遮挡物后面的实物。孩子在寻找实物图片的过程中，能够自然地接触文字。

PLAY

❶ 用白纸覆盖图片。

❷ 让孩子寻找实物。"草莓藏在哪里呢？"如果孩子找出草莓，就应该对孩子说："哇，原来草莓藏在这里啊！"

❸ 如果孩子找不出来，就可以挪开白纸对孩子说："哈哈，草莓在这里。"

🌱 骨碌骨碌保龄球游戏

效果

通过保龄球游戏，能培养孩子控制方向和力量的能力，让孩子能自然地掌握被自己所撞倒的卡片上词汇。

PLAY

❶ 准备孩子平时喜欢或关心的词汇卡片。

❷ 为了立起卡片，用夹子夹住卡片两侧。

❸ 依次排列卡片，然后就像打保龄球一样，向卡片抛球。

❹ 让孩子说出撞倒卡片上的词汇。

🌱 会吃文字的蛇

效果

让孩子说出蛇玩具喜欢吃的实物或动物的名称，这样孩子就能自然地掌握词汇。猜谜游戏能提高孩子的观察能力。

PLAY

❶ 用彩色纸剪裁出蛇的眼睛，然后粘贴到袜子上面，就制成了蛇玩具。

❷ 准备与饼干、糖果等食品相关的卡片，然后把袜子套在手上。"蛇饿了，它喜欢吃什么呢？要不要给蛇吃饼干啊？"

❸ 还可以玩猜谜形式的词汇游戏。"蛇饿了，能不能给它吃东西啊？蛇喜欢吃什么呢？"通过这种方式，让孩子找出青蛙的卡片。

🌱 秘密之门

效果

用白纸遮挡卡片，然后用好奇的表情问孩子："这里到底有什么呢？"借此吸引孩子的好奇心，孩子才能集中注意力记住卡片上的词汇。

PLAY

❶ 在卡片下方的2/3处画图案，然后在剩下的1/3处写词汇。

❷ 用白纸遮挡卡片，然后问孩子："秘密之门里会有什么呢？"如果孩子好奇地说："好想知道里面有什么啊，会有什么呢？"就可以稍微露出词汇卡片上的词汇，让孩子猜。

❸ 露出图案时，就可以告诉孩子："哇！原来有草莓耶！"

学习词汇 · 通过个别字学习词汇

🌱 寻找字的游戏

效果

依照"b、p、m、f"的顺序念字母，然后依次读包括"爸、趴、妈、发"等注音的单字，借此学到中文注音的顺序。

PLAY

❶在墙壁上粘贴"b、p、m、f"注音表。

❷制作"b"至"m"的注音卡片，此时应该用不同的颜色凸显"b、p、m、f"等注音。例如："飞（fei）"、"机（ji）"等单字中，应该用不同的颜色表示"f"和"ei"等。

❸从黑板上拿下注音卡片，并充分混合，然后让孩子找出指定的单字。

🌱 接龙游戏

效果

通过该游戏，孩子可以学到用一个词汇的字组成另一个词汇的道理。另外，从一个词汇连接不同词汇的过程中，可以培养词汇的组合能力。

PLAY

❶把词汇卡片放在地板上。

❷妈妈和孩子交替地找出可以连接的词汇卡片，然后将相对应的卡片连接起来。此时，不一定要找词尾相连的名词，只要包含相同的字即可。例如：第一个名词中包含"国家"，就可以连接"家园"，然后根据家园的最后一个字，可以连接"园丁"。

🌱 依照字数拍掌

效果

从兔子、苹果等简单的词汇开始，直到冰淇淋等较长的词汇为止，依照字的数量多少来拍掌，而且打着节拍，借此加深孩子对名词的理解力。

PLAY

❶给孩子看词汇卡片，然后引导孩子依照字数拍掌，同时跺脚。

❷为了吸引孩子的兴趣，应该从由两三个字母所组成的词汇开始练习，然后逐渐增加字数。

❸还可以利用小鼓、小型三角铁等乐器。

🌱 拼单字游戏

效果

通过拼单字游戏，孩子能学会用几个单字拼出不同词汇的方法。

PLAY

❶将实物卡片里的字剪裁成不同的单字。为了吸引孩子的好奇心，最好剪裁出水纹、太阳等形状。

❷用不同的单字卡片拼贴出完整的词汇。

❸应该从两个单字所组成的词汇开始学习，然后逐渐增加单字量。

🌱 接词尾游戏

效果

通过这个游戏，孩子可以知道一个字的词汇也能组成另一个词汇的道理，而且能掌握字的固有形态和发音。另外，通过连接词尾的游戏，还能培养词汇组合能力。

PLAY

❶确定一个词汇卡片，并放在地板上，然后由妈妈和孩子交替地找出词尾相连的词汇卡片。例如：数字—字母—母亲—亲戚。

❷刚开始只用3～4张卡片做接词尾游戏，然后逐渐增加卡片数量。

🌱 抽单字造词游戏

效果

用任意抽出的单字卡片造出新的词汇，借此培养孩子组合新词汇的能力，而且能增加词汇量。

PLAY

① 在硬纸板上写出孩子要学习的字，然后剪裁成圆形，并粘贴到纸板上面。

② 在不同颜色的2个纸杯内，分别插入不同的单字卡片，然后让孩子抽出妈妈所指定的字。

③ 让孩子抽出了纸杯里的字，由妈妈造出新词汇。

🌱 词汇骰子游戏

效果

这个游戏不仅能培养孩子读单字的能力，而且能提高孩子区分相近单字的能力。

PLAY

① 在骰子形状的正六面体上分别写上需要学习的单字。

② 把词汇卡片放在地板上，然后做石头、剪刀、布的游戏，接着掷出骰子，最后找出包含骰子上的单字词汇卡片。获得词汇卡片最多的人获胜。

🌱 单字美术游戏

效果

当在纸上涂抹颜料时，消失的文字会慢慢地出现。因此能刺激孩子的好奇心，使孩子更关心文字。

PLAY

① 在白色画图纸上用白色蜡笔写出需要学习的字。

② 用"你喜欢的字不见了，快出来吧，出来吧，哈！"等方式吸引孩子的注意力。

③ 和孩子一起涂抹孩子所喜欢的颜料或颜色。

④ 等到字出现了，就跟孩子一起读，最后让孩子单独念一遍。

🌱 逛市场游戏

效果

让孩子说出实物名称，然后寻找自己所需要的物品，这样孩子就能正确地掌握实物的名称。

PLAY

① 给孩子菜篮子、玩具和钱。

② 妈妈在盘子里摆出各种词汇卡片，扮演商店的店长。

③ 妈妈和孩子利用词汇卡片相对应的物品玩买卖东西的游戏。

🌱 吃单字饼干的游戏

效果

通过游戏可以学习单字，还能激发出学习的兴趣。尤其是利用食物或零食来玩游戏，可以引起孩子的积极性。

PLAY

① 在几个盘子内装上需要学习的单字卡片和孩子喜欢的饼干。

② 把盘子放在客厅的茶几、餐桌或书桌上面。

③ 孩子数1、2、3，然后向妈妈指定的单字跑过去。如果找出相关的单字，就可以吃到相对应的饼干。

🌱 钓单字游戏

效果

用钓鱼竿钓单字，这样孩子就能自然地掌握枯燥的单字。另外，通过钓单字的过程，能培养眼睛和手的协调能力。

PLAY

① 制作水母、鲜贝等海洋生物，然后在上面写出需要学习的字，并放在箱子里。

② 在木制筷子上面挂磁铁，就制成了钓鱼竿，引导孩子钓出妈妈所指定的字。

学习句子 孩子应该跟妈妈一起读句子，直到熟练为止

🌱 唱儿歌游戏

效果

用画面和文字表示孩子喜欢的儿歌，就能加深记忆。通过这个过程，孩子就能掌握完整的短句。

PLAY

❶把孩子喜欢的儿歌或卡通主题歌写在画图纸上，然后再画出相对应的图案。

❷把歌词和图案粘贴到墙壁上，然后经常看着歌词给孩子唱儿歌。等孩子熟悉儿歌后，就可以和妈妈一起唱了。

🌱 逛市场游戏

效果

孩子玩逛市场游戏，可以掌握日常生活中常用的句子。

PLAY

❶给孩子菜篮、玩具和钱。

❷妈妈在盘子上面摆放各种词汇卡片，扮演店长。

❸玩游戏时，在画图纸上写出常用的句子，并制作句子卡片，然后用句子卡片提示游戏规则。

🌱 家庭照相馆

效果

用简单的句子表达亲身体验的事情，借此培养造句的能力。孩子在整理自己的想法，并用语言表达的过程中，就能提高表达能力。

PLAY

❶在彩色纸上粘贴和孩子一起所拍的照片。

❷孩子看着照片造短句，例如："妈妈和刘珍在一起。""妈妈和刘珍站在大树前面。"

❸在照片下面写下孩子的造句。应该从简单的短句开始，逐渐增加词汇量。

🌱 念童话故事给孩子听

效果

如果孩子熟悉了书中的内容，就可以找出相对应的图片和句子。

PLAY

❶为了培养孩子的阅读能力，首先准备一本童话书，在正式读句子之前，应该详细地介绍书中的画面，使孩子对画面产生一定的印象。

❷家长念书给孩子听。如果孩子想自己看书，也可以顺从他们，但要随时问孩子："要不要讲童话故事给你听啊？"借此让孩子对童话产生兴趣。

🌱 粘贴生活句子的游戏

效果

如果同时让孩子使用文字和语言，孩子就能掌握较长的生活句子。

PLAY

❶用文字写下孩子在生活中常遇到的事情，然后粘贴到房间内。例如：在浴室里粘贴"给我毛巾"，在冰箱上粘贴"请随手关门"，在走廊上还粘贴"把鞋子放回鞋柜里"等句子。

❷每当孩子遇到具体的状况，就可以一边读相对应的句子、一边加深印象。

🌱 掷骰子游戏

效果

让孩子根据掷骰子后所出现的词汇，读出相对应的句子，借此提高阅读句子的能力，而且能培养造句的能力。

PLAY

❶准备2个箱子，在其中一个箱子上写出与主语有关的名词（如：狮子在……），在另一个箱子上写出关于谓语的名词（如：笑）。

❷让孩子同时掷2个骰子，然后依照主语和谓语的顺序读出完整的句子。

收集句子卡片的游戏

效果

通过看图片读句子的过程，能培养孩子对句子的理解能力。经常重复该游戏，就能提高孩子对句子的理解能力。

PLAY

❶ 准备几张句子卡片，然后念给孩子听。

❷ 混合句子卡片，然后数"1、2、3"，并让孩子收集句子卡片。

❸ 用收集的句子卡片组合出刚开始妈妈念给孩子的句子，并测试所需时间。

制作童话书的游戏

效果

孩子在跟妈妈一起制作童话书的过程中，能培养用句子表达的能力。

PLAY

❶ 就像童话书一样，把3~4张画图纸重叠在一起。

❷ 把照片或从杂志上剪下来的照片、图片粘贴到画图纸上。每一页上都应该粘贴图片，而且最好依照故事情节的发展顺序粘贴。

❸ 让孩子根据照片或图片中的内容编短故事，但每个句子最好限制在4个词汇以内。

猜童话书名字的游戏

效果

孩子不但可以通过童话书接触文字，还可以看到不同形态的文字，借此更准确地掌握不同的字。

PLAY

❶ 由妈妈说出童话书的名字，再让孩子找出相对应的童话书。

❷ 用童话书的名字制作句子卡片，然后让孩子经常熟悉童话书的名字。

❸ 摆出写有各种句子的卡片，让孩子找出和童话书相对应的，并读出卡片上的句子，再找出相对应的童话书，把卡片放在童话书上面。

魔术纸杯游戏

效果

如果消失的句子逐渐出现，孩子就会感到很好奇，因此会期待着即将出现的句子，借此激发孩子学习文字的兴趣。另外，还可以练习从左向右读句子的方法。

PLAY

❶ 在纸杯的一面开一个小口，然后在长条纸上写句子，并从谓语开始向里卷纸条，最后把卷好的纸条放进纸杯内。

❷ 从开口处拉出句子的起始部分，也就是主语部分，然后让孩子按顺序读句子。

接句子游戏

效果

反复读由主语和谓语所组成的句子，让孩子熟悉这种类型的句子，由此可以提高孩子的理解和表达能力。

PLAY

❶ 以一个词汇为单位，妈妈和孩子交替地念一个句子。

❷ 读一个句子时，孩子单纯地念重复的部分，而妈妈则念被替换的部分。例如：读"猴子在笑"等句子时，妈妈就可以用"河马"、"青蛙"等名词替换"猴子"，然后让孩子反复读"在笑"。

A、B、C英语第一步

就像学习母语一样学习英语

即使孩子不懂A、B、C，也能让孩子熟练地说："Thank you"，或者遇到外国人也能从容地说出："Good morning"。下面介绍能让孩子掌握准确发音和英语表达的方法。

这样开始 英语教育

2~3周岁是英语教育的最佳时期

关于早期英语教育，专家们持有不同的意见，但反对早期英语教育的专家和赞同早期英语教育的专家都认为2~6周岁是学习语言的最佳时期。

该时期又称为"语言形成时期"。在这个时期，人体内叫做LAD（Language Acquisition Device）的语言学习装置比较活跃，因此很孩子容易学习语言。一般情况下，孩子在6周岁之前，语言学习装置的活动最为活跃，但是12~13周岁以后，就会逐渐停止活动。

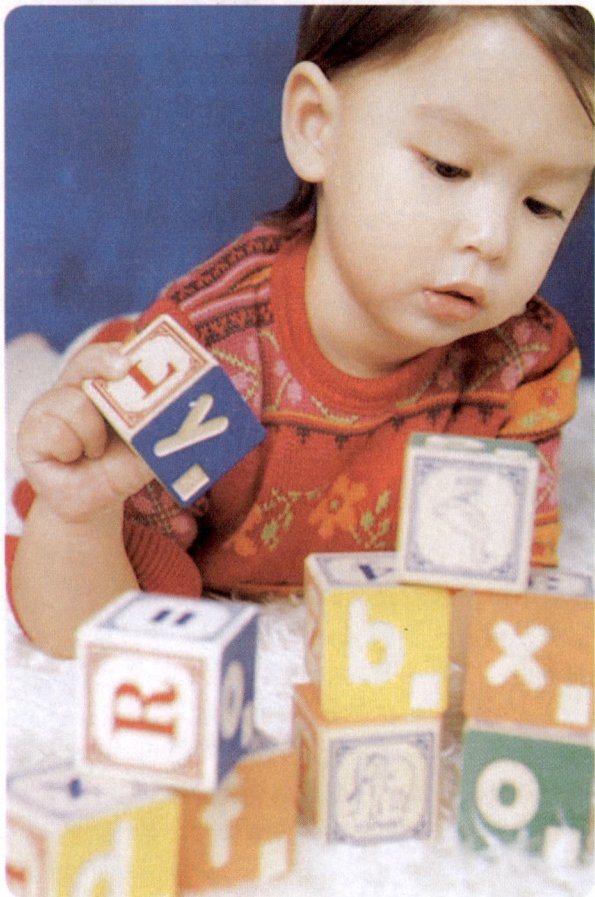

不要过于注重发音

孩子天生就能发出所听到的声音，因此每个孩子就具备学习发音的潜力。孩子们还不知道A在不同的名词中可以发音"e"或"a"，但是可以依照所听到的声音，能说出apple、party等单词。

当然，孩子也经常发出古怪的声音，但只要听到正确的发音，就能自然矫正，因此没必要强行纠正孩子的发音。另外，早期英语教育的目的并不在于学习发音，而是培养流畅地表达自己想法的语言能力，因此不要过于注重发音。当然，也不能忽视发音。

妈妈就是最好的老师

首先，妈妈不用担心自己的英语实力，只要可以翻着字典读初中一年级的英语教材，就完全可以指导孩子。最重要的是，妈妈和孩子都应该快乐地学习英语。进行英语教育时，应该反复说出同样的单词，直到孩子熟悉为止，而且每当孩子提问时，都应该及时地回答。

另外，也不用归于担心妈妈的发音。进行英语早期教育时，可以通过美国人（Native Speaker）录音的儿歌或录像带给孩子听正宗的英语发音，然后通过妈妈的发音确认孩子的学习程度。

在生活中自然地学习

在日常生活中，应该自然地使用英语，自然地培养语感。英语教育的第一阶段就是听力练习。平时要经常给孩子听有趣的卡通电影、英语歌曲、外国人所录制的英语童话故事，这样孩子就能熟悉正确的发音。

在孩子所看到、听到的内容中，应该经常说出日常生活中容易重复的句子。等到孩子能熟悉了英语听力，就可以由妈妈说出录像或童话故事中所出现的句子，然后让孩子做相对应的动作。

第二阶段就是说英语练习。在这个时期，不要催促孩子说话，而应该等孩子熟悉英语听力后，才正式开始说英语练习。此时，应该反复地说出孩子好奇的句子或喜欢模仿的单词。另外，不能只进行英语教育，在画画、吃饭、玩游戏时，都可以用英语进行对话。经常用英语介绍孩子喜欢的实物，也能提高孩子的学习速度。

经常给孩子听英语

孩子连母语都不太会说，还可以学会英语吗？一般情况下，学习母语的时期和学习英语的时期比较接近，因此很多妈妈会有这样的烦恼，但孩子的语言学习体系和成年人的语言学习体系有较大的差别。研究结果显示，小时候学过两种语言的人，把握实物概念的速度较快，而且适应能力较强。

在这个时期，应该经常给孩子听英语。刚开始学习语言时，孩子们只能听别人说话，但等到一定程度后，就可以开口说话了。假如孩子缺乏听力练习，而父母只顾着催促孩子说话，那么母语和英语可能都学不好。另外，由于孩子面临强大的压力，

很容易失去对英语的兴趣，因此必须激发出孩子学习英语的欲望。

营造出能亲近英语的环境

在日常生活中，应该让孩子经常接触英语和英文字母。从报纸或杂志上剪裁出英语单字和中文翻译，然后让孩子区分中文翻译和英文单字。在做好英语学习准备的同时，还应该营造出让孩子亲近英语的环境。

如果孩子说："妈妈，fork。"就应该告诉孩子："fork是英语。我们通常只使用汤匙和筷子。由于西方人喜欢使用fork，所以取了英文名字。"这样孩子就能更亲近英语。

另外，还可以玩区分英语和国语的游戏，借此纠正错误的国语和英语。

进行文字教育时，应该同时准备中英对照表。孩子吃饮料或速食时，或者购买物品时，就可以看着箱子或包装袋上的英文对孩子说："你看，这也是英语。你看看这不是英语吗？你会用英语说话吗？好厉害啊！"由此就能培养孩子学习英语的自信，而且能为英语学习打下良好的基础。

追加讯息

语言学习装置

人类天生就具有被称为"语言学习装置（LAD：Language Acquisition Device）"的语言能力。

不管学习哪一种语言，大部分孩子在出生18个月时能说话，4周岁时能掌握一定的句子，因此能用语言表达自己的要求，例如："妈妈，给我水。"这些都是语言学习装置的功劳。当全家人一起到国外生活时，孩子学英语的速度往往会超过有一定英语基础知识的妈妈和爸爸。

如果学习母语，就会形成母语学习装置；如果学习外语，又会形成外语学习装置，而且孩子出生18个月至6周岁期间，这些语言学习装置的活动最频繁。在这个时期，让孩子同时学习英语和母语，孩子就能同时拥有母语学习装置和英语学习装置。

阶段性 适合孩子的教育秘诀

▌6~12个月

经常听英语儿歌

在洗澡、吃饭、睡觉时，经常给孩子听英语儿歌。欢快的歌声能稳定孩子的情绪，而且能让孩子熟悉英语。

刚开始只让孩子仔细聆听，最后由妈妈大声地唱出英语儿歌，每天用不同的唱法唱出10首英语儿歌，就能激起孩子的兴趣。

用图片装饰房间

在房间内到处粘贴电话、电视、鲜花、兔子、香蕉等常见的实物图片，然后写出英文名称。孩子出生3个月时，可以偶尔给孩子看这些图片，但是从孩子出生9个月开始，就应该全面地进行英语教育，并经常用英语介绍贴在墙上的图片。

▌12~24个月

合理利用捉迷藏

等到孩子能区分不同的实物，能记住实物的摆放位置，就可以用白纸覆盖实物，然后和孩子一起玩捉迷藏的游戏。例如：说"小兔子，小兔子，你藏在哪里？小兔子，快出来吧！"然后引导孩子挪开白纸找出小兔子玩具。另外，可以在白纸上写出英文字母，然后用同样的方法玩捉迷藏游戏。

用不同颜色的笔写出实物的名字，然后问孩子"草莓在哪里睡觉啊？"并引导孩子找出相对应的实物。如果孩子找出了指定的物品，就应该给予夸奖或鼓励，然后反复地做同样的游戏。当孩子听到"Strawberry"时，如果比较草莓的图片和文字的特点，孩子就更容易掌握英语单词。

最好利用能看、听、摸的立体教材

在日常生活中，孩子应该用眼睛看、用耳朵听、用手触摸，全面地学习英语。刚开始，可以让孩子和玩具进行英语对话。当孩子按下按钮时，如果播放英语儿歌或简单的英语句子，就能刺激孩子的好奇心。另外，还可以通过身体各部位的名称，让孩子掌握各种表达方法，然后利用立体教材。从杂志上剪裁出非常大的图片，或者亲手画出孩子喜欢的图片，然后用棉花或钮扣制作立体图画。例如：剪裁出兔子的耳朵，并塞进棉花，或者在狮子的毛发部位塞进布料，然后让孩子用英语表达不同的触感。

在日常生活中自然地学习英语

不能强迫孩子学习英语，而应该在日常生活中，自然地让孩子关心他们感兴趣的实物。在洗澡过程中，如果孩子对水感兴趣，就可以用英语简单地介绍。

虽然英语教育已经开始进行了，但可能不会马上见效。在日常生活中，应该让孩子把英语变成另一种母语。

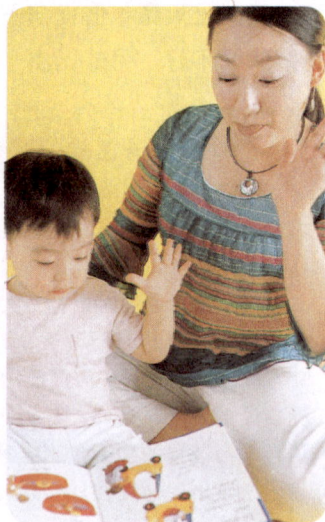

▌24~36个月

逐个学习英语单词

刚开始，不能直接用练习本或白纸上的文字进

行英文教育，而应该适当地利用日常生活中常用的外来语。另外，给孩子看写有英文字母的衣服、饼干袋、玩具，然后由妈妈大声地念出英文字母。如果单词有具体的意思，还可以详细地给孩子说明。

一般情况下，孩子不容易忘记日常生活中经常接触的单词，而且在有系统地学习英语的时期，这种习惯会成为英语会话的基础。

到处粘贴英语儿歌歌词

在画图纸上，分段写出孩子喜欢的英语儿歌歌词，然后粘贴到孩子看得见的地方。另外，还可以经常看着歌词唱歌给孩子听。孩子跟妈妈一起唱歌，就能自然地掌握歌词中的英语单词。

亲手制作英文字母

在白纸上画出较大的英文字母，然后让孩子独自涂颜色。等孩子涂完颜色后，再用剪刀剪裁字母。通过这个过程，孩子可以自然地掌握英语字母。另外，还可以用拼图的方式让孩子涂颜色。把彩色纸、杂志或报纸撕成碎片，然后利用这些碎纸拼贴出英文字母。

经常念英文画册给孩子听

首先要准备简单、可以随意触摸，甚至可以说话的画册，然后在舒适的状态下，给孩子念英语童话书。此时，通过画面，孩子就能明白画册的大部分内容，因此不必再用中文进行说明。另外，不要把书放在书柜上面，最好摆放在孩子看得到的地方，这样才方便孩子接触英语。

妈妈也应该预习英语

当很多妈妈知道英语早期教育的必要性时，都会遇到让人烦恼的事情。例如：应该把孩子送到英语补习班去吗？应该选择什么样的练习本呢？但就学习英语的目的来看，妈妈也可以成为孩子的英语老师，因为大部分妈妈都接受过10年以上的英语教育。另外，世上没有比妈妈更爱孩子、更了解孩子需求的人，因此和任何语言教师相比，妈妈的教育效果最为明显。在这个时期，妈妈应该抛开对英语的恐惧心理，勇敢地成为孩子的英语老师。等孩子睡觉以后，只要事先预习明天要学的内容，任何妈妈都能成为孩子的英语老师。为了孩子的将来，妈妈应该先熟悉学习的内容，然后大声地朗读童话书。如果查字典标出正确的发音和正确的答案，就能以自信的姿态教孩子学英语。

通过图画、玩具营造出学习英语的环境

英语是一种语言，而语言既是文化也是生活。在英语教育的过程中，不能让孩子死记硬背，而应该培养英语的表达习惯。如果决定给孩子进行英语教育，就不要急于教孩子学习英文字母，而应该先营造出能让孩子亲近英语的环境。首先准备带英文字母的玩具，然后把写有英文字母的画板和各种实物粘贴到墙壁上。此时，不要强迫孩子记住壁画板上的英文字母，而应该偶尔给孩子念墙壁上的英文字母，逐渐吸引孩子的注意力。妈妈营造的英语环境能刺激孩子对英语产生好奇心，而这种好奇心就是学习语言的基础。

制作"母语+英语"的标牌

当孩子学习语文时，大部分妈妈都会在房间内粘贴相对应的标牌。例如：在孩子看得到的地方，粘贴写有"门"、"椅子"、"窗户"等英文的标牌，然后偶尔给孩子念相对应的单词。此时，可以同时写英文和中文。例如：在"门"的下方写"door"，在"椅子"下方写"chair"。在语言学习能力最强的时期，孩子能同时学习两种语言。一般情况下，可以把标牌粘贴到与孩子身高差不多的地方，然后由妈妈念给孩子听，这样孩子就能通过眼睛熟悉英文字母。

200%利用英语教材的方法

利用畅销书来做英语游戏

最近，英语教育方法层出不穷，但效果理想的教育方法却大同小异。很多开始进行英语教育的妈妈，都会购买一两本英语教育畅销书。下面介绍充分利用英语教育畅销书的英语游戏方法。

STEP 1 　录像带(VCD)、音乐磁带(CD)

Maisy and Panda? ｜ 通过Maisy和好朋友Panda的冒险故事，使小朋友跟玩具朋友之间建立友情。该游戏一共由10个情节所组成。

🌱 老鼠玩具游戏

效果

在画图纸上画出可爱的小老鼠"Maisy"，然后跟孩子一起涂颜色，最后在老鼠图片背面写上简单的对白。

PLAY

Look! This is Maisy paper doll. Do you like it?

快看这个！这是Maisy玩具，你喜欢吗？

Hello! I am Maisy. I want to play with you.

你好，我是Maisy，我很想跟你一起玩。

🌱 跟孩子一起看画册

效果

故事中的人物全部出现在画册中，因此能吸引孩子的兴趣。另外，由于孩子能够亲手触摸，所以深受孩子们的喜爱。

PLAY

跟孩子一起阅读与录像带内容有关的画册，借此刺激孩子的好奇心。跟孩子一起观看录像后，再给孩子看"Where is Maisy's Panda"。

🌱 模仿英语录像

效果

和孩子一起模仿录像里的对白。虽然孩子不能学会所有的对白，但却能亲近英语。

PLAY

❶准备孩子喜欢的玩具，然后让孩子说出喜欢这些玩具的理由。

❷剪裁出洋娃娃、老鼠、猫熊的图案，然后粘贴到筷子上，并跟孩子一起玩角色扮演游戏。

Wee Sing For Baby

作为在美国出版的录音带系列，这套教材深受国人的欢迎。其中，《Wee Sing For Baby》适合新生儿和未满3周岁的幼儿听。在游戏时间、睡觉时间或孩子无聊时，可以根据不同的状况，给孩子听不同的音乐，以提高教材的使用程度。由舒缓的摇篮曲和可爱的童声所录音的圣歌，以及好听的儿歌组成的《Wee Sing For Baby》，还适合第一次接触英语歌谣的孩子学习。

🌱 随着音乐跳舞

PLAY

刚开始，不需要让孩子听懂每一个单词，只要随意地给孩子听英语歌曲，就能让孩子自然地熟悉这些音乐，然后再让孩子跟妈妈一起唱歌、跳舞。

🌱 活用小册子的方法

PLAY

充分利用录音带所附带的小册子。小册子内详细地记录了乐谱、歌词和简单的手部动作说明，因此刚开始进行英语教育的妈妈很容易掌握。

🌱 在被窝里说故事的方法

PLAY

"Rock-a-bye，Baby"是大家熟悉的英文摇篮曲。在睡觉之前，如果经常给孩子听当作摇篮曲，孩子就能轻松地进入梦乡。不仅如此，在睡觉之前所听到的内容能长时间记在大脑里。

《实用小百科》 正确利用录像、录音带的秘诀

1. 利用适当的方法给孩子听录音

孩子对声音的刺激比较敏感，因此有节奏的音乐能刺激孩子的好奇心，能发挥出最大的效果。录音带能让孩子边思考边跳舞，而录像带能让孩子随着节奏模仿舞蹈。一般情况下，孩子能长时间记住通过身体掌握的语言。

2. 反复地听喜欢的内容

不管是看录像带，还是听录音带，都会有孩子特别喜欢的部分，因此需要单独保存或录制孩子喜欢的内容。如果孩子反复地听喜欢的内容，就能逐渐熟悉英语。这样，不仅能让孩子对英语更感兴趣，而且能获得更好的教育效果。

3. 需要妈妈的积极参与

反复练习和强调重点是语言学习中不可或缺的环节，但简单地放音，并不能达到反复练习的效果。一般情况下，要选择孩子学习状态较好的时间，每天集中学习30分钟至1小时。

为了提高学习效果，不能强行灌输英语对白，而应该根据孩子喜欢的部分和理解程度，就像玩游戏一样反复练习。另外，还可以通过各种表情和动作，提高孩子的学习兴趣。

STEP 2　英语画册

Brown Bear, Brown Bear, What Do You See?

这是英语画册，也是非常著名的教科书。这本书与孩子的年龄和开始学习的时期无关，适用于第一次接触英语的任何孩子。通过该书，孩子可以有效地掌握颜色和动物的名称，因此我们强力推荐该书。另外，书中鲜艳的色彩能吸引孩子们的注意力。

🌼 为动物涂颜色的游戏

PLAY

画出书中的动物图案，然后跟孩子一起涂颜色。
今天为这个动物涂颜色吧！
用褐色颜料涂小熊吧！
用面纸和牙刷涂颜色吧！

🌼 猜动物名称的游戏

PLAY

由妈妈模仿动物的叫声，然后让孩子猜出相对应的动物名字。另外，动物的叫声还能刺激孩子的兴趣。
吼吼吼/你是谁？/我是小熊。
叽叽叽/你是谁啊？/我是小鸟。
呱呱呱/你是谁啊？/我是小鸭子。

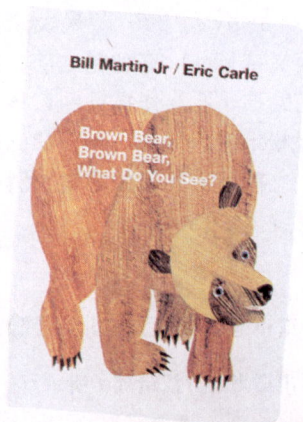

Bill Martin Jr / Eric Carle

Brown Bear, Brown Bear, What Do You See?

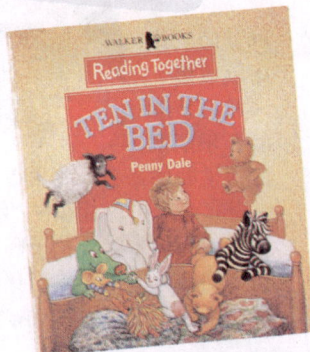

WALKER BOOKS
Reading Together
TEN IN THE BED
Penny Dale

🌼 伴着歌曲唱歌的游戏

PLAY

❶伴着"一闪一闪小星星"等歌曲念画册的内容。有节奏地说故事，孩子很快就能掌握书中的内容。
❷等孩子熟悉内容后，用其他实物的名称代替书中的动物名称。用同样的方法反复练习。

🌼 动物园游戏

PLAY

❶制作圆形转盘，然后画出书中的动物或复印图片，并粘贴到圆形转盘上，最后在转盘的中间部位粘贴箭头。
❷制作出与转盘上的动物相同的图形卡片，然后在背面写上相对应的英文名称。
❸旋转转盘，然后找出和箭头所指的动物相对应的英语卡片。

TEN IN THE BED?

本书收录了在英国和美国广为流传的儿歌，并添加了图片和故事情节。书中讲了这样一个故事：有10个娃娃躺在一张床上，但却有一个娃娃被挤下了床。细致地描述了10个卡通人物，因此只看图片，孩子也能了解每个人物的性格。在学习英文数字时，可以参考该书。

🌱 数零食的游戏

PLAY

❶ 用大盘子盛装10块饼干。

❷ 孩子每吃一个饼干，就数一次剩下的饼干数量。

吃了1个。

还剩下几个呢？

还剩下9个哦！

❸ 在往盘子里装饼干的过程中，让孩子依次说出1~10的数字。

🌱 数10的游戏

PLAY

❶ 在红色、蓝色、黄色、绿色的积木中选择3种颜色，每种颜色的积木准备3块，然后再准备一块剩下一种颜色的积木。

❷ 把10个积木放在孩子面前，然后引导孩子学习数数的方法。

❸ 在各种颜色的积木中抽出1~3个，同时说出积木的数量。

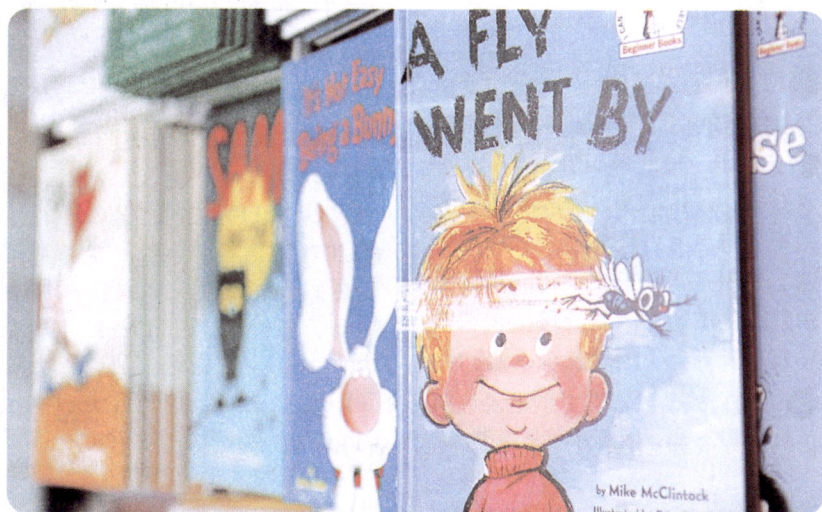

🌱 数剩下人数的游戏

PLAY

❶ 在门前的公共汽车站，教孩子数停留在车站里的人数。

❷ How many people?

有几个人？

It's three people.

有3个人。

🌱 减数字游戏

PLAY

❶ 妈妈、爸爸和孩子面对面地坐在地板上，然后交叉地伸直双腿，最后依次挪开各自的腿。

❷ 每当挪开腿时，就用英语说出剩下的腿数量。

《实用小百科》 正确利用英语画册的秘诀

1. 必须有节奏地念画册

有些妈妈只给孩子听画册所附的录音带，但最好由妈妈亲自念画册给孩子听，这样才能提高学习效果。即使妈妈的英语程度比较差，也应该有自信地念画册给孩子听。念画册时，应该通过夸张的声音、表情和动作，正确表达出书中的内容。第一次接触画册时，应该事先听录音带，适当地进行预习。

2. 多利用拟声词和拟态词

应该多利用富含"chug-chug（咔咔噗噗）"，"twinkle, twinkle（闪闪发光）"等拟声词和拟态词的画册。一般情况下，孩子听不懂较长的句子或英语单字。学习语文时，和高难度的句子相比，孩子更容易理解"汪汪"、"呱呱"等字。

3. 同时利用英语磁带

书中所附带的英语磁带只能单方面地教英语，而无法互动，因此不如妈妈亲自念画册，但是通过录音带可以掌握正确的发音，因此也应该适当地利用英语磁带。利用磁带时，妈妈应该跟孩子一起，边看画册、边结合画册的内容听录音。

4. 引导孩子积极地理解画册的故事情节

念画册时，不要一口气念完，而应该引导孩子积极地理解画册的故事情节。另外，在念画册的过程中，还应该让孩子独自念他们熟悉的部分。

STEP 3　Flash卡片

进行英语教育时,不能单纯地利用Flash卡片学习单词,而应该通过游戏方式提高孩子的学习兴趣。除了纸面上的图片和文字外,还应该通过网络、杂志和广告,制作出能吸引孩子的卡片。

🌱 动物园游戏

PLAY

❶ 把孩子喜欢的动物图片粘贴到孩子够得着的墙壁上,或者摆放在地板上。

❷ 如果孩子关心动物图片,就可以看着图片说故事。说故事时,先用中文讲一次,然后再用英语讲一遍。如果孩子能说出动物的特性或模仿动物的行为,就应该积极地做出反应,而且适当地加以说明。

❸ 讲动物故事时,应生动地表达拟声词或拟态词,以刺激孩子兴趣。

🌱 利用单词卡片的方法

PLAY

❶ 在"门"下面写上"door",在"椅子"下面写上"chair",然后制作单词卡片。

❷ 在与孩子身高相同的地方粘贴单字卡片,然后偶尔给孩子念卡片上的英文字母。在语言学习能力最强的0~3周岁期间,孩子能同时学习两种语言。另外,把各种实物的名字粘贴到孩子能看到的墙壁上,然后偶尔给孩子念。

❸ 给孩子看实物,然后用英语说出相对应的名字。例如:边喝牛奶边说"Milk"、边看苹果边说"Apple"。

🌱 在图片上面蹦蹦跳跳

PLAY

❶ 在地板上,每间隔一步的距离,粘贴单词卡片或图形卡片。

❷ 当孩子踩一个单词卡片时,就由妈妈念卡片上的英文。

❸ 等孩子熟悉了单词卡片,就可以由妈妈说出英文单词,然后引导孩子跳到相对应的卡片上。

Look at this! 看这个吧!
This is a shoes. 这是鞋子。
Can you walk to the car? 你可以去汽车图片上吗?

🌱 利用市面上所出售的Flash卡片的方法

PLAY

用一张Flash卡片,可以编出各种故事。例如:可以这样利用画有大象图案的卡片。
这是大象。
这头大象想跟小朋友一起玩。
给大象找小朋友吧!
哪些动物能成为大象的好朋友呢?
这次去汽车图片上怎么样?

🌱 捉迷藏画板

PLAY

❶ 从杂志或报纸中剪裁出孩子熟悉的食物、动物、衣服、玩具等图片。

❷ 在32开的纸上,间隔一定的距离粘贴这些图片。

❸ 准备一张比图片大一点的白纸,然后在白纸上画各种形状的图案,并放在步骤2的图片上。为了便于翻开白纸,那么只固定白纸的上方。

❹ 在画板上面,分别翻开孩子喜欢的图片。如果孩子不愿意翻开,就应该吸引孩子的注意力,依次找出白纸下面的图片。

❺ 只要孩子翻开白纸,就能看到藏在下面的图片,以此来吸引孩子的注意力。先看着图片说故事,然后再引导孩子翻开另一张图片。此时,最好选择孩子喜欢的图片。

Here is an apple. 这是苹果。
You ate an apple in the morning? 你是不是早上吃过苹果?
Do you like an apple? 你喜欢吃苹果吗?

适合孩子的12本英语画册

应该给第一次接触英语的孩子准备哪些书才好呢？下面介绍英语教育专家们所推荐的12本英语画册。

❶Have You Seen My Duckling?

主要讲述离家的小鸭子寻找妈妈、爸爸、姐姐、哥哥的故事。主要通过图片表达故事情节，因此能培养孩子的想象力。

❷Whose baby am I?

通过小浣熊、长颈鹿、海狗、斑马等动物，营造出温馨的气氛。书中会反复出现孩子们喜欢的"Whose Baby am I?""I am~baby"等有节奏感的句子。

❸Love You Forever

主要表达了父母对孩子的爱。虽然内容较长，但附带了具有感染力的录音带。

❹Piggies

通过10个手指上长了小猪的独特手法展开故事情节。通过该书，孩子可以自然地学到"clean-dirty"，"hot-cold"等反义词。

❺I Spy Little Book系列

通过寻找隐藏的图片游戏，能学习单词。每册都有不同的英文字母和动物名字，而且附有名画，因此有利于孩子的感性发育。

❻Freight Train

首先介绍了带有不同颜色的货运列车，然后通过接触隧道、城市、桥梁的过程，孩子能掌握跟颜色和列车相关的表达方式。这是荣获1979年凯迪克奖(The Caldecott Medal)的作品。

❼Five Little Monkeys Jumping on the Bed

讲述了5只小猴在床上蹦跳时，有一只小猴掉在床底下的故事。通过该书，能自然地学习英文数字。该书最后的情节很能吸引孩子们的注意力。

❽Where's Spot?

能激发孩子们的好奇心。每当翻图片时，都能看到小熊、狮子、河马等不同的动物，而且具有清晰的大字，因此有助于文字学习。

❾We're Going on a Bear Hunt

本书画面细腻而真实。有节奏地重复了单纯的句子，因此能够有节奏地说故事。利用该书时，应该生动地表达拟声词。

❿Brown Bear, Brown Bear, What Do You See?

由于重复单纯的句子，因此可以有节奏地念画册。虽然动物图片比较抽象，但是通过鲜明的颜色，能自然地培养色感。

⓫Go Away Big Green Monster

书中的颜色非常鲜艳，而且还会出现可怕的怪物。通过该书，能学习脸部各部位的名称和颜色的表达方式。

⓬Good Night，Gorilla

带有幽默感的图片，而且会出现动物园管理员叔叔、大猩猩和各种动物。适合在孩子睡觉前阅读。

挖掘无穷无尽的潜力

从游戏开始的数学教育

孩子们就像海绵一样，具有惊人的学习能力。在这个时期，还不能进行具体的数学教育，但却能充分培养孩子对数学的印象和感觉。一般情况下，只有形成分类、比较、测量等概念后，才能形成真正的数学基础。下面介绍从0周岁开始的数学指导要领基本原则。

这样开始 数学教育

首先学习数学概念

很多妈妈用死记硬背的方法教孩子1～10的数字，但即使孩子能背很多数字，只要不理解真正的含义，就达不到数学教育的效果。只有当孩子充分认识具体实物以后，才能进行数学教育。

换句话说，教孩子认识2只兔子、2块糖、2辆汽车、2双筷子时，只有孩子的大脑里形成兔子、糖、汽车、筷子的具体概念，才能真正地理解2的抽象概念。如果缺乏这个过程，孩子就不能理解数字的真正含义。小猫或糖并不是单纯的单字，因此必须充分理解具有具体形状的小猫或糖。例如："小猫是喵喵地叫，而且有长尾巴。"先让孩子了解小猫的特征，才能明白2只小猫的含义。

不要强求孩子理解正确答案

把相同分量的水杯放在不同高度，未满3周岁的孩子普遍认为高处水杯的水更多，这就说明孩子还没有理解数和量的概念。

在这种状态下，还不能进行数学教育。至少要等孩子理解了"多"、"少"等概念和"1"、"2"之外的"第1"、"第2"等数字时，才能正式开始数学教育，这样才能获得满意的效果。和出生36个月之前的孩子做数学游戏时，没必要强迫孩子理解正确答案，而应该注意培养孩子对数学的兴趣。

必须使用正确语言

虽然数学涉及的是数字，但数学也是一种语言。可以正确使用语言的孩子，更能准确地理解比较、分类、空间、规则等数学基本概念，因此家长必须用正确的语言说故事。介绍不同图形时，可以加入"圆形可以滚动"或"三角形带尖角"等正确的说明。

应该培养分类、比较、组合能力

一提到数学，很多人就会想起加减演算，但这些演算法仅仅是数学技巧而已。在学习数学技巧之前，应该培养数学思考能力。例如：依照一定的逻辑分类的能力，结合有共同点的实物的能力，根据大小和数量来排序的能力。

在数学教育中，也应该同时使用眼睛和手

基础数学教育是从具体的实物形态开始的，因此必须让孩子通过视觉理解资讯，通过双手触摸实物。为了使孩子用手区分不同形态的实物，必须给孩子提供直接触摸周围实物的机会。

用妈妈的声音进行说明

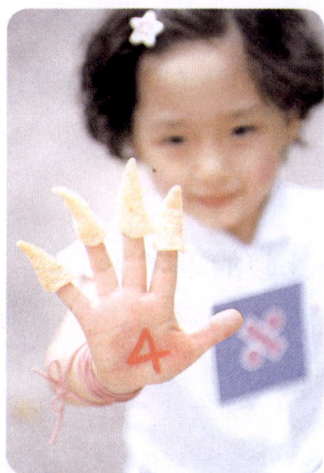

在这个时期，孩子的语言能力逐渐提高，因此能够说出不少短句。

如果孩子喜欢说话，就会从对话中得到许多刺激。此时，如果给孩子语言刺激，孩子就能像海绵一样吸收周围的资讯，因此在这个时期，应该利用语言培养数学概念。即使孩子听不懂妈妈的话，也应该不停地和孩子对话。此时，妈妈的语言习惯也非常重要。跟孩子对话时，应该保持一定的语调，即说话的强弱，而且要多说肯定的话，并尽量使用积极的表达方式。对话中常出现的"数字"，也能提高孩子积极的思考能力。

充分利用数学表达方式

即使孩子不懂"1、2、3"的含义，但也能模仿妈妈说出："1、2、3"，因此必须同时进行数学教育和语言教育。刚开始，孩子只能像小鸟一样模仿妈妈的话，但理解话的真正含义后，就能形成自己的意识。

因此，即使孩子听不懂妈妈的话，或者没有任何反应，也应该经常跟孩子进行对话。如果孩子经常使用各种形容词，那么就能提高分类能力，以及对长度、宽度、体积、深度、速度、时间、重量等概念的认识。在日常生活中，应该经常用"这个苹果比那个苹果大"、"这是空箱子"、"这个很多、那个很少"等方式来比较实物，这样孩子就更容易接受数学概念。

通过生活中的游戏加深印象

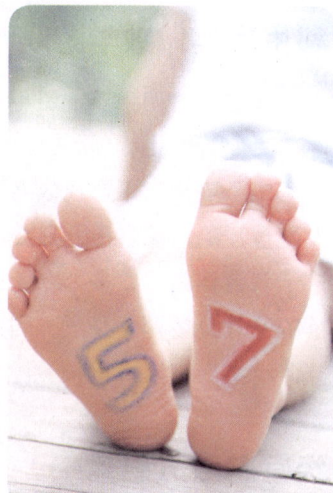

要想教会孩子高难度的数学，必须在日常生活中，通过游戏方式让孩子自然地亲近数学。例如：让孩子摆餐桌。首先由妈妈做示范，然后让孩子摆放一个汤匙、2双筷子，或者为每个人准备1个水杯。通过这种一对一的训练，孩子就能自然地熟悉数和量的概念。另外，在亲手摆餐桌的过程中，还能提高学习积极性。尤其是2～3周岁的孩子，很容易产生"不要"等反感情绪，因此在孩子满2周岁前，必须让其形成"数学也是快乐游戏"的认识。

通过时间概念学习数字

培养孩子的时间概念，也有利于提高数学能力。在日常生活中，应该规定具体的作息时间。例如："在10分钟以后吃饭"、"30分钟以后再看电视"，就像"12点是午饭时间"、"9点是睡觉时间"一样，规定了具体的作息时间，不仅能让孩子养成有规律的生活习惯，也能形成时间概念，让孩子自然地掌握数字。

追加讯息

数学能提高大脑的功能

"数学思考能力能有效增强大脑每个部位的功能"，因此通过游戏来学习数学，能锻炼孩子的记忆力、理解力、逻辑思考能力、观察力、创造力、忍耐力、解决问题的能力，甚至挖掘无穷无尽的潜力。即是数学能提升大脑的功能，而且能扩大思考范围。数学不仅仅是加减法、求圆周率和解二次方程式的过程，也是让大脑更灵活的润滑剂。

阶段性 适合孩子的教育秘诀

6~12个月

利用玩具做数学游戏

在这个时期，孩子还不能正确地认识数学的概念，但可以利用很多玩具玩数学游戏。

由于孩子尚未形成数字概念，只有模糊的关于"数量"的认识，因此只要物体的数量超过两个，孩子就会认为"很多"。此时，可以把具有明显特征的物件分成两个种类，因此应该利用玩具进行分类游戏。

经常刺激五感

在这个时期，孩子可以通过五感，即视觉、嗅觉、味觉、触觉、听觉接受所有的资讯。例如：通过视觉能认识实物的颜色、大小和位置，而通过嗅觉能比较各种气味，并测定气味的浓淡。另外，通过味觉能比较味道，通过触觉能掌握实物的感觉和温度，通过听觉能区分声音的高低强弱。

通过五感刺激形成了数学的基本概念后，孩子在成长过程中即使不触摸实物，也能想象出该实物的特性，因此应该注意孩子闻到的气味、看到的图片和衣服的颜色，逐渐培养数学的感觉。

12~24个月

应该教孩子认识非数字的具体实物

大部分父母进行数学教育时，首先让孩子学习1、2、3、4……等阿拉伯数字，而且喜欢采用死记硬背的方式，因此只要孩子能背很多数字，就误认为孩子非常聪明，但是这种教育方式不但没有让孩子真正理解数学的概念，反而会影响孩子对数学的兴趣。一般情况下，孩子可以通过周围的实物熟悉数量的概念，然后逐渐认识符号化的阿拉伯数字，因此最好通过图片、照片等孩子喜欢的生活用品，逐渐培养数的概念和对数学的兴趣。

经常使用可以进行比较的单字

给孩子授乳或喂奶时，应该经常跟孩子对话。"宝宝饿了吗？妈妈给你可口的奶粉吧！是不是很好吃啊？"然后握住孩子的小手说："哇！宝宝的手好漂亮啊！这是妈妈的手。宝宝的手又小又可爱，可是妈妈的手这么大哦！"由此也可以培养数学中比较的概念。

到室外散步时，可以告诉孩子不同的颜色，例如："这里有很多树，好像草绿色大树在比谁高哦！我和宝宝谁比较高呢？是我比你高。妈妈觉得这棵树大、那棵树小……快看这里的树叶吧！这些树叶都已经变成黄色了！"借此让孩子掌握比较的概念。

经常说描述形状的话

在房间里抱着孩子走来走去时，应该不停地告诉孩子不同的形状"永俊，快看这边。这里有滴答滴答的钟表。这块钟表是四方形，那边的电视也是四方形。这里还有永俊喜欢的球啊！球是圆形，永俊的水杯也是圆形哦！"通过这种对话，孩子能学会数学中的图形和分类知识。

一般情况下，要通过实物的形状学习图形，通过寻找相同实物的过程学习分类方法。其实，小孩子认生的现象也是一种分类，因为孩子能区分认识的人和陌生人。

24～36个月

正确地告诉孩子1、2、3的概念

在这个时期，孩子能数"1、2、3"，但是还不能理解数字的概念，只是单纯地模仿语言，因此数数的速度往往快于用手指实物的速度，而且经常出现把第3个实物说成第5的错误。不仅如此，孩子还不能从头到尾正确地数数。

但是在这个时期，孩子可以正确地回答第一个数和最后一个数。例如：数1～10的数字时，能正确地说出1，然后胡乱地说中间的数字，但可以正确地说出最后的10。在这种情况下，应该引导孩子依次数完所有的数字。

对话中经常使用数字

在日常生活中，应该经常让孩子使用表示数字的"1、2、3、4……"和"1个、2个、3个、4个……"。例如：边按摩孩子的腿、边喊"1、2！1、2！"等口令。

如果孩子关心滴答滴答响的钟表，就应该给孩子念表盘上的数字1、2、3、4……。跟孩子玩捉迷藏游戏时，也可以加上数字"藏1次、藏2次"。一般情况下，孩子们是先学习数字的名称，然后才明白数字的固定顺序，因此经常使用数字，有助于数学基础教育。

家庭照片也是很好的数学教材

让孩子从家庭照片中找出妈妈、爸爸、奶奶、爷爷、姐姐、哥哥等家庭成员，然后再数一数照片中有多少家庭成员。另外，还可以从照片中比较家人的身高。不仅如此，还能在家庭照片下面写上每个人的年龄，然后让孩子比较年龄的高低。

通过食玩游戏进行数学教育

通过食玩游戏，孩子能观察材料的种类、分量和做饭的时间，而且能学习测量和时间的概念。另外，通过摆餐桌的过程，可以进行一对一的数字训练，并通过汤碗或饭碗练习数数。

另外，可以让孩子依照形状将食物分类，通过找饭盒盖子的过程，孩子能学习不同的形态和比较、分类的方法。在日常生活中，通过2等分或4等分苹果的过程，孩子能学习数学的概念。

一边走路、一边寻找不同的图案

逛市场或散步时，最好确定一个主题。例如："今天是圆形的日子"或者"今天是三角形的日子"，然后在逛街的过程中，告诉孩子不同的图形。如："建筑物是四边形"、"球是圆形"。

孩子在数生日蛋糕上的蜡烛过程中，可以学到数数的方法。在日常生活中，应该不断地刺激孩子对数学产生兴趣。例如：经过蜿蜒崎岖的小路时，可以教导孩子曲线的概念！在大道上行走时，可以教导孩子直线的概念。

快速提高智力的游戏

宝宝的数学教室

数学能力和语言能力一样，也是智力发育的关键，但是对未满3周岁的孩子来说，不能急于进行数字教学，而应该打好数学思考的基础。下面介绍通过游戏学习数学概念的方法。

STEP 1　掌握数字概念的游戏

🌱 魔术游戏

效果

孩子能够快乐地学习数字，而且能培养色感，以及眼睛和双手的协调能力。

PLAY

❶ 准备彩色画图纸、彩色沙子和胶水。

❷ 让孩子在画图纸上面用胶水写数字，然后在上面撒彩色沙子。

❸ 去掉沙子后，就能看到漂亮的数字。

🌱 数数游戏

效果

食物可以吸引孩子的好奇心，在数食物的过程中，孩子能够自然地掌握数字。另外，在公寓台阶或公交车台阶，也能自然地学习数字。

PLAY

❶ 准备孩子喜欢的饼干或水果，然后再准备2个盘子。

❷ 引导孩子把想吃的饼干或水果放到盘子上。

❸ 一边吃、一边数盘子上的饼干或水果的数量。

🌱 坐火车游戏

效果

大声数石头或大豆的数量，同时掌握数字的概念。

PLAY

❶ 制作几个不同颜色的箱子，然后连接成火车。另外，还可以利用积木。

❷ 准备小石头或大豆，然后依照掷骰子后得出的数字，把石头或大豆装在火车里。

🌷 制作花园的游戏

效果

在白纸上粘贴鲜花，就能制成花园。这不仅能提高注意力，而且能让孩子体验成就感。

PLAY

❶ 在白纸上画出花枝，然后用彩色纸剪裁出几张花瓣。

❷ 投掷写有1~3的数字骰子。

❸ 依照骰子上的数字，粘贴相等数量的花瓣，然后反复地数完成后的鲜花有多少花瓣。

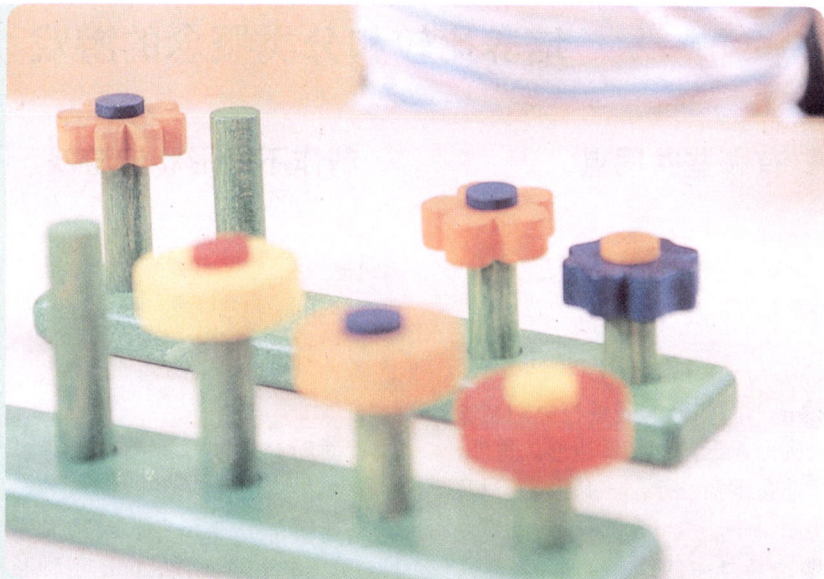

🌷 通过语言表达方式学习数字

效果

通过生活中的自然对话，孩子能够掌握数目、形状和长度的概念。

PLAY

❶ 在日常生活中，让孩子用语言表达实物的特性，以及数字、数量、形状、大小、长度、重量，那么孩子就会自然地了解这些概念。

❷ "能给我3个马铃薯吗？""能给我5个鸡蛋吗？""给我圆形的香肠吧！"。在对话过程中，应该用语言引导孩子思考实物的形状和数量。

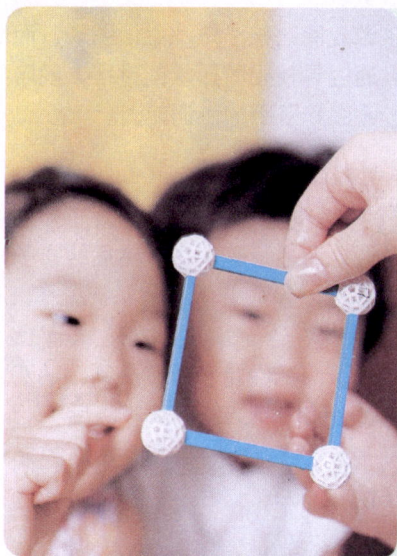

🌷 踩数字卡片的游戏

效果

通过踩数字卡片的游戏，孩子能够快乐地学习数字。

PLAY

❶ 用厚纸剪裁出比孩子的手掌大一点的卡片，然后写上1至10的数字。

❷ 把数字卡片撒在地板上，然后让孩子依照妈妈的指令踩数字卡片。

❸ 等孩子完全熟悉数字之后，逐渐藏起部分数字，然后让孩子找出消失的数字卡片。

🌷 连接别针的游戏

效果

通过游戏能掌握数字，而且能学习数字的增加现象。

PLAY

❶ 准备五颜六色的别针和数字卡片。

❷ 把数字卡片放进箱子内，然后让孩子亲手挑选数字卡片。

❸ 根据选择的数字，连接相同数量的别针，然后比较谁连接得最长。

🌷 印章游戏

效果

通过游戏孩子能自然地学会演算。

PLAY

❶ 投掷写有1~3数字的骰子，然后依照骰子的数字，印上相同数量的章。如果掷出"3"，那么就应该由下至上印出3个章。

❷ 如果出现"2"，那么就应该继续向上印2个章。反复地掷骰子，直到印章数量达到10为止。

❸ 孩子跟妈妈一起玩游戏时，先印出10个章的人获胜。

🌷 保龄球游戏

效果

通过保龄球游戏，能培养距离感，还能提高眼睛和双手的协调能力及注意力。

PLAY

❶ 准备10个空塑料瓶，摆放在一侧。

❷ 在距离塑料瓶三四步的地方，朝塑料瓶方向滚球，然后数一数被撞倒的瓶子数量。

❸ 等到孩子熟悉了这种游戏，就可以增加瓶子的距离，让孩子了解"远"和"近"的概念。另外，在数空瓶的过程中，还能掌握数字。

STEP 2　培养比较和分类概念的游戏

🌱 有哪些共同点

效果

在培养色感的同时，孩子还能熟悉各种图形的形状，并进行分类。

PLAY

❶ 用不同颜色的硬纸板分别制作2个圆形、三角形和四边形。另外，再准备圆形饼干、三角形饼干和四边形饼干。

❷ 给孩子看圆形、三角形、四边形等各种形状，并提供让孩子独自探索的时间。

❸ "我们来帮圆形找朋友吧！"。在日常生活中，可以经常跟孩子一起玩寻找相同形状图形的游戏。

🌱 制作不同形状的游戏

效果

通过制作不同形状的游戏，能摆脱只用眼睛看图的阶段，而且加深对不同形状的认识。

PLAY

❶ 用面粉和水制作面团，也可以用彩色黏土代替。

❷ 利用圆形、三角形、四边形模具或家里的各种实物，印出各种形状。

❸ 只要改变模具的厚度，就可以制作立体图形。

🌱 寻找相同形状的游戏

效果

通过该游戏可以培养一和二的概念。

PLAY

❶ "有哪些形状一模一样呢？一双筷子完全一样，有哪些形状一模一样呢？民珠的眼睛一模一样。"

❷ 一边唱着歌、一边寻找房间内形状相同的实物或身体的部位。

🌱 图形游戏

效果

该游戏能让孩子认识图形的大小、形状，而且能培养距离感。

PLAY

❶ 在游戏房的地板上画出圆形、四边形和三角形。

❷ 朝图形内扔进事先准备的积木或石头。

❸ 扔积木或石头时，应该不停地改变站姿或坐姿。等孩子熟悉后，就可以逐渐缩小图形的大小。

🌱 彩色纸图形游戏

效果

该游戏能让孩子熟悉平面图形，而且通过寻找相同形状的过程，能培养眼睛和双手的协调能力。

PLAY

❶ 用彩色纸剪裁出几张圆形、三角形、四边形等图形，然后给孩子看。

❷ 准备几个能装图形的正六面体箱子，然后在箱子外侧分别粘贴圆形、三角形和四边形，最后把相同形状的彩色纸装进相对应的箱子内。

🌼 猜猜看

效果

根据记忆寻找不同点，借此提高观察力和记忆力。

PLAY

❶ 准备各种实物和动物的模型，或者准备几种积木。

❷ 把准备的物品排成一列，然后给孩子充分的时间记忆。此时，可以一边说、一边记。

❸ 让孩子闭上眼睛，然后改变排列顺序，最后让孩子找出不同的地方。

🌼 寻找各种形状

效果

该游戏能让孩子形成规则和顺序的概念，而且能培养眼睛和双手的协调能力及观察力。

PLAY

❶ 切开马铃薯或胡萝卜，然后挖出圆形、三角形、四边形等不同形状。将这些图案蘸上颜料，然后印在白纸上面。

❷ 由妈妈先印出三角形图案，然后让孩子印出相同的形状。此时，可以依照圆形、三角形、四边形的顺序印图案，也可以依照印两个圆形再印一个三角形的规则印图案。

❸ 让孩子依照自己的想法印出不同的图案，然后寻找其中的规律。

🌼 在相同的停车场内停车的游戏

效果

通过在狭窄的空间内停车的过程中，能提高注意力。

PLAY

❶ 用布料剪裁出圆形、三角形和四边形，然后粘贴到地板上，就制成了玩具汽车的停车场。

❷ 在玩具汽车上面分别粘贴圆形、三角形、四边形的标签，然后把车停到相同图形的停车场内。

🌼 下一个该放什么呢

效果

依照一定的规则，反复排列不同形状的实物，借此提高孩子的创造力。

PLAY

❶ 依照一定的顺序交替摆放小球和积木，然后告诉孩子摆放小球和积木的规则。

❷ 由妈妈摆放积木、小球、积木以后，让孩子选择下一个摆放的物品。

❸ 等孩子熟悉后，应该逐渐增加物品的数量。

🌼 拼图形游戏

效果

通过用双手寻找和用眼睛认知图形的过程，孩子就能认识不同图形的特征。

PLAY

❶ 把厚纸剪裁成圆形、三角形、四边形。

❷ 把准备好的圆形、三角形、四边形积木装进布袋内，然后让孩子摸出一个积木，并把选择的积木放在图形板上，进行一对一的比较。

🌼 谁更长呢

效果

通过比较，孩子能掌握长短的概念，而且通过比较实物的过程，能提高思考能力。

PLAY

❶ 准备饼干、香蕉、草莓等不同长度的食物。

❷ 给孩子看香蕉和草莓，然后告诉孩子香蕉比草莓长，而草莓比香蕉短，这样孩子就能学会长短的概念。

❸ 让孩子独自比较草莓和香蕉的长度。

STEP 3　学习大小概念的游戏

🌱 摆餐桌游戏

效果

孩子在帮助妈妈的过程中，能体会到成就感，而且能自然地掌握"多"、"少"、"大"、"小"等概念。

PLAY

❶ 准备晚饭时，让孩子摆饭碗、汤匙、筷子。

❷ 让孩子摆3个汤匙、6双筷子、3个饭碗，孩子就能学习数字。

❸ 告诉孩子爸爸需要3大匙饭，而宝宝只需要1大匙饭，借此学习数量的概念。

🌱 切面包游戏

效果

在切面包的过程中，孩子能掌握分割的概念，而且通过不同长度的面包，能学习长度的概念。

PLAY

❶ 准备大小相同的几个面包和一把小刀。

❷ 把一个面包分成2块，再把2块面包切成4块，并告诉孩子分割的原理。

❸ 此时，还应该切出长度不同的4块面包，借此让孩子体验长短的差别。

🌱 整理衣服的游戏

效果

其实既简单又有趣的生活游戏就是最好的教育方法。通过每天重复整理衣服的游戏，能让孩子掌握大小的概念。

PLAY

❶ 在整理衣服过程中，让孩子找出自己的衣服。

❷ 每个人只整理自己的衣服，然后让孩子比较妈妈和自己的衣服。

❸ 通过整理袜子和衣服的过程，孩子可以学到大小的概念。

🌱 由大到小依次排列

效果

通过大小不同的水果或娃娃，孩子能熟悉"大"和"小"的概念，而且能自然地掌握顺序的概念。

PLAY

❶ 准备大小不同的球或娃娃，然后依照大小排序。

❷ 依照从大到小的顺序摆放物品，借此学习顺序的概念。

❸ 孩子可以摆放小番茄、橘子、苹果等大小不同的水果，或者跟爸爸、妈妈一起学习大小和顺序的概念。

🌱 捡珠子游戏

效果

让孩子用手抓一把珠子，这样孩子就能体验珠子的大小及多少的概念。

PLAY

❶ 准备大小不同的珠子。

❷ 让孩子抓一把珠子。例如：用左手抓大珠子，用右手抓小珠子。

❸ 例如：当孩子抓了3个小珠子和1个大珠子时，就应该告诉孩子大小的区别。

培养探索自然的能力

　　探索自然的能力是指，对自然环境的高度关心和分辨不同动、植物的能力，也就是适应自然环境的能力。从现在开始，要在日常生活中培养孩子的探索能力。孩子在尽情探索世界的过程中，会掌握世间万物的潜在道理。

●在室内养植物

　　不管是在花盆里还是在院子里，都可以种植物。通过观察种子发芽的过程，孩子能体验到大自然的神秘。通过植物的成长和开花的过程，孩子可以了解植物也有生命的道理。

●关注报纸上的天气预报

　　天气预报中经常出现相关的图片和表示温度的数字。在日常生活中，应该通过报纸上的天气预报，教孩子读温度的方法。另外，通过晴、雨、阴、雪等符号，能激发孩子对天气的好奇心。通过这个过程，能让孩子理解天气和地区的概念。

●通过快乐的戏水游戏积累科学经验

　　朝盆子内倒水时，盆子的大小不同，水的高度也不同。通过这种实验，能让孩子学习测量和分量的概念。

　　让孩子说出能浮在水面的实物

和能沉下去的实物。另外，可以用喷头向上喷水，同时让孩子知道水从高处流向低处的道理。

●通过神奇的磁铁游戏，培养思考能力

　　磁铁是用看不见的力量吸引铁块，因此能激发孩子的好奇心。在日常生活中，用磁铁可以做各种游戏。例如：在厚纸上面放铁块，然后在厚纸下方移动磁铁，或者把装有磁铁的纸船放在水面上，然后再用铁块吸引纸船，或者在纸娃娃内装磁铁，然后通过铁块让娃娃活动。

●和孩子一起制作果汁，借此培养观察力

　　准备苹果、柳橙等水果，然后跟孩子一起用果汁机制作果汁。此时，柳橙会变成橙色果汁，而苹果就会变成另一种颜色的果汁。"果汁内有苹果

的颜色哦！"通过这种方式，可以引导孩子尽情思考，并能提高观察力和注意力。

●通过寻路游戏培养空间感

　　把游戏场所转移到树林里吧！在树林里，可以培养方向感。寻找游戏场所或捉迷藏游戏能培养孩子的空间感。

●通过家电产品激起孩子对科学的好奇心

　　"洗衣机、熨斗、冰箱是帮助妈妈做家务劳动的好机器。"在日常生活中，应该经常告诉孩子家用电器的作用。

　　另外，应该让孩子体验将热水放在冰箱里变成凉水的过程，以及用熨斗烫衣服的过程。

●经常分析自然现象

　　在日常生活中，要挖掘孩子的探索能力。当孩子淋浴时，不要急于换衣服，而应该通过"衣服被雨弄湿了，可是雨滴去哪儿了呢？在暖和的屋里，湿衣服又干了。"等方式，为孩子解释奇妙的自然现象。

培养艺术感

生活中的音乐教育

音乐教育能培养孩子的音感，而且能稳定情绪。那么，在什么时候可以进行音乐教育呢？音乐家的共同特点就是从小经常听音乐，而且会自然地亲近音乐。为了培养音感，必须给孩子听各种高品质的音乐。

这样开始 音乐教育

睡觉之前给孩子唱摇篮曲

任何人都具备一定程度的音乐天赋。在日常生活中，应该像教孩子学说话一样，经常给孩子听音乐。孩子从新生儿时期开始，经常听妈妈唱的摇篮曲，不但能刺激孩子的听力，而且能有效地提高乐感。为了让孩子对音乐感兴趣，最好给孩子哼唱"啦啦啦"、"哼哼"等没有歌词的歌曲。如果孩子全神贯注听歌词，就无法聆听音乐。

首先给孩子听和妈妈心跳节奏相同的4/4拍音乐

一般情况下，到了妊娠21周，胎儿就具备了五感。其中，孩子最先感受到的就是妈妈心脏跳动的声音和呼吸声，因此孩子最容易接受类似于妈妈的心跳声和呼吸声4/4节拍的音乐。

只要孩子能听到声音，就可以进行早期音乐教育。从新生儿时期到3周岁期间，通过妈妈的声音或歌声来熏陶孩子，也可以通过自然的声音或答录机进行早期音乐教育。首先，给孩子听录音或现场演奏，然后让孩子用玩具乐器发出类似的声音，最后还可以让孩子熟悉乐谱和乐器。

给孩子听适合不同发育阶段的音乐

进行音乐教育时，应该注意考虑孩子的发育阶段。一般情况下，自然的声音、摇篮曲和名曲最适合刚出生的孩子，而对于1周岁以上的孩子，则比较适合听轻快的合奏曲。

另外，在孩子睡觉之前，最好播放舒缓的音乐；在游戏时间，最好播放愉快的音乐。孩子听的音乐越多，越容易强化乐感。不仅如此，如果孩子经常听音乐，还能稳定情绪。

随着音乐摇摆身体

孩子听音乐时，最好随着音乐跳舞，这样就可以通过身体来感觉音乐的美妙，而且有助于情绪的

稳定。此时，还可以让孩子随着节奏和歌曲敲打乐器，自然地培养节奏感。但是，如果任意摇晃孩子的手脚，可能会伤到孩子，因此要加以注意。

生活用品也是很好的乐器

并不是只有专业的乐器才能培养孩子的音乐才能。一般情况下，炒锅的"哐哐"的声音，玻璃杯的"当当"的声音，以及吸尘器"嗡嗡"的声音都能刺激孩子的听觉。在日常生活中，应该有节奏地敲打常用的生活用品，让孩子体验不同的音乐。

6个月开始可以选择教育机构

一提到音乐教育，很多人就会想起钢琴或小提琴。掌握乐器固然很重要，但是在学习乐器之前，应该打好一定的音乐基础。例如：经常让孩子听不同风格的音乐、演奏打击乐器，或者经常跳舞唱歌，培养节奏感。对于刚出生的孩子来说，最敏感的感觉就是听觉，因此孩子出生6个月后，就可以选择能培养乐感的教育机构，让孩子接收正规的训练。只要培养了乐感，就有助于孩子今后学习乐器。

不要急于掌握乐器

很多妈妈为了满足自己的欲望，强迫孩子学习乐器，但这种教育方式只能影响孩子的学习欲望。一般情况下，当孩子对音感兴趣时，可以进行音乐教育。选择指导老师和学苑时，应该先了解音乐教师的教育背景，而且要选择能理解孩子心理状况的老师。

应该考虑孩子的个人差异

应该注意教材的选择，不要选择那些不考虑个人差异，而只注重教学进度的教师或学苑。选择私立教育机构时，应该了解该机构的经营理念。虽然大部分学苑是以营利为目的，但如果只推崇"速成"或聘请低水准的教师，降低授课费用，就不可能具备高品质的教学水准。

勤奋地练习乐器

如果孩子开始学习乐器，就应该把乐器放在最安静的地方，这样才能提高孩子对音符的注意力。一般情况下，孩子集中注意力的时间有限，但学习乐器时，必须保持正确的姿势。因此每天要让孩子在规定的时间内、在指定的地方练习20分钟。在练习乐器时，还应该防止外界干扰对孩子造成不良影响。

如果孩子练习的钢琴音调不准，就容易失去乐感，因此必须选择音准的乐器。另外，为了保证乐器发音准确，还要注意乐器的保管，必须经常检查乐器有无损坏。

父母的态度也很重要

进行音乐教育时，不能只强调练习和进度，还应该注意练习方法，而且要确定孩子是否快乐、是否可以演奏出优美的音乐。另外，还应该经常带孩子参加允许孩子出入的小规模音乐会。不仅如此，还应该给孩子提供能在亲戚朋友面前演奏的机会；但如果经常拿孩子和别人做比较，将不利于潜力的挖掘。

阶段性 适合孩子的教育秘诀

▌0~6个月

经常让孩子听家人的声音

在这个时期，孩子对各种声音比较敏感，因此应该经常和孩子对话，让孩子熟悉妈妈的声音。研究结果显示，刚出生的孩子能对妈妈的声音做出强烈的反应，而且听到胎内的声音就很容易入睡。

出生2个月的幼儿对声音比较敏感，因此很容易被小的声音惊醒，而且能区分出自己的声音和周围人的声音，即表示孩子已经具有了一定的乐感。

为了培养孩子的乐感，应该经常让孩子听家人的声音，而且经常和孩子对话。

给孩子准备能发出声音的玩具

在这个时期，孩子不仅能朝着声音传来的地方转头，而且还能正确地找出发出声音的方向。此时，孩子已经具有一定的乐感，而且对声音的强弱也能做出强烈的反应，因此最好帮孩子准备能发出声音的玩具。小铃铛是大部分妈妈首选的玩具，但既能发出声音，又能晃动的旋转音乐铃等玩具、更容易刺激孩子的乐感。

模仿孩子的"咿呀"声音

在这个时期，孩子能发出"咿呀"的声音，因此可以和妈妈一起玩声音游戏。如果用不同的语调，反复地跟孩子说："啊、啊、啊""噢、噢、噢"等单音，就有助于培养乐感。另外，"摇头"、"拍掌"、"握拳"等游戏和《三轮车》等儿歌有助于身体发育，可以培养乐感和语言能力。在日常生活中，应该多用类似的儿歌和孩子玩声音游戏。

▌6~12个月

探索生活中的各种声音

在我们周围能发出声音的任何物体，都可以成为很好的音乐教材。例如：水龙头或坐便器的冲水声、压力锅排气的声音、筷子撞击的声音、雨声和动物的声音等生活中的声音。

另外，还可以让孩子听风吹树木的声音、石头落水的声音、鸟叫声等自然的声音，同时要让孩子体验撕报纸的声音、敲锅盖的声音和摇零钱包的声音。

让孩子尽情地敲打

在这个时期，孩子可以击打鼓或摇鼓，而且能随着音乐跳舞，因此应该帮孩子准备小鼓、摇鼓等可以有节奏地击打的打击乐器。另外，让孩子击打塑料盘，也能培养节奏感和乐感。

▌12~24个月

边听音乐边跳舞

在这个时期，孩子辨别声音的能力比较强，因此能区分雷声和歌声。不仅如此，还能掌握音色、声音的强弱和简单曲子的节奏。但孩子的音乐表达能力比较差，虽然可以边听音乐边跳舞，但还不能准确地把握节奏和节拍。在日常生活中，应该经常让孩子伴随不同节奏的音乐跳舞。

在敲打过程中培养乐感

可以让孩子敲打各种实物，因此应该通过生活中的各种实物，如电话机、厨具、碗筷、盆罐等东西，充分满足孩子对音乐的兴趣。此时，孩子们都比较淘气，因此最好营造出良好的音乐氛围，让孩子尽情地玩耍。

24～36个月

经常录孩子的声音

在这个时期，孩子能用不正确的发音唱简单的曲子，而且能伴着音乐跳舞。一般情况下，孩子满了3周岁以后，就能辨别音的高低、长短和强弱。2～4周岁的孩子比较喜欢唱卡通主题歌和儿歌，但还不能把握正确的音调，只能随着音乐的旋律大声哼唱。在这个时期，孩子们喜欢录下自己的声音或周围的声音，然后再用录音机播放自己的声音，当播放孩子的录音时，妈妈也应该和孩子一起唱歌。

应该给孩子听高品质的音乐

为了防止孩子对音乐产生偏好，应该准备民乐、古典音乐、摇篮曲、舞曲等各种曲风的高品质音乐。在这个时期，孩子可以区分自己喜欢的音乐和不喜欢的音乐，因此必须给孩子听不同风格的音乐。

低品质的音乐会影响孩子的乐感，因此最好不要给孩子听。为了提高孩子的音乐表达能力（唱歌），应该经常给孩子听各种音乐。

2～3周岁学小提琴，3～4周岁学习钢琴

应该从什么时候开始让孩子学习乐器呢？目前有很多适合孩子身材的小型小提琴，因此可以让孩子从2～3周岁开始练小提琴，而3～4周岁时，孩子的手适合按键盘，因此可以练习钢琴。

但这些都是以身体的正常发育为前提的，如果孩子对乐器很感兴趣，也可以适当地将练习乐器的时间提前。让孩子经常触摸乐器，就能体会音乐的节奏感，比单纯的听音乐更能刺激大脑的发育。

《实用小百科》 0～3周岁幼儿期的乐感发育

0～12个月

乐感发育 孩子出生1周后，就能对声音做出比较强烈的反应，而且出生2个月以后，就能辨别歌曲的旋律和强弱。另外，孩子出生12个月后，就能独自唱歌，而且能有节奏地发出不同强度的"咿呀"声。此时，虽然孩子跟不上节拍，但还是能伴随音乐跳舞。

促进乐感发育的方法

❶孩子对妈妈的声音比较敏感，因此要经常唱儿歌或摇篮曲给孩子听。在睡觉前、喂奶前、洗澡前，应该用柔和的声音唱歌给孩子听。

❷给孩子听各种声音。例如：给孩子听比较简单由两三种乐器所演奏的交响乐。

❸摇晃时能发出声音的玩具，也是很好的音乐教材。在日常生活中，应该帮孩子准备装有黄豆的铁罐和小铃铛，以及能发出各种声音的玩具。

12～24个月

乐感发育 在这个时期，孩子就能敲鼓或摇鼓，而且喜欢摆弄节奏感较强的乐器，但无法把握节拍。另外，孩子还会边听音乐、边跳舞，或者单纯地哼唱曲子。虽然孩子不熟悉音乐，但却开始做出有节奏的身体动作，而且能控制自己的声音。此时，虽然孩子喜欢哼唱，但唱不出歌词。一般情况下，孩子出生18个月左右，能发出2个音阶的音。另外，孩子还能即兴发挥，而且能模仿唱出常听的歌曲。

促进乐感发育的方法

❶准备可以敲打的玩具。例如：摇鼓、小鼓、响板等。另外，应该积极地鼓励孩子，随意地发出不规则的声音。

❷在日常生活中，应该给孩子听烧开水的声音、电话机发出的嘟嘟声音，以及雨声、流水声等各种声音。

24～36个月

乐感发育 此时，孩子开始认真聆听音乐，而且能哼唱出比较完美的旋律。在游戏过程中，孩子也喜欢哼唱或唱出完整的歌。此时，孩子能随着节拍拍掌，而且喜欢演奏乐器。例如：喜欢演奏钢琴、手风琴等乐器。另外，还能一边唱歌、一边跳舞。

促进乐感发育的方法

❶在这个时期，孩子喜欢摸乐器，因此应该准备小型手风琴等乐器。

❷经常让孩子伴着音乐跳舞。当然，最好选择有节奏感的音乐。通过这种音乐教育，能让孩子感受舒适而快乐的音乐。

❸好的电视节目也是非常好的音乐教育素材。此时，孩子还不能参加音乐会，因此要经常观看电视中所播放的音乐会。

能提高孩子的乐感

刺激乐感的音乐游戏

对孩子来说，妈妈就是最好的音乐老师。即使没有专业的乐器，也能利用各种生活用品，和孩子一起玩有趣的音乐游戏。下面介绍能提高乐感的游戏方法。

6~15个月 给孩子听各种声音

🌱 欣赏玩具的声音

效果

让孩子依照一定的节奏击打玩具，或者给孩子听不同节奏的音乐，以此来培养节奏感。

PLAY

❶用孩子喜欢的玩具发出好听的声音、柔和的声音或巨大的声音。

❷通过摇晃、揉搓、磨刮等各种方法，让玩具发出不同的声音。

🌱 给孩子听各种声音

效果

能提高运动能力，而且能培养节奏感。

PLAY

❶从不同的方向给孩子听铃铛和小号的声音。另外，还可以随着乐器的移动，调节声音的强弱。

❷当孩子坐在木马上摇晃时，还可以用玩具锤子帮孩子打节拍。

🌱 胎教音乐欣赏

效果

虽然孩子不能理解什么是古典音乐，但却可以培养乐感。

PLAY

❶在睡觉之前，给孩子听妈妈曾经听过的胎教音乐，借此促进孩子的情绪发育。

❷让孩子经常听德沃夏克（Dvorak）的《新世界》第2乐章等舒缓而自然的音乐，自然地在音乐的熏陶中成长。

有创意的身体表达方式

🌷 尽情地敲打玩具

效果

孩子能感受不同材料所发出的声音的差异，而且能培养节奏感。

PLAY

❶ 帮孩子准备积木、锅盖、塑料瓶等不同材料的物品，然后让孩子一边探索物品、一边敲打。

❷ 伴着"小猴子，吱吱叫，肚子饿了不能叫，给香蕉，它不要，你说好笑不好笑?"等音乐，有节奏地敲打物品。此时，妈妈和爸爸也应该陪孩子一起玩。

❸ 准备鼓等打击乐器，然后让孩子亲自击打。

🌷 培养节奏感的游戏

效果

孩子在滚动身体的过程中，能培养平衡感。让孩子随着音乐，以不同的速度滚动，还能培养节奏感。

PLAY

❶ 妈妈和孩子躺在被褥上，然后卷着被褥滚来滚去。

❷ 一边唱"小老鼠，上灯台，偷油吃，下不来，叫妈妈，妈妈不来，叫爸爸，爸爸不来，叽哩咕噜滚下来。"等儿歌，一边有节奏地滚动身体。

🌷 用身体体验音乐的游戏

效果

如果孩子伴随着节拍舞动身体，能提高节奏感，培养基本的乐感。

PLAY

❶ 在跳舞的过程中，可以播放"蝴蝶蝴蝶生得真美丽，头戴着金丝，身穿花花衣，你爱花儿花也爱你，你会跳舞、它有甜蜜"等音乐。

❷ 孩子光着脚站在报纸上面，然后抓住妈妈的手，伴着音乐的节奏跳舞，同时还可以撕碎报纸，充分活动身体。

🌷 比较声音的游戏

效果

听各种声音能刺激听觉，而且能培养区分不同声音的能力。

PLAY

❶ "咚咚咚，是塑料瓶的声音；哐哐哐，是铁锅的声音。"在日常生活中，应该准备铁罐、塑料瓶、炒锅等各种物品，然后让孩子比较不同物品所发出的声音。

❷ 遮住孩子的眼睛，然后让孩子听一种声音，并敲打不同的实物，让孩子找出相对应的实物。

🌷 录音游戏

效果

该游戏能锻炼听力，而且能让孩子对声音产生兴趣。为了发出各种声音，孩子会付出努力，因此能提高表达能力。

PLAY

❶ 录下动物的叫声和流水声等大自然的声音。还可以录下妈妈和孩子的歌声，以及爸爸的笑声。

❷ 让孩子听完录音后，说出声音的类别。

🌷 手指游戏

效果

有助于培养节奏感，而且通过手指的活动，能促进大脑发育。

PLAY

❶ 一边唱《手指谣》等儿歌、一边抚摸孩子的手指。例如：随着"一根手指头呀! 变变变，变成小蚯蚓钻呀钻。"等音乐，按住孩子的大拇指。此时，还可以活动孩子的手腕和肩部。

❷ 伴着芭蕾舞或华尔滋等音乐，和孩子一起踏步或者跳舞。此时，还可以把孩子的脚放在妈妈的脚上，然后跟着妈妈一起跳舞。

🌷 气球乐器

效果

摇晃气球的力道不同，发出的声音也不同，所以能培养乐感。

PLAY

❶ 在气球内放入2～3个别针，然后吹气球。通过半透明的气球，能看到别针的活动状况，一旦摇晃气球，就能听到别针和气球碰撞的声音。

❷ 随着摇晃强度的不同，所发出的声音也不同。此时，可以摇晃、拍打气球，或者向空中抛球，也可以伴着音乐的节奏敲打气球。

24～36个月 学习音乐的基本概念

🌱 触摸乐器的游戏

效果

在这个时期，孩子会逐渐关心各种旋律，在亲手触摸乐器的过程中，能培养乐感，而且能提高记忆力。

PLAY

❶ 准备一架钢琴。刚开始由妈妈按音键，然后抓住孩子的手按下音键。此时，就可以随意按音键。

❷ 由妈妈先按出"DO RE MI"等旋律，然后引导孩子按出相同的旋律。

🌱 敲打乐器的游戏

效果

孩子通过身体能掌握节奏感，而且能加深对旋律的理解。

PLAY

❶ 准备反复出现"小毛驴"、"十个小印地安人"等歌词的音乐，包含鼓、响板、沙铃等乐器。

❷ 在听音乐的过程中，如果出现重复的部分，就可以让孩子独自敲打。

🌱 伴着民谣跳舞

效果

边听音乐、边活动身体，借此用身体表达音乐所带来的感受。

PLAY

❶ 经常给孩子听民谣。在这个时期，孩子可以接受任何风格的音乐。

❷ 让孩子随着音乐抛接手帕或方巾，或者随意转动手中的手帕。

🌱 制作"沙铃"的方法

效果

通过该游戏，孩子能发现声音的差异，而且能做区别声音的大小和强弱。

PLAY

❶ 清洗空的易拉罐、乳酪瓶、塑料杯，然后分别装入白米、大豆、珠子、粗盐，就制成了几个"沙铃"乐器。

❷ 让孩子盖好盖子，然后逐个摇晃，最后比较声音的差异。

🌱 玻璃杯木琴

效果

该游戏可以培养乐感，而且加深对旋律的理解。

PLAY

❶ 准备几个玻璃杯，然后装入不同分量的水。此时，如果选择不同颜色的水，就能更有效地刺激孩子的好奇心。

❷ 用木筷敲打玻璃杯，让孩子探索不同的声音。

0~3周岁的孩子必须欣赏的音乐曲目

下面介绍0~3周岁的孩子必听的音乐曲目。这些音乐非常适合孩子，而且能防止孩子对音乐产生偏好，培养良好音乐欣赏习惯。

❾伊万诺维奇（Alex Ivanovici）多瑙河之波圆舞曲（Donauwellen Walzer）
❿门德尔松（Mendelssohn）仲夏夜之梦（A Midsummer Night's Dream）
⓫葛鲁伯（Gruber）平安夜（Stille Nacht, Heilige Nacht!）

传统儿歌

传统儿歌的节奏比较简单，因此孩子只听一、两次，也能熟悉所有的旋律，而且能伴着传统儿歌跳轻快的舞蹈。

❶蝴蝶　　　　　❷我的家
❸小星星　　　　❹布谷
❺圣诞铃声　　　❻泥娃娃
❼大象　　　　　❽火车快飞
❾鬼歌　　　　　❿小蟑螂
⓫加油歌　　　　⓬一个拇指动一动
⓭小皮球　　　　⓮小司机
⓯三轮车　　　　⓰妹妹背着洋娃娃
⓱泼水歌　　　　⓲两只老虎
⓳太阳出来了　　⓴只要我长大
㉑丢手绢　　　　㉒粉刷匠
㉓鸭和鹅　　　　㉔猜一猜
㉕七色光　　　　㉖三个和尚
㉗童年　　　　　㉘健康歌
㉙世上只有妈妈好
㉚月儿弯弯像小船
㉛花仙子之歌
㉜我的皮鞋踏踏响
㉝一二三四五
㉞爷爷为我打月饼
㉟小小音乐家

儿歌

大部分儿歌由2拍或4拍的音乐组成，而且伴着儿歌，孩子能轻快地跳舞。另外，儿歌往往以人的身体、生活经验、动物为题材，还有助于提高语言表达能力。

❶爆米花　　　　❷我来吹喇叭
❸一根手指头　　❹松鼠
❺树　　　　　　❻我爱乡村
❼一株秧苗　　　❽快乐向前行
❾小米丰收歌　　❿吊床
⓫巧巧手　　　　⓬小公鸡之歌
⓭快乐的小精灵　⓮造飞机
⓯月光光　　　　⓰稻草里的火鸡
⓱春天在哪里　　⓲数鸭子
⓳蜗牛与黄鹂鸟　⓴圣诞快乐
㉑让爱住我家　　㉒蜗牛的家
㉓小小的船　　　㉔字母歌
㉕小螺号　　　　㉖五指歌
㉗找朋友　　　　㉘星仔走天涯
㉙幸福拍手歌　　㉚小兔子乖乖
㉛上学歌　　　　㉜国旗国旗真美丽
㉝采蘑菇的小姑娘
㉞爸爸妈妈听我说
㉟好爸爸坏爸爸

古典音乐

既能集中孩子的注意力，又能稳定孩子的情绪。欣赏古典音乐，孩子能体验到强烈、柔和、高、低、快、慢等不同的音律。

❶海登（Haydn）云雀
❷爱尔加（Elgar）爱的致意（The Very Best Of Relaxing）
❸玛斯卡尼（Mascagni）乡村骑士间奏曲（Cavalleria Rusticana Intermezzo）
❹舒伯特（Schubert）圣母颂（Ave Maria）
❺普莱尔（Arthur Pryor）口哨与小狗（The Whistler and His Dog）
❻穆索尔斯基（Mussorgsky）展览会之画（Pictures at an Exhibition for piano）中鸟雏的舞蹈（Ballet des poussins dans leurs coques）
❼圣桑（Saint-Saens）动物狂欢节（Carnival of the Animals）
❽奥芬巴赫（Jacques Offenbach）霍夫曼的故事（Les Contes d'Hoffmann）

创造力开发的第一步

通过游戏展开美术教育

最近，人们已经认识到美术教育的必要性，它能开发孩子的创造力，提高孩子的表达能力和智力等。一般情况下，美术教育在家里就可以进行，因此具有费用低的优点。

这样开始 美术教育

能培养创造力的美术游戏

美术教育家所说的0~3周岁幼儿美术教育，并不仅仅是画画的训练。进行美术教育的目的，是为了让孩子具备很强的创造力。不仅如此，孩子出生1年后，将形成自我的意识，出生4年之内，大脑的发育会完成三分之二，因此必须尽早给孩子各种刺激。

通过游戏自然地进行美术教育

其实画画是生活的一部分，如捏泥人、在墙壁上涂鸦，在沙滩上玩泥沙、写字、在餐桌上玩饭菜等活动，都是进行美术教育的前期活动。

由此可见，我们可以通过各种游戏进行美术教育，因此只要稍微努力就能提高孩子的创造力和表达能力。

把美术教育变成尽情表达自我意识的时间

那么，在幼儿时期为什么要进行美术教育呢？美术教育的最终目的，是把孩子培养成思想自由的人。例如："1加1并不一定等于2"，可能是1，也有可能是2或3。

让孩子在白纸上画出想象中的实物，就能培养想象力。在现实生活中，人只有两条腿，汽车有4个轮子，但在孩子的想象中却存在不同形状的人，而且汽车也能在天上飞。另外，孩子在表达想象世界的过程中，还能提高表达能力。如果孩子经常用图案表达自己想象的实物，还能提高向别人表达自己想法的能力。

一般情况下，孩子们喜欢通过画画的方式表达自己的内心世界，因此孩子的画也是妈妈掌握孩子心理和发育状态的重要资讯。在美术教育中，不能让孩子一味地临摹一个实物，或者规定选用的颜色，最好鼓励孩子尽情表达自己的想法。此时，应该注意观察孩子构图的方式是否有问题，或者色彩是否过于阴暗等。

给孩子提供能够尽情表达自我意识的涂鸦空间

在日常生活中，应该给孩子提供能够尽情表达内心世界的机会。例如：在墙壁或地板上铺各种画图板，或者给孩子提供涂鸦的空间。另外，绘画的

工具不同，所表达的感受也不同，因此不能只给孩子蜡笔，还应该提供钢笔、彩色笔、铅笔等不同的绘画工具。但是，如果孩子喜欢啃咬或吸吮画笔，就应该提供安全无毒的工具。

跟妈妈一起画画或剪纸

在美术教育过程中，不能随意干预孩子的活动。此时，妈妈应该认可孩子的表达方式，而且要跟孩子一起画画或剪纸。另外，还可以互相说出自己的想法和感受。在美术教育中，不要过于注重表达的结果，而应该在画画的过程中和孩子交流感受。

从2周岁开始可以进行美术教育

制作各种美术作品或动手制作各种玩具：也是游戏的一种。一般情况下，孩子满2周岁以后，就可以接受美术教育了。通过制作模型的游戏，可以提高社会适应能力，促进情绪和情感的发育。正因为这样，最近出现了很多针对2周岁孩子的绘画班；但是，只要把孩子送进绘画班，很多妈妈就期待能提高孩子的画画水准。如果只想满足父母的愿望，就会影响孩子对美术的兴趣，而且为了提高画画的品质，经常会出现老师帮孩子画的现象。善加利用各种材料和工具制作美术作品或玩具，在孩子满4周岁之前就可以具备基础的绘画能力和审美能力。

美术是快乐表达内心世界的活动

美术教育最大的障碍，就是家长以揠苗助长的心态对待学习。美术并不是一味追求进度的学习科目，而是培养创造力的活动，因此在追求进度之前，应该培养孩子对美术的兴趣。另外，应该帮助孩子快乐地表达自己的内心世界，同时提高孩子的创造力。

4周岁以后可以上专业的绘画班

要让孩子接受专业的美术教育，就应该把孩子送进相关的绘画班。幼儿美术专家认为，孩子要满4周岁，才可以上专业绘画班。孩子在4周岁之前，最好在家学习美术，培养兴趣，家长要经常带孩子参观美术展览。与其让孩子独自画10幅作品，还不如

看1次别人的作品，这样孩子所受到的启发会更大。4周岁的孩子懂得欣赏别人的作品，而且能为自己的作品赋予某种意义，因此孩子满4周岁后可以去绘画班接受教育。上专业绘画班之前，应该了解该学苑是否具备各种条件、是否由同龄小朋友组成、教师是否具备精通美术教育和幼儿教育。

必须慎重地选择教育机构

与只用蜡笔画画相比，利用各种绘画工具所进行的美术教育更能获得良好的教育效果。为了提高孩子的思考能力和表达能力，学校应该限制班级的学生数量。另外，不能完全依照学校的进度表进行教育，而应该依照孩子的学习进度，适当地调节老师的授课内容。

在聘请美术教师时，应该选择美术教育专业的老师。当然，最好选择喜欢和孩子对话的老师。一般情况下，老师会给孩子提一个主题，先让孩子思考，然后通过画图纸或黏土表达与主题相关的内容。

阶 段 性 适合孩子的教育秘诀

▌0~6个月

应该进行以"感想"为主的美术教育

一般情况下，孩子出生1个月后，视力逐渐完备，能清楚地看到近距离的实物，而且能辨别单一的颜色。此时，应该通过黑白旋转音乐铃或图画促进孩子的视力发育，然后逐渐通过单一颜色的图画培养色感。在这个时期，应该进行以"感想"为主的美术教育。

注意锻炼视觉

新生儿能看到20厘米以内的实物，而且出生4个月以后，脸部的表情异常丰富，孩子出生5个月以后，就能形成颜色的概念。旋转音乐铃可以锻炼孩子的视力，但如果孩子一直看正上方的旋转音乐铃，其视线只能在有限的范围内移动，因此必须让旋转音乐铃倾斜40°。

▌6~12个月

经常做刺激五感的游戏

孩子出生未满10个月，最好给孩子看黑白的直线、曲线、〇、△、囗等图形。另外，还可以利用随意弯曲或伸直的道具，刺激孩子的触觉，然后通过红色、蓝色、黄色等三原色培养色感，而且经常给孩子看风景画或实物照片。孩子出生12个月以后，以五感刺激为主的美术游戏将过渡到更高的阶段。

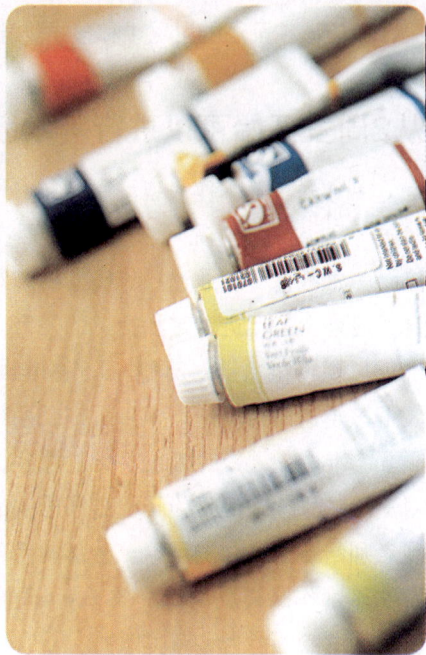

给孩子看三原色卡片

如果给孩子看过多的颜色，反而会影响色感的发育，因此最好给孩子看容易区分的红色、黄色、蓝色和绿色。尤其是，黄色和红色是孩子们最喜欢的颜色。虽然孩子听不懂妈妈的话，但只要妈妈经常解释不同颜色的特点，孩子就能逐渐熟悉各种颜色和相对应的名称。

经常观察人物或动物玩具

等孩子熟悉了单一颜色以后，就应该给孩子看色彩丰富的实物了。孩子最熟悉的就是人脸，因此应该通过各种人物玩具让孩子熟悉人物形象，而且要培养立体感。首先，从不同的角度给孩子看娃娃玩具，然后让孩子独自玩玩具。等孩子熟悉了这种游戏以后，就可以让孩子照镜子，通过镜子认识自己和妈妈的脸。

▌12～24个月

通过游戏培养表达能力

在这个时期，应该通过各种游戏让孩子充分感受实物的材质、形状和颜色，而这种体验将成为开发创造力的基础。

在日常生活中，应该让孩子揉面团、捏泥人，还可以让孩子用蜡笔任意涂鸦。

另外，黏土、面团、颜料、蜡笔、画图纸等材料，能让孩子体验不同材质的美术工具，而且印花游戏是该时期的孩子最喜欢的游戏。此时，还应该让孩子欣赏名画、参观展览，提高鉴赏能力。

通过童话书培养色感

念书给孩子听，不仅能促进视觉和听觉的发育，还能提高语言能力和创作能力。考虑到色感的发育，应该选择颜色鲜艳的图画；但颜色过于繁杂的作品只会让孩子失去兴趣。孩子看画册时，应该用手指出妈妈所念的内容。在这个时期，孩子的视觉分辨力较差，因此还不能自由自在地运用视力分辨颜色。

▌24～36个月

经常和孩子一起参观美术展

除了让孩子在家欣赏作品外，还应该到展览会欣赏画家的作品。小小的孩子怎么能理解名画呢？但是，孩子们也能通过自己的想象力和眼睛，以自己的方式理解作品。

经常穿颜色单一的衣服，也能培养色感

整天都和孩子在一起的妈妈也应该注意衣服的颜色。条纹复杂、颜色绚丽的衣服和色彩单调的衣服，都会影响孩子的视觉发育，因此妈妈最好穿上对视觉发育有利的单一颜色衣服。

《实用小百科》 美术教育的九大功效

1. 能促进创造力思维能力的发育

给孩子一个主题，孩子就能画出很多不同的画。由此可见，孩子们对一个主题的理解和画法很多样化。

2. 美术教育是表达思想的手段，也是发泄感情的手段

当孩子画出了有内涵的作品时，就能说出作品的含义，因此不要注重画画的结果，而应该聆听孩子对作品的理解和分析。

3. 能形成自我观念和自信心，并提高对自己的理解程度

美术游戏没有正确答案。只要承认每个作品的意义，让孩子讲述其中的故事，就能提高孩子的自信心，而且能提高对美术活动的兴趣。

4. 能提高对美的认识和对美的感觉

在孩子表达对美术作品的看法时，在孩子通过具体游戏欣赏不同的作品时，都能提高对美的认识和感觉。

5. 能提高思维能力

在这个时期，孩子可以根据不同的主题编出不同的故事，而且能表达出具体的内容。在美术游戏中，如果限制主题，就会妨碍想象力、创造力和思维能力的提高。

6. 有助于理解别人的个性

在这个时期，孩子可以聆听别的小朋友对作品的说明，通过这个过程，孩子就能理解别人的内心世界。

7. 能锻炼思维和综合表达能力

通过孩子的美术作品，能了解到孩子的想法、感受和思维的特点。一般情况下，通过美术游戏能锻炼思维和综合表达能力。

8. 能培养学习习惯和责任感

美术游戏对缺乏集中力和耐心的孩子很有好处。通过美术游戏，能培养孩子独自完成作品的责任感，并能提高集中力。

9. 能带来快乐

好的美术游戏能给孩子带来快乐，因此让孩子快乐是做美术游戏的前提。

学习颜色的顺序

在日常生活中，还可以通过堆砌水杯等游戏学习颜色。在我们身边有很多相似的颜色，而且还有"红、橙、黄、绿、蓝、靛、紫"的顺序。通过堆砌水杯的游戏，孩子会在不知不觉中学会这些概念。

在这个时期，不能使用太多美术专业术语，只需要让孩子了解颜色的顺序和类别就可以了。堆砌水杯时，应该从大水杯开始往上堆砌小水杯。此时，父母最好在孩子身边介绍相似的颜色及冷色和暖色的区别，将有助于培养色感。

在游戏过程中培养创造力和想象力
生活中的美术游戏

很多有孩子的家庭，墙壁上经常出现涂鸦的痕迹。据说，著名画家毕加索从小就喜欢在家里到处涂鸦。下面介绍既能让孩子快乐，又能获得良好教育效果的美术游戏。

6~15个月　手部活动的训练方法

🌷 浆糊画

效果

混合水和面粉的过程，能刺激五感，而且在尽情画画的过程中，能培养表达能力。

PLAY

❶在地板上铺几层报纸或塑料布，然后在上面铺一层白纸。用水和面粉制作的面糊，画出各种图案。

❷在面糊内加入各种颜色，然后让孩子尽情画出自己喜欢的实物。

🌷 涂鸦

效果

孩子满1周岁时，喜欢毫无意义的涂鸦。通过这种活动，能培养美感，并能提高创造力。

PLAY

❶在地板上铺白纸，然后帮孩子准备蜡笔。

❷此时，不能强迫孩子换蜡笔的颜色，而应该为孩子提供他们喜欢的颜色。

🌷 摇晃颜料桶的游戏

效果

通过观察颜料在水中扩散的过程，能培养注意力和探索能力。另外，通过摇晃的过程，能锻炼手部和手臂的力量。

PLAY

❶在透明的塑料瓶内装入3～4厘米深的水，然后添加少量的颜料。

❷在塑料瓶内放入珠子，然后用力摇晃。

锻炼手部力量的方法

🌱 印章游戏

效果

在触摸海绵的过程中，能培养触感，提高手部操作能力，而且能让孩子理解量的概念。

PLAY

❶准备海绵、水、镜子、颜料和白纸。

❷在浴室内，用海绵蘸肥皂水，然后在镜子上面画画。另外，还可以将海绵剪裁成不同的形状，刺激孩子的好奇心。

❸在地板上铺几层报纸或塑料布，然后在上面铺一层白纸。就像盖印章一样，用海绵蘸颜料，然后在白纸上印出各种图案。

🌱 滚花游戏

效果

通过滚花游戏，能让孩子享受画画的快乐，而且能培养自信心。

PLAY

❶在小型滚轮上面缠绕各种毛线，有时可以缠密一点、有时可以缠稀疏一点。

❷在地板上铺一张报纸，然后在上面铺一层白纸。

❸用小型滚轮蘸颜料，然后在白纸上滚花。此时，应该使毛线充分吸收颜料。

🌱 滚球游戏

效果

通过朝同一个方向滚球的过程，可以提高眼睛和手部的协调能力。

PLAY

❶准备一个爸爸的衬衫盒，然后在盒子内铺白纸。

❷用乒乓球、小珠子蘸没有加水的颜料，然后放入盒子内。

❸在盒子内滚动小球。刚开始，孩子不太会控制平衡，因此球容易掉到地板上，但不能因此催促或埋怨孩子。

🌱 按手印游戏

效果

用手蘸颜料的过程，能让孩子们感受到自由和快乐。一般情况下，孩子的心情越好，大脑就能接受更多的刺激。

PLAY

❶在大盘子内倒入各种颜色的颜料，然后用手蘸颜料，并在白纸上按出手印。

❷如果搓手就能混合不同的颜色。此时，即使孩子调出的颜色很难看，也不要制止，而应该让孩子亲自按出手印，并进行比较。

❸还可以比较所印出的手印和手的大小。

🌱 锡箔纸造型游戏

效果

在揉捏锡箔纸的过程中，能培养手部的操作能力，而且在制作作品的过程中，能培养创造力、想象力和表达能力。

PLAY

❶准备锡箔纸、牙签和海绵。

❷把锡箔纸剪成小块。在揉捏、撕碎锡箔纸的过程中，要让孩子注意观察锡箔纸形状的变化。

❸把锡箔纸揉成小团，并插上牙签，然后插到海绵上面，这样就可以制作各种作品。

🌱 用蜡烛画的魔术画

效果

孩子看着逐渐显现的图案，可锻炼观察能力，通过用喷雾器喷水、用毛笔画画的过程，能培养操作能力。

PLAY

❶准备纸、蜡烛、颜料、白色蜡笔和毛笔。

❷在白纸上，用蜡烛或白色蜡笔画出喜欢的图案。

❸在喷雾器内装上颜料，然后把颜料喷到白纸上面。白纸一遇到颜料，原先模糊的图案就会逐渐变得清晰。

❹用蘸有颜料的毛笔粉刷，就能看到更清晰的图案。

🌱 用车轮画画

效果

在车轮上涂各种颜色的颜料，然后让孩子推动汽车玩具，这样既能培养色感，又能观察到不同形状的线条。

PLAY

❶准备带轮子的玩具、颜料和较大的白纸。

❷让孩子在玩具车的轮子上涂各种颜色的颜料，然后在白纸上沿着直线或曲线推动玩具车，并观察车轮痕迹。

❸在不同大小的车轮上涂相同的颜色，让孩子观察白纸上的车轮痕迹。

🌷 **24~36个月** **具体的游戏方法**

🌷 抽象花纹图案

效果

用油与水不相溶解的原理来处理画面的一种技巧。通过色彩的变化，孩子能感受到颜色的绚丽，而且可以了解水也是很好的美术材料。

PLAY

❶ 在脸盆里倒入2/3的水，然后选择不同的颜色，滴入1~2滴油性颜料。此时，油性颜料会漂浮在水面上。

❷ 朝脸盆的边缘吹颜料。

❸ 用双手抓住画图纸，将其轻轻地放在水面上。这样，画图纸上会浮现出各种颜料。除了画图纸外，还可以用纸杯或纸盘子画图案。

🌷 用毛线画成的作品

效果

该游戏能提高眼睛和手部协调能力，而且在用毛线画画的过程中，能培养各种表达能力。

PLAY

❶ 准备毛线、画图纸、颜料和毛笔。

❷ 用毛笔在毛线上均匀地涂颜料。

❸ 将画图纸折叠，然后把毛线夹在画图纸中间。

❹ 用一只手按住画图纸，用另一只手拉出毛线。

❺ 欣赏用毛线画出的作品。

🌷 纸杯电话机

效果

在用彩色纸装饰纸杯的过程中，能培养手部操作能力和表达能力。

PLAY

❶ 准备2个纸、细线、彩色纸、剪刀、胶水和胶带。

❷ 用彩色纸装饰纸杯。

❸ 在纸杯底部钻一个小孔，然后用细线连接2个纸杯。此时，要用胶带粘贴细线。

❹ 用纸杯电话机玩打电话游戏。

🌷 饼干图案

效果

能打破固有的观念，让孩子具备活跃的思考能力。

PLAY

❶ 准备白纸、胶水、蜡笔、彩色笔和饼干。

❷ 在大盘子内装不同种类的饼干。

❸ 在白纸上用蜡笔或彩色笔画出房子、梯子、汽车、飞机等具体的实物，然后在白纸上涂胶水，并在图案上粘贴饼干。

🌷 印蔬菜图案的游戏

效果

通过制作地瓜、胡萝卜、甜椒等蔬菜的印章，能培养孩子的观察能力，而且通过触摸蔬菜的过程，能让孩子熟悉不同蔬菜的质感。

PLAY

❶ 准备地瓜、胡萝卜、南瓜、甜椒、洋葱、蘑菇、刀、颜料和画图纸。

❷ 用地瓜和南瓜等蔬菜制作不同形状的印章。此时，还可以利用三角形、四边形、星形等模具。

❸ 在盘子内倒入各种颜料，然后用蔬菜的断面蘸颜料，并在画图纸上印出各种形状。

❹ 用甜椒、洋葱、蘑菇等蔬菜，印出完整的图案。

生活中的语文教育

在大学考试和招聘考试中，经常出现中文考试的内容。据说，中文字能同时刺激左右脑，因此深受人们的关注。下面介绍语文教育的要领。

有效刺激左右脑的汉字

人的大脑分为负责感性思维的右脑和负责逻辑思维的左脑。一般情况下，孩子在0～6周岁期间，右脑的活动比较活跃；相反地，左脑是从3周岁开始发育的，7周岁以后开始全面发育。

英语是依照发音读出的"语音文字"，因此主要刺激左脑；但中文字是模仿实物形态的象形文字，因此能刺激右脑。

在右脑活动旺盛的幼儿时期，加强学习中文字，不仅能刺激右脑，还能刺激左脑，因此能提高逻辑思考能力。由此可见，0～3周岁期间进行的中文字教育不仅仅是单纯地掌握几个中文字，而是能同时刺激左、右脑，可以尽量地提高教育效果。

必须根据孩子的发育程度进行语文教育

关于语文教育的最佳时期，有些人认为是3～4周岁，而有些人认为是小学3～4年级。但是要想达到同时刺激左右脑的教育效果，就必须在4～5周岁之前进行语文教育。如果强迫孩子学习汉字，即使选择最佳时期，掌握了大量的汉字，也无法达到刺激左右脑的目的。

每周只学1个中文字也能获得理想的效果

目前，有很多关于中文和英文的教材，所以在语文教材的选择上可能会让新手妈妈们无所适从，因此语文教育也存在很多困难。在日常生活中，可以制作中文字卡片，然后每天给孩子看1个中文字。

一提到语文教育，妈妈和孩子都会感到很大的压力，但当孩子对语文感兴趣时，可以通过游戏的方式，自然地进行语文教育。

学习中文字的形状和含义

中文字包括形、音、义等三个要素。第一次学习中文字时，应该先学习形和意。一般情况下，形和义能刺激右脑，而音是抽象符号，因此能刺激左脑。

对于大脑未发育完全的孩子来说，很难学会中文字的音，因此在语文教育过程中，应该以形和义为主。另外，不能注重中文字的学习量，而应该反复学习"山、川、日、月"等比较简单的中文字，借此加深记忆。

语文教育要领

❶刚开始，每天给孩子看一个中文字；但是一周以后，每天要给孩子重复地看2张文字卡片，每张看3～4次。

❷把学过的文字卡片串在一起，然后每天重复看1～2次。

❸念书给孩子听时，应该充分利用学过的文字。例如："兔子'兔'跟乌龟'龟'赛跑，狐狸'狐'当了裁判。"

图书在版编目（ＣＩＰ）数据

0~3岁提升宝宝智力的300种亲子游戏 / 熊津出版社编辑部编著；金哲译. —长春：吉林科学技术出版社，2009.4
ISBN 978-7-5384-4159-8

Ⅰ.0… Ⅱ.①熊…②金… Ⅲ.婴幼儿－智力游戏
Ⅳ.G613.7

中国版本图书馆CIP数据核字（2008）第046213号

Playing Guide, Makes Child Clever
Copyright © Editorial Dept., 2006
All rights reserved.
Chinese (Simplified) Translation copyright © Jilin Science and Technology Publishing house. 2009
Published by arrangement with Woongjin Think Big Co., Ltd

中文简体字版©2009由吉林科学技术出版社出版发行
本书经韩国熊津出版社授权出版，
同意经由吉林科学技术出版社出版中文简体字版本。
非经书面同意，不得以任何形式任意重制、转载。
吉林省版权局著作合同登记号：
图字 07-2009-2040

0~3岁提升宝宝智力的
300种亲子游戏

编　著　【韩】熊津出版社编辑部
译　者　金哲
选题策划　李梁
责任编辑　王旭辉
封面设计　涂图工作室　张虎
出版发行　吉林科学技术出版社
地　址　长春市人民大街4646号
邮　编　130021
发行部电话/传真　0431-85677817　85635177　85651759
　　　　　　　　　85651628　85600611　85670016
储运部电话　0431-84612872
编辑部电话　0431-85630195
网　址　www.jlstp.com
制　版　长春创意广告图文制作有限责任公司
印　刷　长春第二新华印刷有限责任公司
开　本　16
纸张规格　880mm×1230mm
印　张　15.25
字　数　300千字
版　次　2009年5月第1版　2010年1月第2次印刷
书　号　ISBN 978-7-5384-4159-8
定　价　39.90元